WPPRC

山东大学世界政党研究中心

山东大学政党政治比较创新团队研究文库

拉美政党法

靳呈伟 等 编译

山东人民出版社 · 济南
国家一级出版社 全国百佳图书出版单位

图书在版编目（CIP）数据

拉美政党法/靳呈伟等编译. -- 济南 ：山东人民出版社，2024.7. -- ISBN 978-7-209-15170-2

Ⅰ. D773.064

中国国家版本馆CIP数据核字第2024BL2530号

拉美政党法

LAMEI ZHENGDANG FA

靳呈伟等　编译

主管单位　山东出版传媒股份有限公司
出版发行　山东人民出版社
出 版 人　胡长青
社　　址　济南市市中区舜耕路517号
邮　　编　250003
电　　话　总编室（0531）82098914
　　　　　市场部（0531）82098027
网　　址　http://www.sd-book.com.cn
印　　装　山东新华印务有限公司
经　　销　新华书店

规　　格　16开（169mm×239mm）
印　　张　24
字　　数　355千字
版　　次　2024年7月第1版
印　　次　2024年7月第1次
ISBN 978-7-209-15170-2
定　　价　68.00元

目 录

巴西政党法

秘鲁政党法

玻利维亚政党法

多米尼加政党、政治团体、政治运动法

厄瓜多尔政党法汇编

哥伦比亚政党法

墨西哥政党法

尼加拉瓜政党法

萨尔瓦多政党法

危地马拉选举与政党法

委内瑞拉政党、公开集会和游行法

乌拉圭政党法

智利政党组织法

导 读

有研究认为，“发展中国家站在了政党法规建设的潮头，成为最有影响的改革者”①。笔者认为，此判断用来形容拉美国家的政党法规建设相当贴切。拉美是发展中地区较早开展政党法规建设的地区。经过长期探索，拉美主要国家的政党完成了“入宪”的过程，拉美国家的宪法中都有关于政党问题的内容或条款。以政党“入宪”为标志，拉美国家的政党法规建设取得了长足进步，多数国家逐步建立起由宪法、选举法、政党专门法、行政法令等组成的国家政党法律体系。拉美主流政党也或主动或应国家法律要求构建起以章程、纲领、宣言、条例、决议为四梁八柱的党内规章体系。国家政党法律和政党内部规章共同构筑了规制政党的政党法规体系。可以说，在实际政治生活中，政党司法生活的所有主要方面都得到了政党法规的规制。拉美主要国家的政党法规建设取得了瞩目的成就，形成了不同于盎格鲁－撒克逊模式的模式，具有重要借鉴价值，值得好好研究。

一、政党法规的概念与价值

（一）何谓政党法规

学界存在“政党法规”“政党法律”“政党法”“政党规章”“党内法规”

---

① Benjamin Reilly. *Political Engineering and Party Politics in Conflict-Prone Societies*. Democratization Volume 13, 2006, p. 825.

等一系列彼此密切相关的概念。虽然有的学者将这些概念混用，但是实际上，它们的内涵与外延并不相同。其中，“政党法规”涵盖的范围最为广泛，不仅包括国家法律法规，还包括政党内部规章；“政党法律”是关于政党问题或者涉及政党问题条款的国家法律；“政党法”特指关于政党问题的专门法；“政党规章”“党内法规”均指政党的内部规章，二者基本一致。

不同国家的历史经历、法律传统、政治实践、政治制度、政治文化等方面存在差异，导致不同国家政党法规建设的情况千差万别。相应地，对于何谓政党法规，学界的认识不一，不同学者给出了不一样的认识和界定。

有的学者虽未明确界定何谓政党法规，却给出了政党法规应涵盖主题的参考范围。例如，弗朗西斯科·何塞·德·安德烈·桑切斯（Francisco José de Andrea Sánchez）认为，政党法规必须至少涵盖系列主题，如从法律的角度给政党一个界定、政党的功能（作为选举团体、议会团体等）、政党的司法本质、政党章程、政党注册、政党内部组织及其权利和义务、政党经费、政党在选举制度中的运行等。① 弗朗西斯科·昆普利多（Francisco Cumplido）认为，政党法规应明确政党的法人实体身份、内部治理民主、党的领导层定期更新、财务透明、独立于党的领导机构的党内司法部门执行党纪、有相当数量的党员、保护政党的民主行动、确保平等使用社交媒介。②

有的明确了指导政党法规的基本原则。例如，民主制度与人权办公室（ODIHR）的报告认为，作为规制政党的法律手段，政党法规应明确政党在民主制度中的地位和功能、政党的注册、确保两性平等的措施、政党的解散等。③ 皮帕·诺瑞斯（Pippa Norris）则认为，确保政党竞争的平等、自由和公正是政党法规最重要之处，因而，政党法规既要管控提名（政党注册）、预选（政党经费和媒体使用）、竞选（选举规制和政党竞争）各个阶段，也

① Francisco José de Andrea Sánchez. *Los Partidos Políticos: Su Marco Teórico-Jurídico y las Finanzas de la Política.* México, UNAM, 2002, p. 324.

② Francisco Cumplido. *El Estatuto Jurdico de los Partidos Polticos.* Centro de Estudios Públicos Documento de Trabajo N° 9, Diciembre1983.

③ ODIHR. *Guidelines on Political Party Regulation 2010.* www.osce.org/odihr.

要提高政党组织的内部民主。[①]

有的则基于政党法规的作用，给政党法规以“定性”。费尔南多·卡萨尔·贝尔塔（Fernando Casal Bértoa）等人认为政党法规构成了政党和国家联系的一种重要维度。[②] 阿尼哥·戈雅（Anika Gauja）认为政党法规是政府介入政党政治的最直接形式。[③] 叶卡捷琳娜·拉西斯科娃（Ekaterina Rashkova）等认为政党法规是确保合法性的工具。[④] 奥尔·格雷姆（Orr Graeme）将政党法规视为治理选举“游戏”的规则。[⑤] 许多人认为政党法规成为强化既有政党或执政党在选举程序中的主导位置并为新成立的政党设置障碍的工具，政党精英可以利用政党法规限制特定政党对选举的参与。[⑥]

也有学者从广义的角度界定了政党法律[⑦]。肯尼思·扬达（Kenneth Janda）认为，政党法律是决定政党法律地位和明确政党应如何运作、如何组织、如何得到资助的国家规章，有多种形式。政党法律一般源于一系列相关法律，包括政党法、政治经费法、选举法、竞选法、宪法以及法规、行政

① Pippa Norris. *Building Political Parties: Reforming Legal Regulations and Internal Rules.* Report for International IDEA, January 5, 2005.

② Fernando Casal Bértoa & Ingrid van Biezen. *Party Regulation and Party Politics in Post-Communist Europe.* East European Politics, 2014, 30: 3, 295−314.

③ Anika Gauja. *Building Competition and Breaking Cartels? The Legislative and Judicial Regulation of Political Parties in Common Law Democracies.* International Political Science Review, 2014, Vol. 35 (3) 339–354.

④ Ekaterina R Rashkova etc. *The Legal Regulation of Political Parties: Contesting or Promoting Legitimacy?* International Political Science Review, 2014, Vol. 35 (3) 265–274.

⑤ Orr Graeme. *The Law of Politics: Elections, Parties and Money in Australia.* Sydney: The Federation Press 2010.

⑥ Biezen, Ingrid van. *Constitutionalizing Party Democracy: The Constitutive Codification of Political Parties in Post-war Europe.* British Journal of Political Science 2012, 42 (1): 187–212. Casal Bertóa, Fernando, Daniela R Picio and Ekaterina R Rashkova. *Party Laws in Comparative Perspective: Evidence and Implications.* In: Biezen, Ingrid van and Hans M ten Napel (eds). *Political Parties and Public Law: The Netherlands in Comparative Perspective.* Leiden: Leiden University Press 2014. Karvonen, Lauri. *Legislation on Political Parties.* Party Politics 2007, 13 (4): 437–455. Zovatto Daniel. *Regulación Jurídica de los Partidos Políticos en América Latina.* México, D.F.: International IDEA 2006.

⑦ 这些学者多将“政党法律”与“政党法规”混用。

法令和法庭判决。[①] 英格丽德·范·比耶赞（Ingrid van Biezen）等人认为，政党法律，从广义上理解，原则上涵盖所有影响政党的国家法律，既包括或多或少直接涉及政党运行的法律（政党法、政党经费法、选举法、宪法等），也包括不是直接适用于政党但可能多少相关的其他类型的公法（如广告法、民法等）；从更广的角度看，也包括其他类型的规章（如行政法律、法律规章、法庭判决等）。宪法、政党法和政党经费法是政党法规的主要来源。[②] 弗兰西耶·莫勒纳（Fransje Molenaar）认为，政党法律是关于政党问题立法成果的概称，具化为宪法、政党法、政治资金法、选举法等，与“立法法规、行政裁决、法院判决”相关。在政党法律中，宪法处于优先地位，因为它反映了基本价值观并通过明确支撑权力运作的程序使游戏的政治规则合法化。通过宪法，能判断政党在国家制度设计中的位置。构成政党法律主体的其他法律则面向政党运行与行为等具体方面。由于许多国家选择通过选举法管控政党或者在多种法律文件中设置关于政党的条款，因此专门针对政党内部生活并依此编纂的政党法是更为一般意义上的政党法律的重要但非唯一组成部分。[③]

丹尼尔·扎沃托（Daniel Zovatto）认为，政党法规旨在明确政党的行动范围、享有的特权，以明确政党行为的界限。丹尼尔·扎沃托根据桑切斯关于政党法规主题的参考范围，将政党法规界定为阐释政党及关于政党的组建、组织和财务、职责和权限、权利和义务、结构和组织原则规范的法律框架。[④]

上述关于政党法规概念的理解和认识，多聚焦于国家法律法规层面，有其现实性和合理性，也具有一定的局限性。政党法规的出发点和立足点，主

---

① Kenneth Janda. *Adopting Party Law.* Working Paper Series on Political Parties and Democracy in Theoretical and Practical Perspectives, Washington DC, National Democratic Institute for International Affairs, 2005.

② Ingrid van Biezen & Fernando Casal Bértoa. *Party Regulation in Post-Authoritarian Contexts: Southern Europe in Comparative Perspective.* South European Society and Politics, 2014, 19: 1, 71–87.

③ Fransje Molenaar. *Latin American Regulation of Political Parties: Continuing Trends and Breaks with the Past.* Working Paper Series on the Legal Regulation of Political Parties, 2012.

④ Daniel Zovatto. *Regulación Jurídica de los Partidos Políticos en América Latina.* México, D.F.: International IDEA, 2006.

要是规制或建构政党。政党内部的规章制度实际上也是以规制或建构政党为出发点和立足点的。从这个意义上讲，国家层面的法律法规和政党内部规章的本质是一致的。鉴于此，笔者认为，政党法规应取一个广义概念，一个比西方学者目前所使用的“广义概念”更广的概念。它不仅涵盖国家法律法规，还涵盖政党内部规章。现实政治生活中，政党法规是非常复杂的政治现象。从其发轫到勃兴，从法规本身的设计到执行和操作，再到法规的修改和调整，以及不同法规之间的衔接和协调，牵涉到方方面面。这也要求取一个广义概念。

相较于其他学者的相关认识，扎沃托关于政党法规的界定更为合理。笔者将之稍做调整，所谓政党法规，指阐释政党及关于政党的组建、组织和财务、职责和权限、权利和义务、结构和组织原则规范的法律规章。

（二）政党法规的重要性和价值意义

对于政党法规的必要性和重要性，学界的认识颇为一致。主流观点认为，鉴于政党是代议制民主运转不可替代的核心要素，规范其运行是非常必要的。这为政党法规的出现提供了大的背景和需求。也有学者更进一步，从削弱政党推动代议制民主运作能力的问题方面，揭示了政党法规的必要性和重要性。许多政党的制度化水平低（表现为党员数量有限、政策能力弱、支持基础经常变换等），许多政党往往以狭隘的个人、地域或种族纽带维系，许多政党组织生活缺失（平常死气沉沉，只有选举期间突然回魂，选举过后重新归于沉寂），许多政党没有系统一贯的意识形态，许多政党经常难以确保议会行动一致，等等。这些问题导致政党疲于应对社会矛盾，而无法提供公共产品，进而影响民主运作。还有学者从政党性质转变的角度把握政党法规的必要性，认为政党日益被视为一种需要由政府规制的公共实体或拥有作为政府组成部分的官方（半官方）身份，而非过去认为的私人组织，政党法规应政府规制政党的需要而生。[①] 有学者认为，根据其背后蕴藏的理念，可以

---

① Reilly and Nordlund (eds). *Political Parties in Conflict-Prone Societies: Regulation, Engineering and Democratic Development.* United Nations University Press, 2008.

从两个角度把握政党法规的必要性和重要性，即“规制”（regulating）和“设计”（engineering）。前者是一种对实践的反应进程，后者是用理论去设计特定结果的主动进程。秉持规制理念的政党法规更着眼于既有政党制度的变革，而奉行设计理念的政党法规通常被应用于组建政党。①

对于政党法规的作用，或者其价值意义，首先要明确，政党法规是一个广义概念，其外延相当丰富，涵盖多种“法规”。这些法规的立足点、层次、主题、范围等方面存在较大差异，因而它们发挥的作用也各不相同。政党法规规制与政党行为和活动相关的诸多方面，从法律地位、政党的界定到政党内部组织、候选人推选机制和政党经费，范围广泛。不同的政党法规旨在规制政党的不同方面，力图实现不同的目标。②

可以从对政党的影响、对国家政治生活的影响等多个角度来把握政党法规的作用。将着眼点放在政党法规对政党影响上的研究认为，政党法规影响政党的根本利益，是政党会尽最大努力控制的事项③。政党法规影响政党数量、大小和稳定性及其本质④。充分的政党法规是实现政党制度化的最佳方式⑤。从政党和国家间关系的角度出发把握政党法规影响的研究认为，政党法规有助于确立政党运行的准绳，进而有利于创造政党运行其中的制度环境，有助于把握政党和国家之间关系的类型和强度。⑥政党与政府之间的关系应是多面的，而不是单维的，尤其是从经费方面看，政党越来越依赖政府，但也能通过侍从主义和腐败行为抽取政府资源。政党内部组织和外部活动日益为

---

① Kenneth Janda. *Clarifying Concepts in Democracy Assistance: Engineering.* Regulating, unpublished paper, 2006.

② Reilly and Nordlund (eds). *Political Parties in Conflict-Prone Societies: Regulation, Engineering and Democratic Development.* United Nations University Press, 2008.

③ Reilly and Nordlund (eds). *Political Parties in Conflict-Prone Societies: Regulation, Engineering and Democratic Development.* United Nations University Press, 2008.

④ Matthew Soberg Shugart. *Comparative Electoral Systems Research.* in Michael Gallagher and Paul Mitchell (eds). *The Politics of Electoral Systems.* Oxford: Oxford University Press, 2005, pp. 25–55.

⑤ Francisco Cumplido. *El Estatuto Jurdico de los Partidos Polticos.* Centro de Estudios Públicos Documento de Trabajo N° 9, Diciembre1983.

⑥ Fernando Casal Bértoa & Ingrid van Biezen. *Party Regulation and Party Politics in Post-Communist Europe.* East European Politics, 30: 3, 2014: 295−314.

政府通过宪法和公法所管理。[①] 政党法规构成自由民主国家党政关系的一个关键要素。在政党的角色和价值被宪法和法律认可后，政党和政府之间的持久连接日益增强。[②]

二、拉美国家政党法规概况

（一）拉美国家政党法规的历史发展

拉美国家政党法规经历了怎样的发展阶段？加西亚·拉瓜迪亚（García Laguardia）将拉美国家政党法规的历史发展分为三个阶段：第一阶段，与欧洲和北美类似，基于对政党的不信任，反对其存在；第二阶段，随着自由权利的扩展，纳入了出于政治目的的结社权；第三阶段，出现政党法规。[③] 扎沃托则将拉美国家政党法规的历史发展分为早期（19 世纪下半叶至 20 世纪初）、二战至 1978 年和 1978 年以来三个阶段。早期开始有国家法律涉及政党，第二个阶段的主要特征是多数拉美国家的宪法纳入了政党条款，第三个阶段则表现为宪法改革、颁布选举法、采用政党法。[④] 莫勒纳将拉美政党法规的发展分为政党的纳入和国家建设的尝试（1900 年至 1930 年）、政党的认可及禁止（1930 年至 1975 年）、第三波民主化浪潮与政党法规（1975 年至 2000 年）、21 世纪以来四个阶段。[⑤] 这些划分受桑切斯、特利佩尔（Triepel）、卢卡斯·贝尔杜（Lucas Verdú）、比斯卡雷蒂·鲁菲亚（Biscaretti Ruffia）等学

---

① Ingrid van Biezen and Petr Kopecky. *The State and the Parties: Public Funding, Public Regulation and Rent-Seeking in Contemporary Democracies.* Party Politics, 13 (2), 2007: 235–254.

② Reilly and Nordlund (eds). *Political Parties in Conflict-Prone Societies: Regulation, Engineering and Democratic Development.* United Nations University Press, 2008.

③ García Laguardia, Jorge Mario. *Constitucionalización de los Partidos Políticos.* CAPEL, Diccionario electoral, 3a. ed., San José, Costa Rica, Instituto Interamericano de Derechos Humanos, 2003, pp. 256 y 257.

④ Daniel Zovatto. *Regulación Jurídica de los Partidos Políticos en América Latina.* México, D.F.: International IDEA, 2006.

⑤ Fransje Molenaar. *Latin American Regulation of Political Parties: Continuing Trends and Breaks with the Past.* Working Paper Series on the Legal Regulation of Political Parties, 2012.

者关于欧美国家政党法规发展阶段研究[①]的影响甚大，大体遵循了他们的研究精神和思路，没有实质性区别。

上述关于拉美国家政党法规历史阶段的划分，从国家法律法规发展的层面来看有其合理性，值得借鉴。考虑到拉美地区的政党众多，每个政党发展的情况千差万别，对其政党内部规章制度的建设很难准确明晰历史阶段[②]，本部分拟仅描述拉美国家政党法律的大致历史发展进程。

早在 19 世纪下半叶，一些拉美国家的法律（主要是选举法）就或直接或间接地涉及了政党问题。从这个意义上，可以说，拉美地区的政党法规历史较为悠久。例如，尼加拉瓜 1893 年宪法第 52 条禁止以宗教、道德或科学目的结社，实际上针对的是政党建党问题。20 世纪初，玻利维亚、墨西哥、巴拿马、乌拉圭、多米尼加等国的国家法律中有了明确的关于政党的条款。巴拿马 1916 年出现了“只有政党或政治社团能提出竞选候选人”的法律条文。乌拉圭 1918 年宪法第 132 条明确“次级法律将决定议会任期、成员数量、成员的选举形式和时间、当选条件、议会的权限、保障其决议以防万一的方法以及政党在管理委员会的代表”。多米尼加 1923 年的选举法明确按照自由原则管控政党的组织和运行。整体而言，这一时期拉美国家的政党法规建设还不是普遍现象，只是少数国家的尝试[③]，而且这些国家的尝试也多停留在国

---

① Francisco José de Andrea Sánchez. *Los Partidos Políticos: Su Marco Teórico-Jurídico y las Finanzas de la Política.* México, UNAM, 2002, p. 324. Lucas Verdú, P. *La Relativización Constitucional de los Partidos Políticos, Teoría y Práctica de los Partidos Políticos.* Madrid, Cuadernos para el Diálogo, 1977. Biscaretti di Ruffia, Paolo. *Derecho Constitucional.* Madrid, Tecnos, 1973.

② 可以肯定的是，政党法律的有关要求与政党内部规章制度建设密切相关。当然，有不少政党向来重视自身党内规章制度建设，在国家法律对政党提出制定党章、党纲等基本文件并向国家有关职能部门报备的要求前就已经开展了党内规章制度建设，但也有不少政党尤其是在某国政党法律提出相关要求后才成立的政党，是为了获得合法注册，而开展内部规章制度建设的。相应关系及大致历程值得另作研究。

③ 这一时期多数拉美国家未开展政党法规建设尝试的原因多有不同，有的可能正处于军事独裁之下，有的可能尚未意识到通过法规规制政党的重要性，等等。而少数尝试进行了政党法规建设的国家也是出于不同的原因和目的，哥斯达黎加、危地马拉等国是因民主转型之际有相关需求，巴西等国是力图借助政党法规建设来促进国家民主制度建设，多米尼加等国是为了实现政治稳定而推动政党法规建设，墨西哥、巴拉圭等国是为了维护某一党的政治优势而借助政党法规手段，等等。

家法律初步提及政党的层面。①

20 世纪 30 年代至 70 年代末，政党法规建设在拉美地区有了一定的发展，政党法规的普及程度大幅提高。其中，最突出和最重要的表现是政党入宪，即拉美国家的宪法明确纳入了政党问题。有十几个拉美国家在本阶段完成政党入宪。在这些国家政党入宪的过程中，许多国家特别明确了一些建党原则和标准，如政党不得支持与宪法、公共秩序或民主秩序相对立的原则等；也有一些国家出于意识形态方面的原因，明确禁止极端主义政党或政党加入国际组织或受国际组织领导。但无论各国宪法关于政党的规定和要求如何，政党入宪都意味着国家在实质上对政党的存在、政治地位及在政治生活中所发挥作用的承认，是政党法规建设进程中具有重要象征意义的事件。

多数拉美国家的宪法曾因国内政治生活情况的改变而变更内容，有的国家甚至频频出现宪法更替②。自从政党入宪后，无论拉美国家的宪法如何调整，政党基本上是拉美国家宪法关注的重要主题。目前来看，绝大多数拉美国家的宪法中都有涉及政党的条款。虽有少数国家的宪法未具体规定政党问题，但宪法中出于政治目的而规定的结社权利中牵涉政党。

这一时期，除了政党入宪，一些国家的政党法规建设也取得了其他方面的成绩。其中最重要的议题是“政党与选举”。一方面，玻利维亚、巴拿马等国在法律中明确规定只有政党能推举候选人，有的国家还设置了政党门槛；另一方面，巴西、哥伦比亚、哥斯达黎加等国在选举法等国家法律中增加了关于政党经费问题的内容，旨在为政党提供公共资助，进而管控政党的选举活动。③

---

① Daniel Zovatto. *Regulación Jurídica de los Partidos Políticos en América Latina.* México, D.F.: International IDEA, 2006. Fransje Molenaar. *Latin American Regulation of Political Parties: Continuing Trends and Breaks with the Past.* Working Paper Series on the Legal Regulation of Political Parties, 2012.

② 有学者进行了梳理，在 1810 年至 2015 年间，拉美 18 个国家共出现 195 部宪法，平均每个国家有 10.8 部。伴随第三波民主化浪潮的发展，拉美国家的宪法更替频率较之以往有所降低，多数国家选择修订已有宪法。参见：Gabriel Negretto. *Constitution-Building Processes in Latin America.* International IDEA Discussion Paper 2018.

③ Daniel Zovatto. *Regulación Jurídica de los Partidos Políticos en América Latina.* México, D.F.: International IDEA, 2006.

20世纪70年代末至20世纪末，拉美国家政党法规建设的程度进一步深化，一些国家初步形成了政党法规体系，为政党运行确立了规范。这主要表现为：其一，所有国家完成了政党入宪，许多国家的新宪法关于政党的内容变得更为丰富，明确并赋予政党更多职能。政治代表、政治参与、推举候选人、组织选举等职能，无疑从国家根本大法的角度认可了政党在民主运作中的不可替代性，强化了政党作为民主运作核心要素的地位。其二，许多国家颁布了包含政党条款的选举法，有的国家还出台了政党法、政党经费法、媒体使用法等专门法，初步构建了政党法规体系。其三，通过不同层次政党法规的合力，如何界定政党、政党应采取何种组织形式、政党应如何运行等核心问题得到明确。

21世纪以来，拉美国家的政党法规建设进入调整期，绝大多数国家对政党法规文件做出了或多或少或大或小的调整和变动。调整牵涉的范围非常广泛，主要涉及政党的注册、党内民主运作、候选人的推选、政党资助等领域。不同国家对政党法规的调整，既有共同之处，也展现了不同趋势。①

（二）拉美国家政党法规的类型和层次

根据不同标准，可以将拉美国家的政党法规划分为不同类型。不同类型的政党法规在规制政党的内容、角度、范围、手段等方面存在差异。例如，有人将政党法规分为直接法规和间接法规。直接法规明确以政党为目标，而间接法规虽然主要关注其他问题，但依然影响政党。有人将政党法规分为“最高纲领”型法规和“最低纲领”型法规。前者倾向于国家深度干预政党生活，后者倾向于国家采取一种较为消极的立场，允许政党自由发展。有的将政党法规分为定量型法规和定性型法规。有的则将之分为管控政党外部活

---

① Fransje Molenaar. *Latin American Regulation of Political Parties: Continuing Trends and Breaks with the Past.* Working Paper Series on the Legal Regulation of Political Parties, 2012.

动的法规、管控政党意识形态和纲领的法规以及管控政党内部运作的法规。[①]

从政党法规性质的角度看，拉美国家的政党法规大致分为政党法律和党内规章两大类。二者在制定主体、约束范围、效力等方面都存在显著差异：前者由国家职能机构制定并颁布实施，具有强制性和刚性，对该国所有政党都有约束力；后者则由各政党自己制定，仅对本党有约束力。

1. 政党法律

许多拉美国家构建了一套由一系列不同层次法律法规构成的政党法律体系。其中，宪法层次最高，普通法[②]居中，行政法令和规定层次最低。

拉美国家的宪法中，既有关于政党问题的直接条款，也有关于其他问题而牵涉政党的间接规定。大致而言，相关直接条款或对政党进行界定，或明确其属性和必须遵守的原则，表明其创建、联合、合并及消亡的自由。拉美各国宪法中涉及政党的规定通常可以在关于基本权利、政治权利、选举制度、选举进程和负责审计、组织与监督政党及选举的机关、政府机构的部分发现[③]。这样的设计和安排能说明许多问题。例如，在关于基本权利或政治权利的部分涉及政党，通常都将成立政党或者借助政党组织起来以参与政治生活视为公民的基本政治权利。尤其是在军事政变频仍[④]的国度，这样的设计非常具有针对性和实际意义。在选举制度、选举进程等部分涉及政党，则是紧紧围绕政党与选举密不可分的关系，将政党作为选举必不可少的要件来看待，肯定了政党对于民主运转的重要作用。

拉美国家基本都有选举法。政党问题是拉美各国选举法关注的重要问题。

---

① Fransje Molenaar. *Legitimising political party representation: Party law development in Latin America.* International Political Science Review Vol.35 (3), 2014. Francisco José de Andrea Sánchez. *Los Partidos Políticos: Su Marco Teórico-Jurídico y las Finanzas de la Politica.* Universidad Nacional Autónoma de Méxcio. 2002. Daniel Zovatto. *Regulación Jurídica de los Partidos Políticos en América Latina.* México, D.F.: International IDEA, 2006.

② 不同拉美国家普通法涵盖的范围不同。多数国家都有选举法、政党法，有的国家还有政党经费法。政党法、政党经费法等都归属政党专门法。

③ 也有国家的宪法中有关于政党的专门篇章，巴西、哥伦比亚、多米尼加、洪都拉斯等国的宪法属于这种情况。

④ 拉美地区曾是军事政变频仍或具有军人干政传统的地区。

不同国家选举法中关于政党的条款数量多少存在差异，少的仅有数条，多的达 200 多条。哥斯达黎加、萨尔瓦多、危地马拉、洪都拉斯、墨西哥、尼加拉瓜、巴拿马、巴拉圭、多米尼加、乌拉圭等国的选举法甚至为政党问题设了专门篇章甚至多个篇章。这些条款规定的政党问题的范围也有差异：少的仅明确了政党的职能，即政党对选举和政治参与的重要性；多的不仅对政党进行了界定，还明确了政党组建、注册、内部规章、内部选举、政党经费、政党联盟、消亡等诸多事宜，为政党提供了明确要求和行为规范。

政党法与选举法关系密切[①]，个别国家的政党法和选举法还是一体的。大致而言，政党法是在选举法的基础上围绕政党问题的进一步具体化。拉美地区属于政党法较为普遍存在的地区，14 个拉美国家有专门的政党法，甚至有的国家的州也有自己的政党法。这些政党法是关于政党问题的专门法，在政党问题上，政党法的规定具有普遍效力。例如，有的国家明确规定其他法律中的条款与政党法相矛盾的，要以政党法规定为准；有的国家甚至规定废止其他法律中与政党法相矛盾的条款。政党法通常对政党的组建、注册和运行作出了全方位规定。

其他专门法，以政党经费法[②]为主，还有媒体使用法等。其他专门法是作为选举法和政党法的补充而出现的，在拉美国家并不普遍。对此，扎沃托曾从选举法演变的角度给以描述：在一些情况下，出现了关于选举流程和政党运行具体方面的补充性规范，如竞选费用监察法、媒体使用法等[③]。

在一些拉美国家，还有一些虽然不是专门针对政党却牵涉相关事务的法律。例如，阿根廷的《选举召集法》(Ley de Convocatoria Electoral)、玻利

---

① 一些学者对政党法与选举法的关系进行了讨论。譬如，扎沃托认为，起初，选举法既规范政党的创建、组织、运行和解散事宜，也规范选举流程。相关规范逐渐演化出专门规范，一方专门关于选举主题（选举制度和流程），一方专门关于政党（政党生活和运作）。

② 例如，阿根廷的 Ley 25.600 y Decreto 990/02: Ley de Financiamiento de los Partidos Políticos、秘鲁的 LEY 26.215: Financiamiento de los Partidos Políticos 等都是政党经费法，安第斯国家中，只有委内瑞拉没有政党经费法。关于以政党经费法为主的政党经费法规问题值得另作专门研究，本书不再涉及。

③ Daniel Zovatto. *Regulación Jurídica de los Partidos Políticos en América Latina.* México, D.F.: International IDEA, 2006.

维亚的《公民组织和土著团体法》（Ley de Agrupaciones ciudadanas y pueblos indígenas）、智利的《选举费用监督、限额和透明专门法》（Ley Orgánica sobre Transparencia Límite y Control del Gasto Electoral）、乌拉圭的《内部选举法》（Ley de Elecciones Internas）、厄瓜多尔的《选举费用监督和竞选宣传专门法》（Ley Orgánica de Control del Gasto Electoral y de la Propaganda Electoral）等，均属此类。这些法律涵盖的范围非常广泛，有的涉及政治团体，有的涉及政党财务，有的涉及政党内部民主运作，有的涉及政党宣传，等等。

严格来讲，行政法令是由一国行政机构围绕某一问题发布的。此处的行政法令涵盖的范围要更为广泛，立法机构、行政机构、司法机构围绕政党问题发布的法令均包括在内。相应地，不同机构发布的法令具有不同属性，有的具有行政效力，有的具有法律效力。拉美国家关于政党问题的行政法令以条例（Reglamento）、决议（Resolución）的形式居多。关于政党主题的条例主要由选举职能部门发布，哥伦比亚、哥斯达黎加、厄瓜多尔、墨西哥、尼加拉瓜等国都有这样的条例。这些条例的内容因国而异，其中涉及政党财务的居多。在一些国家，发布政党条例成为监管政党的一种形式。① 其中一些条例尤其是那些针对选举法、政党法、政党经费法等作出的条例具有法律性质。例如，阿根廷的《政党或选举阵线内部公开选举全国层级公职候选人制度条例》（Reglamentación del Sistema de elecciones internas abiertas de los partidos políticos o alianzas electorales para la selección de candidatos a ocupar cargos electives a nivel nacional），秘鲁的《政党承认选举阵线和联盟章程条例》（Reglamentación de Reconocimiento de Partidos Políticas Constitución de Alianzas electorales y Afiliaciones）、《政党经费法条例》（Reglamentación de la Ley Nº 26.215 de Financiamiento de los Partidos Políticos），厄瓜多尔的《选举费用监督和竞选宣传专门法条例》（Reglamento a la Ley Orgánica de Control del Gasto Electoral y de la Propaganda Electoral）等，都具有法律属性。

① Daniel Zovatto. *Regulación Jurídica de los Partidos Políticos en América Latina.* México, D.F.: International IDEA, 2006.

2. 政党内部规章

在多数拉美国家，在涉及政党内部事务或者政党组织运行的问题时，主要依据政党内部规章。由于各国的政治制度、政治文化以及各政党的属性、发展经历等方面的不同，拉美各国政党的内部规章建设情况不尽相同。

大致而言，拉美各国主流政党的内部规章不外乎包括党的章程、宣言（或原则宣言）、纲领、准则、各类条例和决议等。党章通常是政党的综合性基本文件，对党的性质与宗旨、党员的权利与义务、党的各级组织机构、党的领导人及公职候选人的推选、党的专门机构、党的奖惩等问题进行全面规定。宣言通常是政党意识形态的集中展现，围绕一些基本问题阐明政党的基本观点主张。纲领通常是对宣言中的基本观点进行具体化与阐释，对国家发展过程中迫切需要解决的问题予以解答。准则多为道德行为方面的准则，即道德行为准则，会对全党提出一般性要求，也可能会对党的干部与领袖以及担任公职的党员等重点群体提出要求，并就准则的执行机构、如何执行准则作出规定。条例通常可以分为组织条例和事项条例两大类。决议通常针对某一问题作出。这些内部规章，为拉美主流政党提供了组织运作的遵循，为党员提供了行为规范。

拉美主流政党开展内部规章建设的动力存在差异。有些政党尤其是左翼政党相对重视内部规章建设，政党自身存在的动力为内生力。有些政党虽然相对不是那么重视内部规章建设，但由于国家政党法律在涉及政党组建和注册等问题时，强制要求政党有章程、纲领等基本文件，并要求政党将这些基本文件报国家职能部门备案或登记，甚至还要求政党修改这些文件后也要到国家职能部门备案，政党被迫开展内部规章建设，这种外部压力为外推力。建设内部规章动力的差异，导致政党内部规章建设的程度参差不齐。

内部规章对政党的发展、存续和作用发挥具有重要影响。内部规章建设的情况在很大程度上体现了政党制度化水平的高低。内部规章建设好[①]的政党，通常制度化水平也高，政党内部生活规范，党的组织力、凝聚力强，党

① 内部规章建设好，不仅指有相应的内部规章，还包含内部规章执行情况较好。

的发展、存续和作用发挥情况也好，反之亦然。当然，不排除例外情况存在。

政党内部规章与政党法律关系密切。一方面，政党内部规章均以政党法律为基准，其规定不得与国家法律规定相违背，有的党内规章还是应国家法律要求而制定的。另一方面，虽然有的国家的法律也有关于政党内部事务的规定，但多是原则性规定，政党内部事务主要还是依据党内规章开展，如此二者有了范围上的分工和合作，共同构筑了关于政党问题的法规网络。

（三）拉美国家政党法规的主要内容①

拉美国家政党法规的内容涵盖广泛，对涉及政党特别是政党运作问题的方方面面进行了规定。下文大致梳理政党的界定、政党的主要职责、政党的组建、政党内部事务和政党联盟（同盟）、合并及消亡几个方面，暂不涉及其他内容。

1. 政党的界定

给政党以界定是拉美国家政党法规的首要主题。相关界定既有共同之处，也存在差异。可以从以下角度进行把握。

第一，政党的司法属性。

阿根廷、玻利维亚、哥斯达黎加、危地马拉、洪都拉斯、墨西哥、尼加拉瓜、巴拉圭和乌拉圭的政党法律规定，政党是公法机构。例如，玻利维亚政党法第三条规定，政党是拥有公共权利的法人，不以营利为目的。巴西、厄瓜多尔、秘鲁和委内瑞拉的政党法律规定，政党是私法的法人主体。例如，巴西政党法第一条规定，政党是“私法中的法人实体”。智利、哥伦比亚、萨尔瓦多、巴拿马和多米尼加的政党法律规定，政党是具有法人资格的自愿组织。例如，智利政党法第一条规定，政党是“由怀有共同执政理念的公民自愿组成的团体，具备法人资格”。

① 本部分参考了 Daniel Zovatto. *Regulación Jurídica de los Partidos Políticos en América Latina*. México, D.F.: International IDEA, 2006.

将政党视为法人主体，一方面认可、尊重政党独立运作并享有相关权利，另一方面强调政党要依法活动并承担有关法律责任。司法理念不同，对政党司法属性的界定也不同。司法属性不同对政党的发展和作用发挥具有重大影响。一般而言，公法适用于有公权力形态主体的情况，私法适用于未出现公权力形态主体的情况。将政党界定为公法机构，是对“政党日益走近国家”趋势的一种反映。需要强调的是，虽然一些国家的政党法律将政党界定为公法机构，但并不意味着一定可以将政党归为国家机构。将政党界定为私法主体，以法律的形式明确政党非公权机构的性质，反映的是“政党非国家机构或公权机构”的理念。

第二，政党的性质和定位。

笼统而言，拉美国家的政党法律将政党定位为维系民主制度运作的要件。当然，它们在具体内容、切入角度和表述方面各不相同。有的将政党视为代公民行使公权的组织。例如，巴拿马选举法规定，政党是公民行使其政治权力的组织，具有明确的原则、目标和纲领。有的将政党定位为民主制度的组织机构。例如，阿根廷将政党作为民主制度的基本组织机构，以及制定和实现国家政策的必要工具。有的从汇集民意或公共代表、政治参与的角度定位政党。例如，玻利维亚将政党作为实现公共代表的媒介；哥伦比亚将政党视为反映政治多元的常设组织，旨在促进民众参与，推动形成和表达公共意志；哥斯达黎加宪法规定，政党展现政治多元，推动公共意志的形成和表达，是政治参与的基本工具；委内瑞拉政党法规定，政党是常设组织，其成员聚合在一起以期根据一致同意的纲领和章程，通过合法手段参与国家政治生活。有的只是将政党描述为政治组织或社会组织。厄瓜多尔政党法规定，政党是由自由聚集在一起以参与国家政治生活的人们组成的主义型政治组织（político-doctrinarias）；巴拿马规定，政党是根据选举法的目标组建，具有明确原理、目标和纲领，享有政治权利的公民组织。有的国家对政党定位的表述则较为全面。例如，秘鲁政党法规定，政党展现民主多元，协助促成和表达公共意志，协助推进选举进程，是实现公民政治参与的基本机构和实现民主制度的基础。

第三，政党的目标。

虽然有的国家的政党法律没有明确规定，但可以确定，多数拉美国家的政党法律要求政党以维护民主制度为目标。例如，巴西政党法明确规定，政党要致力于维护民主政体的利益、合法化代议制和捍卫联邦宪法规定的基本权利；智利政党法规定，政党旨在为民主政体的运转作贡献；玻利维亚政党法规定，政党具有保护、发展和巩固政府民主体系、保证民主在国家内部实行等职责。也有一些国家有其他表述。例如，哥伦比亚政党法规定，政党以获得国家政权、赢得民选公职和影响国家政治和民主决策为目标；多米尼加选举法规定，政党致力于参与并获取民选公职选举，推动实现根据其意识形态制定的纲领。也有一些国家的政党法律明确，如果政党有违反民主原则的情形，则会被宣布非法。例如，秘鲁政党法规定，当认为某一政治机构的活动违反民主原则时，将宣布该政治机构非法。宣布政党非法将撤销政党在政治组织登记局的注册以及其他任何注册，关闭政党办公场所，禁止其再次注册。

2. 政党的主要职责

政党的职责与对政党的定位息息相关。根据对政党的定位，拉美各国赋予政党的主要职责包括：公共代表、政治参与、竞选公职、提出政策、教育和社会动员、监督选举进程等等。拉美绝大多数国家的政党法律明确了归属于政党的职责[①]，但不同国家赋予政党的职责范围存在差别。玻利维亚、巴拉圭和秘鲁政党法律赋予政党的职责最多，都有监督选举进程以外的职责；巴拿马和多米尼加政党法律明确赋予政党的职责最少，只有参与选举以获取公职。

多数拉美国家都赋予政党以竞选公职的职能，巴西等国甚至允许政党垄断选举代理人[②]，导致在拉美各国的实际政党政治生活中，多数政党将获取国家民选公职尤其是总统和议员职位作为党的核心工作，紧紧围绕这一核心开

---

① 尚未发现乌拉圭政党法律中关于政党职责的明确内容。

② 垄断选举代理人，实际上是指只有政党有权推荐国家公职候选人，其他政治组织或社会组织无此权利。多数拉美国家属于这种情况。秘鲁、哥伦比亚、多米尼加等国未让政党独享此权利。例如，秘鲁的政治运动可以参加大区级或市级的选举，地方性政治组织可以参加市级的选举。为了参加选举，政治运动和地方性政治组织除了要到政治组织登记局进行特别登记，还要满足一系列条件。

展活动。相应地，拉美国家出现了为了选举而选举的情况。在此种情况下，政党组织在一定程度上出现异化，一些政党沦为领导人的竞选工具；甚至还出现了专门围绕选举而生的政党，选举来临，此类政党如雨后春笋般冒出，选举结束后，则迅速销声匿迹，此类政党组织更是纯粹的领导人竞选工具，不同于传统意义上的政党。

3. 政党的组建

一国政党数量的多寡，在一定程度上影响到该国政党政治的运作。有学者认为，党派众多（Partiditis）和政党嵌入所有公共生活（Partidocracia）是以政党为核心要件的代议制民主固有的两种风险。对政党进行控制，要么限制政党数量，要么推动更为广泛和多元的参与。①

第一，全国性政党的组建。

为了控制政党数量，拉美国家政党法规中都有关于组建政党的要求，只有满足相应要求，政党才能得以合法注册登记。各国政党法律中规定的政党获得合法认可的条件多有不同。瓦诺斯（Vanossi Jorge）从量的要求和质的要求两个方面来把握政党法律中关于政党组建的要求。他认为，政党法律中关于政党组建的要求，一种是组织形式（要有党章、原则宣言、竞选纲领等）以及党员数量方面的要求，党员数量要达到选区（联邦制国家）或国家（单一制国家）总选民的相应比例；另一种是建党与国家的目标在意识形态方面一致。② 前者为量的要求，后者为质的要求。

借用瓦诺斯的二分法，拉美国家政党法律中对于组建政党提出的量的要求，通常涵盖会议、全国或地区范围的组织、党员数量、基本要件等方面。也就是说，政党只有满足这些条件，包括此前召开过会议特别是建党大会，以最近一次选举的有效票数为准或以在选举名单或花名册注册的选民数为准的特定比例的党员，证明建党的文件或公证材料以及党的章程、原则宣言、

---

① Bendel Petra. *Los Partidos Polticos: Condiciones de Inscripcin y Reconocimiento Legal, Democracia Interna, Etctera.* en Nohlen Dieter. *Tratado de Derecho Electoral Comparado de Amrica Latina*. Mxico, Fondo de Cultura Econmica, 1998, p. 397.

② Vanossi Jorge. *Teoría Constitucional.* Buenos Aires, Depalma, 2000, p. 258.

纲领、会计账簿、领导机关及成员名单等方面的要求，才能获得合法认可。会议要求方面，明确与党的章程、旗帜、标志、建党文书、组织架构和职能部门任命等相关事宜。阿根廷、玻利维亚、巴西、哥斯达黎加、危地马拉、墨西哥、尼加拉瓜、巴拿马、多米尼加、乌拉圭和委内瑞拉均要求召开此类会议；智利、厄瓜多尔、萨尔瓦多、洪都拉斯、巴拉圭和秘鲁虽没有此规定，但要求提交章程、纲领等保障建党的文件；哥伦比亚则规定，政党可自己选择是否召开此种会议。党员数量要求方面，玻利维亚、巴西、智利、萨尔瓦多、洪都拉斯、巴拿马、巴拉圭、秘鲁、多米尼加要求根据最近一次选举的选民数量比例确定党员、支持者或签名的数量，比例一般为 0.5% 到 4%。阿根廷、厄瓜多尔、危地马拉依据在全国花名册注册的选民数确定比例，至少 0.3%；委内瑞拉没有明确规定全国注册层面的比例，却要求至少在 12 个地区拥有党的分支机构，党员数不低于在该地区选举机构注册居民数的 0.5%；玻利维亚、厄瓜多尔还明确，如果党员名册上有超过 5% 的人属于死亡、消失或非党员，该党将被拒绝承认，还会受到相应惩处。基本要件方面，政党要有自己独一无二的名称、标识、旗帜等，多数党还要求有总部所在地及办公场所。

拉美国家政党法律中对于组建政党提出的质的要求，通常包括：忠诚于民主秩序，履行根据民主制度和宪法运作的义务，禁止性别、民族、社会或经济条件歧视，不附属于国外或国际组织，等等。例如，巴西政党法律规定，政党应捍卫国家主权、民主制度、多党制和基本权利，不得为准军事组织；玻利维亚政党法律规定，禁止经济、性别、宗教歧视，政党必须遵守宪法；智利政党法律规定，政党不得违反道德、危害公共秩序和国家安全，不遵守民主制度和宪法基本原则的政党违宪；哥斯达黎加政党法律规定，政党应遵守宪法，应宣布不附属于国外组织或其他国家；厄瓜多尔政党法律规定，政党应服从宪法和其他现行法律，有义务服从国家主权，不与现役军人和警察协商，不组建准军事组织；萨尔瓦多政党法律规定，政党的规范、组织和运作应服从代议制民主原则；洪都拉斯政党法律规定，政党不得违背共和、民主和代议制，有义务通过民主和代议制实现目标，避免暴力，不得服从于外来指示，不得破坏或妨碍国家主权和独立；墨西哥政党法律规定，政党要合法开展活动，根据民主原则调整党及其成员的行为，尊重其他政党政治参与的自由和民众的权利。可以看出，拉美国家政党法律基本上都要求政党服从民主秩序，维系民主运作，这与对政党性质和作用的定位是一致的。禁止性别、民族、社会或经济条件歧视，不附属于国外或国际组织，有这两方面要求的国家也不少。前一个要求是基于现实中存在的性别、民族等方面的歧视及两极分化等痼疾的考量，对于政党发挥代表和促进政治参与职能，尤其是反映弱势群体的声音，具有引导作用；而后一个要求则多鉴于历史上受外来影响过大以及与美国距离较近的独特地缘政治因素等考量所设。

为获得合法登记注册，拉美政党均根据本国政党法律的相关要求进行准备和操作，尤其是章程、纲领、宣言等基本文件，更是应此而作。

第二，地方性政党的组建。

尽管州级层面的政治运动或政治团体的存在及其政治活动在拉美地区得到广泛接受，但许多国家尚无相应法律规制其运作。可以说，缺少对地方政党运作的规范是不少拉美国家政党法律的一大空白，玻利维亚、巴西、智利、哥伦比亚、厄瓜多尔、危地马拉、洪都拉斯、巴拿马、巴拉圭①、乌拉圭等属于此种情况。②

在政党法律中有相关规定的拉美国家，对组建地方性政党的条件和要求，与组建全国性政党的条件要求相比，质的要求一致，量的要求也有共性：与所在地选举名单相关的党员比例，与最近一次选举中发出的选票或回收的有效选票相关的党员比例，建党文书、章程或组织章程、纲领、职能部门的任命、标志或符号等。例如，阿根廷政党法律规定，组建地方性政党，党员数量不低于州或选区注册选民的千分之四，要有由建党大会制定的组织文书、党名、原则宣言、纲领或政治行动基础、职能部门成员任命文书、总部所在地、代理人任命文书、注册文件（出纳、记录、决议等）。墨西哥政党法律

① 其选举法禁止成立地方性政党，但可以成立临时性地方政治行动。

② Daniel Zovatto. *Regulación Jurídica de los Partidos Políticos en América Latina*. México, D.F.: International IDEA, 2006.

规定，组建地方性政党[①]，在尊重宪法确立的一般规定的基础上，各州有权发布选举规范，每个州的要求和程序既有差异，也存在共性。所有州都要求举行市和州会议（有的州还要求召开选区会议）批准党的基本文件（原则宣言、行动纲领和章程等），开会时需要公证人在场，公证人证明有符合最低数量要求的党员参会，证明其组建地方政党的意向。

4. 政党内部事务

弗赖登贝格指出，多数拉美政党将更多的精力放在选举领域，未将精力用在提高党内程序的透明度或保证党员参与决策上。随着政党执政后的表现不佳，以及民众对阶级及其组织的不信任，人们开始关注政党的内部运行，国家也越来越注意规制政党内部生活，督促政党更具包容性和更富参与性。[②]扎沃托则认为，20 世纪 90 年代，许多拉美国家对政党党务提出法律要求，规定了一系列旨在确保政党根据宪法有关条目运行的机制。但此过程比较缓慢，是渐进的、不规则的。虽然进展缓慢，但是因为其增加了对政党的外部控制，督促政党内部程序变得更为透明，鼓励政党通过推行党内民主变得更为包容，所以是朝着正确方向发展。[③]

拉美国家政党法律对政党内部事务的规定主要涵盖政党的组织结构、政党内部民主运作等方面。

（1）政党的组织结构。

扎沃托将政党的内部结构理解为政党为组织和运行而采取的形式，并将国家规范对政党内部结构的规制程度作为政党自由裁量权程度的体现。他认为，国家没有关于政党内部结构的规范，为政党设置自身组织提供了充分自由。[④]

---

① 联邦选区地方选举，只允许全国性政党参与。

② Freidenberg Flavia. *Democracia Interna en los Partidos Políticos.* en Nohlen Dieter et al. (comps.), Tratado de derecho electoral comparado, 2a. ed.

③ Daniel Zovatto. *Regulación Jurídica de los Partidos Políticos en América Latina.* México, D.F.: International IDEA, 2006.

④ Daniel Zovatto. *Regulación Jurídica de los Partidos Políticos en América Latina.* México, D.F.: International IDEA, 2006

绝大多数拉美国家的政党法律都有关于政党基本结构的规定。[①] 各国政党法律中关于政党内部组织机构的规定内容差别较大，有的国家政党法律的相关规定较为简略，有的则较为详细和具体。就第一种情况而言，鉴于国家法律不宜对政党内部事务规定得过细，一些国家的法律中没有关于政党基本结构的具体描述，而是要求政党章程明确自身的内部组织结构。例如，阿根廷政党法律规定，组织章程是政党的基本规范，政党的职能部门和党员都应根据组织章程来调整自身行为。巴西政党法律规定，政党自主决定其内部结构、组织和运行，其章程应包括关于忠诚和纪律的规范。萨尔瓦多政党法律规定，政党章程应包括政党组织的界定内容，满足组织最少数量的要求。每个政党都自我规定其组织架构。秘鲁政党法规定，政党应在其章程中满足“描述内部组织结构”的具体要求。政党应至少有一个代表所有党员的协商机构。党章应明确该机构的选举形式、任期、职能。就第二种情况而言，一些国家的政党法律对政党的内部组织架构层级、权力分配、职责、任期等进行了明确，相关规定较为具体。例如，玻利维亚政党法律规定，所有政党在设置内部组织结构时，都应采用具有以下内容的一个组织章程：组织结构最多包括一个全国代表大会、全国会议或同等机构，两次代表大会中间的最高机构，全国领导机关及地方领导机关、部门或职能机构；每个领导机构的职责、任期和替代程序；两次全国代表大会最长间隔五年，中间常规会议的召开；对党员干部实行惩处的机构和程序，党组织调解党员之间、党员和干部之间、干部之间矛盾的方法；日常管理机构和程序，财务机构和程序；解决因党员权利问题引起的争论的机构和程序。智利政党组织法规定，每个政党都应根据其章程规范其内部结构，至少设一个中央领导机构、一个总委员会、区委员会和一个最高法院。墨西哥政党法律规定，全国性政党必须具有并应在其章程中加以明确的机构，至少包括一个全国大会或相当机构，一个能作为党的全国代表的全国委员会或相当机构，州委员会或相当机构，负责管理党产和财务并提交年度和活动收支报告的机构；政党有设计其组织结构（适当的）

---

① 尚未发现乌拉圭政党法律中有相关规定。

的自由。实际上，上述规定是政党设置自身组织结构的框架。在实践中，政党可以根据国家法律和自身章程的规定进行调试，以便更好地组织和运行。

应国家政党法律要求或根据自身需要，拉美主流政党的章程（或组织章程）中集中明确了自身内部组织结构问题，对国家法律中的相关规定起了细化和补充作用。关于政党内部组织层级架构，巴西社会民主党章程中的相关规定非常有代表性。其章程明确规定，党的组织与运作，建立在两条关于结构和行动基本路线的协调与整合之上。其一，党组织的三级垂直结构，党的决策程序和党内生活的行动都通过该结构进行。其二，与社会及社会运动的联合结构，包括：在地理方面，与民间、居民及社区组织的联系；在职能方面，与劳工、青年、妇女、少数民族、自由职业者、艺术家、农民及其他运动的联系。从第一条路线看，多数政党设有全国机构、州（省）机构和市（区）机构，即有中央、地方和基层三级垂直组织。全国机构一般有全国代表大会、全国政治委员会或全国执行委员会（或相当机构）等。州（省）级机构和市（区）级机构的架构大致与全国机构一致。绝大多数政党的最高机构为全国代表大会，全国政治委员会等则是全国代表大会休会期间代行最高权力的常设领导机构。从第二条路线看，多数政党设有专门机构（或职能机构），也有政党设置了协调机构、国外机构、附属组织等，还有政党将议会党团也作为党的机构。专门机构的职能涵盖的范围相当广泛，主要涉及党内选举、党员权利保护、教育培训、审计、监督、司法、宣传等领域。例如，墨西哥革命制度党将专门机构界定为：专门负责调查、教育、政治培训、宣传和出版的机构是党实现《联邦选举制度和程序法》和相关地方选举法规规定的相关职责的职能机构。革命制度党的专门机构包括：负责宣传思想和社会经济、政治调查的科洛西奥基金会，负责教育和培训的培训和政治发展学院，负责宣传和出版的全国出版和传播委员会。协调机构一般为全国层级的机构，围绕特定领域的问题协调全党，在许多方面与专门机构类似。例如，墨西哥革命制度党设有内部程序全国委员会和政治形象与传播委员会两个协调机构。内部程序全国委员会负责协调和管理全国范围内领导人选举及候选人提名事宜，协助各州、市或选区相关机构实施内部选举。政治形象与传播全国委员会是协调、引导及监管全国党务宣传及沟通的部门，负责与各州相关机构合作，收集各部门与组织提交的建议。国外机构是政党设在国外的组织机构。设有国外机构的政党不多。例如，墨西哥民主革命党设有海外党员委员会、海外执行委员会等机构。前者是其所在国家党的最高权力机关，后者负责发展和领导党的海外政治、组织和管理工作。附属组织多为政党面向妇女、青年、土著等特定群体而设的组织。附属组织一般相对独立，有自己的机构和经费，享有包括自治在内的多种权利。有些政党对成为本党的附属组织提出了不少要求，而一旦成为其附属组织，也享有多种权利。例如，墨西哥革命制度党规定，附属组织是维护与墨西哥革命诸要求相一致的行动纲领与原则的平台。不论是由个人还是偶尔由其他组织构成的组织，履行有效规范，拥护和宣布遵守党的基本文件，符合相应要求，方可成为党的组成部分。党通过促进实现共同目标、应其申请支持其维权斗争以及协调其参加支持党执掌的公共职能机构的活动等形式支持附属组织。议会党团是政党与担任议员的党员的桥梁，一些政党也将其视为党的组织机构。例如，巴西劳工党将议会党团视为根据相应领导机构和党的上级机构作出的决议确定议会活动的党的部门。

（2）政党内部民主。

拉美国家往往要求政党致力于寻求能够促进国家民主更好运转的机制，进而要求政党首先实现内部生活民主化，并将此要求反映到政党法律中。许多研究者认为，政党的领导干部和公职候选人由党员选举产生是政党内部民主化的主要标志。扎沃托认为，1978 年至 2005 年，相当多的拉美国家存在一个明确倾向，即无论是在公职候选人推选还是在党的领导干部推选方面，透明度、开放度和内部民主水平都有提高。[①] 这一倾向，在相当程度上得益于相关政党法律建设。

关于公职候选人推选，多数拉美国家都要求候选人由党内选举产生。玻

① Daniel Zovatto. *Regulación Jurídica de los Partidos Políticos en América Latina*. México, D.F.: International IDEA, 2006.

利维亚、洪都拉斯、巴拿马、巴拉圭、乌拉圭等国采取的是党内公开选举[①]；巴西、智利、哥伦比亚、哥斯达黎加、危地马拉、多米尼加、萨尔瓦多、委内瑞拉等国采取的是闭门或会议党内选举[②]；秘鲁既有党内公开选举，也有闭门党内选举。秘鲁、萨尔瓦多等国要求政党成立具有自主权的专门负责党内领导人和民选公职候选人选举的职能机构。阿根廷、玻利维亚、智利、哥伦比亚、哥斯达黎加、危地马拉、洪都拉斯、巴拿马、巴拉圭、秘鲁、多米尼加、乌拉圭、委内瑞拉等国的法律还规定了公职候选人的推选机制。

关于党内领导干部推选，情况和公职候选人推选类似，多数拉美国家要求候选人由党内选举产生。阿根廷、秘鲁等国政党法律明确要求政党领导人的选举要定期举行。玻利维亚、哥伦比亚、危地马拉、洪都拉斯、巴拉圭、秘鲁、多米尼加、乌拉圭等国的法律还规定了党的领导干部的推选机制。

还有两点值得注意，一个是国家选举职能机构是否可以介入乃至干预政党内部选举，另一个是是否允许使用国家资源资助政党党内选举程序。就前一个问题而言，在除巴西以外的其他国家，政党法律授权选举职能机构可以干预政党内部选举。不同国家的干预程度不同。阿根廷、哥斯达黎加、洪都拉斯、尼加拉瓜、巴拉圭、乌拉圭和委内瑞拉等国的干预授权较多；玻利维亚、智利、危地马拉、墨西哥和多米尼加、厄瓜多尔和萨尔瓦多等国的干预授权较少，只允许国家选举职能机构在监督和裁决冲突事务方面介入党内民主程序；厄瓜多尔和萨尔瓦多法律只授权裁决选举冲突。目前来看，这种干预的程序性和象征意义更多一些，是对国家选举职能机构相应权利（尤其是监督和裁决政党内部民主进程中出现矛盾的权利）和权威的保留。实际上，除非政党内部选举违反国家法律法规，或者有针对政党内部选举的申诉要求，国家选举职能部门很少干预政党内部选举。就后一个问题看，哥伦比亚、洪都拉斯和巴拿马的政党法律允许政党内部选举程序接受公共资助，巴拉圭和委内瑞拉的政党法律明确禁止使用国家经费资助政党内部程序，其他国家的

① 公开选举，指不仅党员可以参与，民众也有参与可能性的选举。

② 闭门选举，指只允许党员、支持者或代表直接参与的选举。

政党法律则忽略了相关主题。[①] 国家选举职能机构是否可以介入乃至干预政党内部选举问题、是否允许使用国家资源资助政党党内选举程序，集中反映了国家公权力对政党内部事务的介入程度这一深层次的问题。从实质上看，这其实是“国家与政党关系”问题的外显。

5. 政党联盟（同盟）[②]、合并及消亡

（1）政党联盟（同盟）。

迪维尔热认为，政党之间的联盟有不同形式和程度：一些是临时的、无组织的、单纯的临时性同盟，力图从选举优势获利，取代或维持政府；其他是持久的、有稳定框架的，有时看起来像个超级政党。[③]

在拉美，乌拉圭[④]以外其他国家的政党法律中，都有关于政党联盟的内容。相关规定内容及其详略等多有不同。例如，有的结盟主体仅限于政党，有的结盟主体可以包括其他政治组织或政治团体，有的结盟主体还包括政府有关部门的组织机构；有的要求政党在同一次选举中只能加入一个联盟，而有的则可以加入多个联盟；多数国家未对联盟进行分类，墨西哥等国则根据共同推选的候选人的比例将联盟分成完全联盟、部分联盟和弹性联盟；等等。但也有共同之处，共同之处可大致归纳为：政党向相应国家选举职能机构提出申请，由党的最高机构提交表明同意组建联盟的文件、由政党批准的联盟协议，等等。

一般情况下，注册联盟有时间期限限制，通常在国家选举前的特定时段，但时间的坐标、节点等各不相同。阿根廷是选举前 2 个月，巴拿马是商定联盟后 15 个工作日，巴拉圭是选举前 2 个月，秘鲁是选举日期前 180 个工作日

---

① Daniel Zovatto. *Regulación Jurídica de los Partidos Políticos en América Latina.* México, D.F.: International IDEA, 2006.

② “同盟”和“联盟”这两个词汇在许多拉美国家被交替使用，这些国家的政党法律也没有明确区分二者，但是墨西哥等国的政党法律对二者进行了区分。墨西哥政党法规定，政党通过特定统一的行动和策略组成“阵线”（相当于“同盟”），是为了实现非选举性质的政治和社会目标；政党组成“联盟”，是为了达到竞选目的。

③ Duverger Maurice. *Los Partidos Políticos.* México, Fondo de Cultura Económica, 1987, p.349.

④ 乌拉圭政党法中虽无相关内容，但在实际政党政治生活中，也有对政党联盟的规制。

内、国家总统候选人登记的前 30 日，玻利维亚是全国选举前 100 日，多米尼加是选举前 75 日，哥斯达黎加是选举前 6 个月，洪都拉斯是大选前 6 个月，墨西哥是总统选举年前一年 12 月 1 日至 10 日、议会选举候选人注册前 30 日，萨尔瓦多是选举前 90 日，危地马拉是自联盟协议通过之日后 15 日内。

智利、厄瓜多尔、萨尔瓦多、洪都拉斯、墨西哥、巴拿马、巴拉圭、秘鲁、多米尼加和委内瑞拉等国政党法律规定，选举联盟在选举结束后即告结束。其他国家虽然未有相应规定，实践中也多如此操作。[①] 阿根廷等国则规定，为了在大选之后持续运作，加入选举联盟的政党要建立同盟。

在许多拉美国家，尤其是实行多党制或政党制度呈碎片化特点的国家，单独一个政党难以靠自身力量在选举中获胜。因此，加入选举联盟是非常普遍的现象。相应地，拉美主流政党党内规章中多有涉及选举联盟的内容。与其他政党结成选举联盟时，政党一般强调保持自身独立性，通过特定程序，签署合作协议，共同推选候选人。例如，墨西哥民主革命党章程规定，党可以与全国或地方性政党结成选举联盟。这些政党必须是按照相应法律登记成立并在法律框架内行动的政党。结盟时，应签订联盟协议，制定共同纲领，支持共同候选人。

（2）政党合并。

除乌拉圭和委内瑞拉外，其他拉美国家均允许政党合并。哥伦比亚、尼加拉瓜等国政党法律未见关于合并的明确要求，其他国家的政党法律明确了政党合并的基本要求，但规定多有不同。玻利维亚、洪都拉斯、巴拿马、乌拉圭等国政党法律规定，多个政党合并成一个新党，原来的党解散。哥斯达黎加、墨西哥和秘鲁等国政党法律规定，合并可以有利于某个政党，也就是说，从合并获益的政党即接收其他政党的党保留，其他政党的注册取消。差别在于，在墨西哥，新党注册的有效性与合并的政党中历史最悠久的政党相关联；在秘鲁，政党有权决定哪个政党保持有效性，接收被合并政党的义务

① Daniel Zovatto. *Regulación Jurídica de los Partidos Políticos en América Latina.* México, D.F.: International IDEA, 2006.

和职责。阿根廷政党法律明确，合并后成立的政党自得到联邦选举法官的承认时起享有政治法人资格，并成为被合并政党的权利和义务的合法继承者。巴西、厄瓜多尔和巴拉圭的政党法律还明确了合并和并入之间的区别。合并可以被理解为政党成为一个新党的进程，而并入意味着被并的党消失。

有些拉美主流政党的内部规章中未明确涉及合并问题，有的则在关于党的领导机构职责的部分提及合并问题。合并事宜属于关涉党的发展的重大问题，一般由党的最高权力机构作出决定。例如，墨西哥国家行动党章程规定，是否与其他团体合并由全国代表大会特别会议决定，并且决议应获得 2/3 以上有效票方可获得通过。

（3）政党的法人资格撤销、消亡或终止[①]。

许多原因会导致政党丧失或被终止合法资格，此时会面临政党消亡或终止的问题。大多数拉美国家的政党法律中都有关于法人资格撤销、政党消亡或终止问题的规定。

导致政党被撤销法人资格的原因很多。其中，在选举中的表现不佳即未能获得最低比例或数量的选票是首要原因。巴西以外其他国家的政党法律都要求政党获得最低比例[②]或数量的选票，方能保障不丧失合法地位。不同国家规定的比例不一样，少则 1%，多则 5%。厄瓜多尔和巴拉圭还要求政党在连续两次选举中的得票都要达到比例要求。智利、危地马拉、洪都拉斯、秘鲁和多米尼加则规定，如果获得议席，可以忽略最低选票比例要求。无法满足党员人数最低要求是撤销政党法人资格的又一重要原因。阿根廷等国政党法律明确要求，政党应永久满足关于党员人数的最低要求。这些国家会在特定时间核实政党的党员数量是否达标。

导致政党消亡或终止的原因也很多。其中，党员的意愿排在首位。多数

① 严格来讲，撤销法人资格、消亡和终止并不等同。鉴于一些国家的政党法律明确规定，撤销法人资格后即面临消亡的问题，以及一些国家的政党法律未区分撤销法人资格和消亡，本书也不再区分严格三者。

② 多数情况下，比例是有效选票的比例。墨西哥、秘鲁等少数国家为总选票的比例，阿根廷是相应选区的选民投票，委内瑞拉为发出的选票的比例。

拉美国家的政党法律中有政党通过其党员根据章程或组织章程表达取消政党意愿的条款。

拉美国家政党法律明确规定导致政党失效、消亡或终止的原因还有：政党参与政变，支持或给党员以军事训练或对其进行军事化管理，从国外和外国人那里获得资助，鼓励营私舞弊或通过欺骗形式获得注册，未参与一次选举或未连续参加选举一次以上，未按规定期限举行党内选举，未按要求提供账目，等等。

拉美国家的政党法律规定，政党的失效、消亡或终止由国家选举职能部门宣布后，政党的资产将被清算①，不得以相同的名称、组织章程、原则声明、政治行动纲领或政治行动基本准则再次组建政党或重新获得承认②。

三、结语

不同拉美国家的政党法规建设程度不同，既有差异，也有共性。一般而言，政党法规的主要内容涵盖政党的界定、政党的职责、政党的组建、政党内部事务、政党联盟、政党的消亡或终止等。即使关于同一问题，不同国家的相应规定也往往具有本国特点，表述等多有不同。

有学者曾在比对拉美政党与欧洲政党后，认为拉美国家的政党存在党内缺乏民主、党务由少数上层人物控制、党的个别领导人的作用特别突出、组织上存在严重缺陷、内部成分复杂、内部分歧严重、经常出现分裂等缺陷③。这种认识主要是基于20世纪六七十年代的情况。经过第三波民主化浪潮的洗礼，许多拉美国家成功实现了民主转型，并且在相当程度上实现了民主巩固。在这个过程中，政党法规建设发挥着颇为重要的作用。政党法规不仅是民主转型和民主巩固的重要保障，也使政党制度化水平得到提高。

---

① 一般情况下，清算后剩余的资产收归国有。

② 区别在于，阿根廷等国是规定在一定期限内如此，许多国家则未明确时限。

③ Ronald H. McDonald and J. Mark Ruhl. *Party Politics and Election in Latin America*. Westview Press, 1989. pp.7–9.

拉美国家的政党法规建设也存在一些有待改善或提高的地方，同时面临一些挑战。其一，尽管多数拉美国家的政党法律对涉及政党的主要问题均有相应规定，但关于其他一些问题的规定很少甚至匮乏，有待补充和完善，以弥补空白或清扫盲区。其二，在一些拉美国家，政党法律的表述不是很清晰，导致模棱两可，当试图进行更为细致的分析时，往往有不同解释。其三，政党法规应该解答"政党对公职候选人推选的垄断格局被打破"等新问题。例如，如何看待和规制独立候选人问题。在一些拉美国家，出现了关于独立候选人的法规，这打破了政党对推选公职候选人的垄断。当然，这一领域的法规仍是方兴未艾，需要仔细斟酌和考量。其四，在一些拉美国家，经常面临政党法规难以执行或经常未得到执行的困境[①]。有学者认为，许多拉美民主国家以弱制度环境著称。在弱制度环境中，不仅规章的执行度低，对规章的运用存在广泛的自由裁量，而且制度的持久性差，正式规章可能会一再改变，很少能在权力和优先权的分配波动中存续下来。政治主体不清楚违反规章是否会招致惩罚或者既有规章是否会得到坚持，政治主体不能借助正式规章可靠地预期其他主体如何行动。此类环境对制度发展具有较大的消极影响。不稳定的规章及规章执行过程中广泛存在的自由裁量强有力地影响了政治主体如何以及为何创设制度，也影响这些制度为何、何时以及如何改变。[②]

政党法规在实际政治生活中发挥的作用如何，受多种因素影响。从整个国家体制或配套政治制度的方面看，政党法规的效果根据诸如选举制度等其他政治制度的配置而变化。在其他国家活动领域缺乏有效管理和执行的国家，政党法规也难以得到有效管理和执行，即使得到有效管理和执行也难以发挥大的作用。许多引入政党法规的国家的官僚制度和司法制度较弱，这使政党法规的实施效果大打折扣。政党法规如何管理和执行在很大程度上取决于负责管理和执行的机构的设置。选举在政党的配合下得到良好运行，管理选举

---

① Daniel Zovatto. *Regulación Jurídica de los Partidos Políticos en América Latina.* México, D.F.: International IDEA, 2006. Reilly and Nordlund (eds), *Political Parties in Conflict-Prone Societies: Regulation, Engineering and Democratic Development.* United Nations University Press, 2008.

② 刘玉：《弱基础上的制度建设》,《国外理论动态》2014 年第 5 期。

与一种似乎有选择地惩罚政党的进程之间存在张力。① 从执行政党法规方法的角度看，命令和控制不是国家调整政党行为的唯一办法，但似乎所有政党法规都依赖命令和控制：法规明确了政党必须达到的标准。命令和控制型法规或许过于严厉、如此与社会结构不一致，以致无法得到贯彻。罚款也是命令和控制方法的一部分。违反经费法规通常会被罚款，但执行通常是散乱的。② 从政党自身情况看，当政党非常不稳定、缺乏管理结构、没有固定党员、资金有限时，很难形成有效用和有意义的规章。或许在纸面上有政党章程或宣言，但它们不会成为政党组织自身的决定性因素。③

政党法规建设是一个复杂和不断持续的进程，其改进需要持续的多方面的努力，只有简单而广泛的雄心勃勃的改革倡议是远远不够的。政党法规建设或改进的问题，是影响政党政治运作的重大命题，需要审慎而行、久久为功。④

---

① Reilly and Nordlund (eds). *Political Parties in Conflict-Prone Societies: Regulation, Engineering and Democratic Development.* United Nations University Press, 2008.

② Graeme Orr. *Political Disclosure Regulation in Australia: Lackadaisical Law.* Election Law Journal, 6 (1), 2007: 72–88.

③ Reilly and Nordlund (eds). *Political Parties in Conflict-Prone Societies: Regulation, Engineering and Democratic Development.* United Nations University Press, 2008.

④ Fransje Molenaar. *Legitimising Political Party Representation: Party Law Development in Latin America.* International Political Science Review Vol.35 (3), 2014; Daniel Zovatto. *Regulación Jurídica de los Partidos Políticos en América Latina.* México, D.F.: International IDEA, 2006.

阿根廷政党组织法[①]

第一篇　一般性原则

第一条　保证公民的政治结社权，以组建民主政党。

保证作为政党的团体享有组建、组织、自我管理和自主运作的权利，以及获得政治法人资格的权利，以便其自身或作为政党同盟的一分子在一个、多个或全部选区根据本法的规定和要求开展活动。

第二条　政党是全国政治形成和运行的必要工具，专门负责提名民选公职候选人。

只要其组织章程允许，政党可以提名非党员公民。

第三条　政党的存在应满足以下基本条件：

第一款　由长期政治纽带维系在一起的公民团体。

第二款　组织稳定并根据组织章程运行，根据党内民主方法，通过每个政党规定的形式，定期选举政党领导人和组织机构，应遵守第24.012号法律及相应条例规定的最低性别比。（本款依据的法条是刊布于2009年12月14日官方公报上的第26.571号法律第一条）

第三款　如要得到法律承认的政治法人资格，政党应在相应的公共注册部门登记。

第四条　根据民法和本法规定的制度，政党享有权利并履行相应义务。

---

① 根据阿根廷1985年第23.298号法律译出。

第五条　本法是公法，自1985年11月4日起，适用于参加全国大选以及布宜诺斯艾利斯市和火地岛、南极与南大西洋岛屿行政区市级选举的政党。（本条依据第23.298号法律，根据发布在2006年12月29日官方公报上的第26.191号法律重新修订）

第六条　联邦选举法院除了履行相应的组织法规定的权限和职能，还负责监督权利、标志、权力、保障和义务的有效落实，以及监督本法和其他法律规定的政党及其领导人、候选人、党员和普通公民的注册登记。

第二篇　政党的创建

第一章　政治法人资格得到承认的条件

第一节　选区政党

第七条　政治团体为了获得临时政治法人资格，应当向主管法官提出申请，并满足以下条件：

第一款　创建文书，随附证据证明成员数量不少于相应选区注册选民总数的千分之四，其成员数至多为一百万，同时应包括签署自愿加入协议人员的姓名、住址及注册号。

第二款　创建大会决定采用的政党名称。

第三款　创建大会批准的原则宣言、政治行动纲领或政治行动基本准则。

第四款　创建大会批准的组织章程。

第五款　发起人的任命文书。

第六款　政党的所在地和代理人的任命文书。

在得到临时认可期间，政党被视为正在创建中。不得在基层选举和全国大选中提名候选人，同时无权接受日常或特别公共捐赠。（本条依据的法条是刊布于2009年12月14日官方公报上的第26.571号法律第一条）

第七条乙　正在创建中的政党为了最终获得政治法人资格，应证明：

第一款　在一百五十日内，在相应选区中有不少于注册选民总数千分之四的选民加入该政党，其成员数至多为一百万。随附经政党领导人证实的内含党员身份信息和住址的公民证件副本。

第二款　在一百八十日内完成党内选举，组建党的领导机构。

第三款　在得到认可后的六十日内，提交本法第三十七条规定的账簿，以便获得签字。

所有需要在联邦选举法院进行的手续，在政党领导机构最终确定之前都由发起人或代理人办理，他们共同对相关文件和申请的真实性负责。（根据刊布于 2009 年 12 月 14 日官方公报上的第 26.571 号法律第三条纳入本条）

第七条丙　为了保留政治法人资格，政党应永久满足党员人数的最低要求。检察院依法或应联邦选举法院的要求，于每年第二个月核实政党是否达到本条规定的条件，如未能达到，将适时宣布其政治法人资格失效。

在宣布失效之前，选举法官应当要求政党在九十日内满足规定的条件，并发出警告，如逾期未能实现，已经登记的政党及其名称和缩写将被除名。

国家选举委员会于每年结束后次年 2 月 15 日之前公布选区政党为保留政治法人资格所需最低党员人数。（根据刊布于 2009 年 12 月 14 日官方公报上的第 26.571 号法律第四条纳入本条）

第二节　全国性政党

第八条　在五个或以上的选区以相同的名称、原则宣言、政治行动纲领或政治行动基本准则、组织章程得到承认的选区政党，可以向其创始选区的联邦选举法院申请成为全国性政党。一经批准，该政党可以在开展活动的选区的联邦选举法官面前进行相应的注册登记，为此，除了满足第七条和第七条乙的规定，还应符合下列条件：

第一款　承认其政治法人资格的决议的证明。

第二款　原则宣言、政治行动纲领或政治行动基本准则、全国性组织章程。

第三款　政党全国领导人和选区领导人的任命和选举文书。

第四款 党中央地址和代理人的任命文书。

为了保留政治法人资格，全国性政党应永久达到选区数的最低要求。

检察院于每年第二个月核实政党是否达到本条规定的条件，如未能达到，将适时宣布其政治法人资格失效。

在宣布失效之前，选举法官应当要求政党在九十日内满足规定的条件，并发出警告，如逾期未能实现，已经登记的政党及其名称和缩写将被除名。（根据刊布于2009年12月14日官方公报上的第26.571号法律第五条纳入本条）

第九条 基于上一条，最初在哪个选区开展活动并成立政党，则该选区将被视为政党的创始选区。

对已经获得上述任何一种承认的政党，如果愿意保留创始选区并最终决定不再建立其他选区，则创始选区就是政党法定总部的所在地。

第三节 联盟、合并和临时同盟

第十条[①] 为向公职选举提名候选人，选区政党和全国性政党可以根据各自组织章程的规定，分别建立由两个或两个以上政党组成的选区联盟或全国性联盟。

同时，未加入全国性政党的选区政党可以至少同一个全国性政党建立联盟。

参与联盟的政党应获得相应选区或联邦首都区的联邦选举法官的承认；如果是全国性政党联盟，应在初选前六十日进行强制性公开：

第一款 包括相应财务协议在内的联盟创建协议。

第二款 选举条例。

第三款 每个政党领导机构根据各自组织章程同意组成临时联盟。

第四款 联盟中央所在地和代理人的任命文书。

第五款 建立联盟选举委员会。

---

① 第十条首先根据刊布于1987年3月3日官方公报上的第23.476号法律进行了修改，后根据刊布于2002年7月4日官方公报上的第25.611号法律再次作出修改。在废除第25.611号法律之后，第26.191号法律未作任何说明，明确规定恢复第23.298号法律。

第六款　通过政党常设基金所获捐赠的分配方式协议。

为了在大选之后持续运作，共同加入联盟的政党应建立同盟。（根据刊布于 2009 年 12 月 14 日官方公报上的第 26.571 号法律第六条增加本条）

第十条乙　为长久开展活动，选区政党和全国性政党可以分别建立由两个或两个以上政党组成的选区同盟或全国性同盟。同盟拥有其成员政党的政治和财务权利。

两者都应获得相应的选区联邦选举法官或联邦首都区法官的承认。如果为全国性同盟，还应提交下列材料：

第一款　同盟创建协议和组织章程。

第二款　同盟的名称。

第三款　经创建大会批准的原则宣言、共同政治行动纲领或共同政治行动基本准则。

第四款　领导人的任命文书。

第五款　同盟的所在地及代理人的任命文书。

第六款　在得到认可后的两个月内，提交本法第三十七条规定的账簿，以便获得签字。

为了作为同盟参加大选，应在相应初选前六十日内向联邦选举法官申请获得承认。（根据刊布于 2009 年 12 月 14 日官方公报上的第 26.571 号法律第七条纳入本条）

第十条丙　所有注册的政党都可以与一个或多个政党合并，向创始选区联邦选举法院提交：

第一款　经签字的合并协议，随附包含签字者姓名、住址和注册编号的文件。

第二款　参与合并的政党职能机构签署的合并意愿书。

第三款　本法第七条第二款至第六款规定的其他条件。

第四款　参与合并的政党在其创始选区的官方公报上发布合并协议的证明。该公示持续三日，并写明如有反对意见，在发布后的二十日内递交给该选区的联邦选举法院，联邦选举法院将核实参与合并的政党的成员数量是否达到占相应选区选民总数千分之四的最低要求。

合并后成立的政党自得到联邦选举法官的承认时起享有政治法人资格，并成为被并入政党的权利和义务的合法继承者，这不妨碍合并之前被并入政党的领导人和其他负责人承担的个人责任。

在承认政党合并的法律决议发布之前，所有已经加入任何被并入政党的选民都将被视为新政党的成员，但是之前在规定期限内反对政党合并的除外。（根据刊布于2009年12月14日官方公报上的第26.571号法律第八条纳入本条）

第四节　干预和脱离

第十一条　选区政党无权脱离全国性政党。但是，全国性政党的中央机构有权干预选区政党。

第十二条　参与同盟的政党有权脱离该同盟并废除同盟协议。同盟的中央机构无权干涉。

第二章　政党的名称

第十三条　名称构成政党独有的标志。在本国领土范围内，其他政党、团体或任何性质的组织都不得使用它。该名称在政党成立之时被采用，不妨碍之后的变更或修改。

第十四条　政党的名称及其变更或修改都应符合法律规定，并得到联邦选举法院的批准。

名称的使用权申请得到批准后，联邦选举法官应通知政党代理人并在国家官方公报上对该名称和批准使用的日期进行为期三日的公示，以便其他政党或联邦检察官提出反对意见。

得到认可或正在建立中的政党可以在联邦选举法官作出最终裁决前监督和反对政党名称的使用权获得批准，或者在本法规定的听证会上进行监督和反对，其在听证会上的申诉权不妨碍之后提出相关诉讼。

根据本法第三十九条的规定，最终决议应通知国家选举委员会。

第十五条 “党”的称谓仅用于上述已经得到承认或正在建立中的组织。

第十六条 政党的名称不得包含人名和人名的派生词，不得含有“阿根廷的”“国家的”“国际的”及其派生词，不能使用含义影响或可能影响本国国际关系的词汇以及表达种族、阶级、宗教对抗的词汇或引起对抗的词汇。政党的名称应当合理、清晰地区别于其他任何政党、团体或组织的名称。如果政党分裂，分离出来的派别无权全部或部分使用政党的原名或增加修饰词。

第十七条 如果政党因为未满足本法的规定而导政治资格被撤销或者宣布消亡，在第一种情况下，自最终裁决作出后四年内，其他政党、团体或任何性质的组织都不得再次使用该政党的名称；在第二种情况下，自最终裁决作出后八年内，其他政党、团体或任何性质的组织都不得再次使用该政党的名称。

第十八条 政党对注册过的识别编号有永久使用权，政党根据获得认可的顺序得到相应编号。

第三章 政党的地址

第十九条 政党应在申请获得政治法人资格选区的首府建立合法地址。同时，废除政党的中央和地方地址。

第二十条 根据本法的规定，公民用于参选登记的住址是旧版男女身份证或新版国民身份证中最后记录的地址。

第三篇 政党的主张和组织

第一章 组织章程和竞选纲领

第二十一条 组织章程是政党的根本法，约束政党的权力、权利和义务，政党领导人和党员的行为应合乎组织章程的要求。

第二十二条 在选举候选人之前，党组织应根据原则宣言、政治行动纲领或政治行动基本准则，批准竞选纲领或之前的竞选纲领。

竞选纲领和候选人接受提名的证明副本应一并报送联邦选举法官，以便名单得到官方认可。

第四篇　政党的运行

第一章　纳新

第二十三条　加入一个政党应：

第一款　居住在申请入党的选区。

第二款　用旧版男女身份证或新版国民身份证证明自己的身份。

第三款　递交包括姓名、住址、注册编号、阶级、性别、婚姻状况、职业或行业、签名或指纹等信息的入党申请书一式四份。其真实性应由相关公职人员或政党执行机构确定的领导人进行核实并保证准确无误。入党申请者的名单应报送联邦选举法院。入党申请也可通过居住地的邮局提交，在这种情况下，由邮局领导证明签名或指纹的真实性。

上述申请书由内政部应已经获得认可或正在建立中的政党的要求免费提供，这不妨碍政党按照内政部提供的模板以及尺寸、材质和其他特征自己制作申请书。

第二十四条　如有下列情形，不得入党：

第一款　根据现行法律规定，被排除在选民名册之外。

第二款　国家武装部队在职高层和副官或其退休后被要求继续为国家服务。

第三款　国家或省级安全部队在职高层和副官或其退休后被要求继续为国家服务。

第四款　国家和省级司法法官以及市级法院法官。

第二十五条　政党职能机构作出批准入党申请的决定后，申请者将获得党员身份，或者在申请递交后十五个工作日内政党未予处理，申请者将自动成为党员。拒绝入党申请的决议应有依据，并允许申请者向所在选区的联邦选举法官提出上诉。一份入党申请书交给申请人，一份由政党保存，其余两份报送联邦选举法院。（本条依据的法条是刊布于 2009 年 12 月 14 日官方公报上的第 26.571 号法律第九条）

第二十五条乙　如果入党申请被放弃、拒绝或违反第二十一条和第二十四条的规定，该申请将被终止，相关通告应发送给联邦选举法官。（根据刊布于 2009 年 12 月 14 日官方公报上的第 26.571 号法律第十条纳入本条）

第二十五条丙　不得有双重党籍。加入一个政党之前应明确放弃此前的其他政党党员身份。（根据刊布于 2009 年 12 月 14 日官方公报上的第 26.571 号法律第十一条纳入本条）

第二十五条丁　公民可以通过免费电报或亲自向相应选区的选举秘书处提出放弃加入政党。为此应当在阿根廷共和国全境内为发送者建立免费电报服务，以便使其有效地放弃入党。该服务所需的花销由内政部通过非预付费系统支付。联邦选举法院一旦收到放弃入党的通知，将撤销该申请，并通知申请者放弃加入的政党。（根据刊布于 2009 年 12 月 14 日官方公报上的第 26.571 号法律第十二条纳入本条）

第二十六条　党员的登记是公开的，由对上述条款涉及的入党申请的最新安排构成。其组织和运行由政党和联邦选举法院负责。

选民有权知晓入党申请的进展情况。国家选举委员会应建立相关机制使选民知晓个人情况但限制第三方获得这些数据。（本条依据的法条是刊布于 2009 年 12 月 14 日官方公报上的第 26.571 号法律第十三条）

第二十七条　党员名册是公开的。它应由政党制作，或应政党申请由联邦法院制作。如果是第一种情形，名册应及时更新且真实可靠，在每次党内选举之前或应要求报送联邦选举法官。

第二十八条　政党可以在符合法院规定和指令的情况下，负责党员和党员名册的注册，无须另一名依法或应相关方面的请求负责检查和监督的联邦选举法院法官的参与。

第二章 党内选举

第二十九条 根据政党的组织章程和作为补充的政党组织法或选举法，政党领导干部选举应定期举行。为了任命参与国家公职竞选的候选人，所有政党应根据相关法律规定于同一日在全国，同步开展公开、预选。（本条依据的法条是刊布于2009年12月14日官方公报上的第26.571号法律第十四条）

第二十九条乙 （本条根据第25.611号法律增加，但该法律已经根据第26.191号法律被废除，恢复了第23.298号法律）

第三十条 联邦选举法院可以应相关方的请求，为政党选举指定监察员，负责监督各类酬金和开支。

第三十一条 党内选举的结果应当予以公开并告知联邦选举法官。

第三十二条 选举委员会自党内召集选举之日起至最终计票结束（包括结束之日）所作出的决定都应在二十四小时内通知相应的联邦选举法官，对决定不满的可在相同期限内向联邦选举法官提出上诉。法官将免除多余的手续，在收到申诉的二十四小时内作出判决，且该决定是终审，不得再次上诉。

选举委员会对最终计票结果的裁决应在上一段规定的期限内告知相应的联邦选举法官，如果对裁决不满的，可在四十八小时内向联邦选举法官提出上诉，法官将免除多余的手续在接到申诉的七十二小时内作出判决。

上一段规定的上诉在向选举委员会提出时必须是有根据的，以便该委员会立即向上级报送。

除了本条第一段规定的情形，其他司法裁决可以在公布的三日内向相应的选举委员会申诉。向联邦选举法官提出的上诉必须是有根据的，一旦接收立即反馈给上级法官，由上级法官在收到后的五日内免除多余的手续直接作出判决。

任何情况下，无论是否有理由，参与其中的法官都不得拒绝接受上诉。

第三十三条 如有以下情形，不得成为预选候选人或参与国家公职竞选的候选人，也不得被任命担任党内职务：

第一款　根据现行法律规定，被排除在选民名册之外。

第二款　国家武装部队在职高层和副官或退休后被要求继续为国家服务。

第三款　国家和省级安全部队在职高层和副官或退休后被要求继续为国家服务。

第四款　国家、省级、布宜诺斯艾利斯自治市和市级的法官和日常公职人员。

第五款　在国家、省、布宜诺斯艾利斯自治市和市级服务和公共工程特许经营公司、自治或分权单位、赌博公司担任领导职务或作为其代理人。

第六款　犯有种族屠杀罪、危害人类罪、战争罪而遭到起诉的人员，因严重违反人权构成非法镇压事实、拷打、强迫人员失踪、拐骗儿童及其他严重违反人权的人员，以及在1976年3月24日至1983年12月10日间犯有国际刑事法院《罗马规约》中的罪行的人员。

第七款　犯有上一款中的罪行而被判刑的人员，即使判决未被执行。

政党不得提名违反本条规定的人员作为参与国家公职大选的候选人。（本条依据的法条是刊布于2009年12月14日官方公报上的第26.571号法律第十五条）

第三十四条　国家宪法或法律对居住地的要求是被提名为公职竞选候选人的必备条件，是否满足该条件，可通过除相应选区选民登记证明材料之外的其他任何证据加以证明。

第三章　政党权利和权力的所有资格

第三十五条　根据本法和其他相关法律规定以及政党的组织章程，确保政党领导人有权使用政党的名称、行使行政职能和管理政党，以及从总体上领导党内各项活动。

第三十六条　上一条规定的政党权利和权力的所有资格明确了对党的财产、象征、徽章、编号、账簿和文件的所有权。

第四章　政党的账簿和文件

第三十七条　在不妨碍组织章程规定的账簿和文件保存的情况下，政党还应通过其全国委员会和选区中心委员会定期保存以下由相应的联邦选举法官签字盖章的账簿：

（一）总账簿。

（二）现金账簿，相应的补充文件应保存三年。

（三）固定页或活页形式的会议和决议记录本。

另外，选区中心委员会应保存党员的档案卡。

第五章　政党的标志和徽章

第三十八条　已经获得承认的政党对本党的标志、徽章和编号有注册权和专用权，其他政党、团体或任何性质的组织都不得使用。对于标志和徽章的限制与本法针对名称的规定相似。

第六章　保持政党存在的注册登记

第三十九条　国家选举委员会和选区法院负责公共注册，由各自的秘书处登记如下内容：

第一款　已经获得承认的政党和批准既有政党。

第二款　政党的名称及其变更和修改。

第三款　政党代理人的姓名和住址。

第四款　政党注册的标志、徽章和编号。

第五款　政党政治法人资格的撤销。

第六款　政党的消亡和解散。

登记信息如有任何变更或修改应立即由选区法院报告国家选举委员会，以便其更新注册信息。

第五篇　政党的财产

第一章　财产和资源

第四十条至第四十五条　根据2002年6月12日官方公报发布并于2003年9月10日生效的第25.600号法律第七十一条予以废除。

第二章　政党常设基金、补贴和免税

第四十六条　根据2002年6月12日官方公报发布并于2003年9月10日生效的第25.600号法律第七十一条予以废除。

第三章　财产的支配

第四十七条至第四十八条　根据2002年6月12日官方公报发布并于2003年9月10日生效的第25.600号法律第七十一条予以废除。

第六篇　政党的失效和消亡

第四十九条　政党的失效意味着政党注册登记的撤销和政治资格的失去。

政党的消亡意味着政党合法存在的结束和政党解散。

第五十条　政党的政治资格因下列事由失效：

第一款　在四年内未举行党内选举。

第二款　连续两次未参与国家大选。

第三款　连续两次国家大选中未能获得相当于相应选区注册选民百分之二数量的选票。

第四款 事先已经收到法院通令，仍违反本法第七条第五款和第三十七条的规定。

第五款 未能达到本法第七条和第七条丙规定的党员人数最低要求。

第六款 全国性政党未能由至少五个拥有有效资格的选区政党构成。

第七款 违反本法第三十三条第六和第七款的规定。（本条依据的法条是刊布于 2009 年 12 月 14 日官方公报上的第 26.571 号法律第十六条）

第五十一条 政党因下列事由消亡：

第一款 组织章程规定的原因。

第二款 党员根据组织章程规定自愿。

第三款 政党领导人或未经其授权的候选人构成刑事犯罪。

第四款 组织党员参加军事训练或对其进行军事化管理。

第五十二条 政党政治资格的取消和政党的消亡根据联邦选举法院的裁决宣布，并保证政党参与的法律程序顺利进行。

第五十三条 如果某一政党的政治法人资格被宣布失效，自失效日开始并且在其后的第一次国家选举之后，在满足本法第二篇的要求和联邦检察官提前参与的情况下，可以再次提出申请。

被最终判决消亡的政党，自判决之日起六年内，不得以相同的名称、组织章程、原则宣言、政治行动纲领或政治行动基本准则重新获得承认。

在相同的期限内，每个选区的联邦选举法院不得批准由同一消亡政党的党员占比超过宪法规定成立新政党所需成员数量百分之五十的新政党的注册。（本条依据的法条是刊布于 2009 年 12 月 14 日官方公报上的第 26.571 号法律第十七条）

第五十四条 消亡政党的财产按照组织章程的规定处置，如果组织章程没有相关规定，则提前进行清算，存入政党常设基金，不妨碍债权人的权益。

消亡政党的账簿、档案、卡片、徽章由联邦选举法院托管，六年之后在官方公报上进行为期三日的公示，法院即可命令将其销毁。

第七篇　在选举法院办理的政党程序

第一章　一般原则

第五十五条　政党选举程序应简易，分两级举行。

第五十六条　在第一次申请中呈递证据并在听证会上提出该证据。

第五十七条　如果组织章程授予的权利不被承认且在党内组织、代表公共利益和秩序的联邦检察官那里已经没有申诉的办法，已被承认的政党或者正在建立中的政党及其党员，有资格向联邦选举法院申诉。

在简易选举程序中，组织章程规定的权利不被承认和没有党内申诉渠道不能成为预先和特别判决的例外，可以成为在程序中面对审讯的辩护词，并在判决中得到解决。

第五十八条　资格可以通过选举文书、领导人或代理人的任命文书的真实副本加以证明，也可在公证员面前授予或者向选举秘书处递交相关文书。

第五十九条　在联邦选举法院出庭可以协同法律顾问。

初审和二审法院为了程序的顺利进行在认为必要时可以要求法律顾问参与。

第六十条　联邦选举法院的程序使用简单纸张办理，该法院要求在官方公报上发布的公示是免费的。

第二章　资格获得承认的程序

第六十一条　正在组建中的政党如要申请获得对其资格的承认，应当通过公证员或相关公职人员证明签名和其他文件的真实性；否则，联邦选举法官将采取其认为恰当的方式达到此目的。

第六十二条　满足上一条款中的条件，且第十四条规定的通知和公示日期截止，联邦选举法官将在随后的十个工作日内召开听证会，联邦检察官、已获承认的政党或其辖区内正在成立的政党的代理人，以及要求维护合法权益的其他选区政党的代理人出席听证会。

在上述口头传唤中，被传唤者可以专门针对未达到法律规定的条件和要求，或者对权利、登记或政党提议的名称提出意见，提出者应提供有根据的证明，不妨碍检察机关发表意见。

上述出席听证会的人员有权提起上诉。

第六十三条　联邦选举法官完成必要的手续后，通过有根据的判决，在十个工作日内批准或拒绝资格申请。

给予认可后，在官方公报上就相应的判决和党的组织章程进行为期一日的公示。

第六十四条　对最终决议或法条规定的内容，相关人员和联邦检察官可以在五个工作日内向国家选举委员会提出申诉。

该申诉手段受以下条款的约束。

第三章　诉讼程序

初　审

第六十五条　诉讼开始后五个工作日内移交给相关人员。如果到期，联邦选举法官将在五个工作日内召开听证会，通知召集相关方，在十个工作日内结束听证会。如果代表资格不够或者没有资格，应当提前解决。

联邦法官在听证会上或听证会结束后三个工作日内发表意见。

本法规定的期限均不得拖延。联邦选举法院如果认为有必要加快进程，则可缩短期限。

二　审

第六十六条　对所有最终判决、决议或法条规定的内容，都可以在五个工作日内向国家选举委员会申诉，但是国家选举法第六十一条规定的情况除外。

除非履行判决将引起无可挽回的伤害，申诉仅在可恢复或类似效果的情况下获批。申诉包括认为判决无效。

第六十七条　上诉由联邦选举法官审理，在五个工作日内将上诉书交与被告。

相关方如果向联邦选举法官提起诉讼，应当在联邦首都辖区内建立住所。如果未建立，国家选举委员会将要求其在五个工作日内满足这一要求，并发出警告，否则将其住所建在委员会的审讯室。

第六十八条　一旦收到审理记录，国家选举委员会为了更好地推动审理的进行，可以安排采用初审中未提交的证据或其他证明以及口头传唤。

证据提出后或者进行口头传唤后，应当告知二审检察官。加入检察官的意见后，作出最终判决。

第六十九条　对被拒绝的上诉再次提起诉讼的期限是五日。

对最终判决的澄清上诉可以在收到通知后的二十四小时内在两个审级中提出，四十八小时之后在初审中得到解决。澄清上诉将中断上诉期限。

第七十条　条款中规定的最终判决或决议被宣布无效后，国家选举委员会将把审理结果交给法定代理人，以便其依法宣布新判决。

第七十一条　另外，阿根廷民商法典要求司法机关高效、集中、迅速地处理诉讼案件。

第八篇　一般性规定

第七十二条　第 22.627 号、第 22.734 号和第 23.048 号法律已经被废除。

第七十三条　为履行本法的规定所需的开支从一般性收入中支出。

第七十四条　国家行政权将本法第四十六条政党常设基金免税的优惠交由内政部负责。

第七十五条　本法生效之前根据适用的准则，最终获得承认的选区或国家政党以及政党同盟应当自生效之日起一年时间能够满足本法规定的要求即可保持政治法人资格。

第七十六条　仅此一次本法为承认政党或其联盟规定的所有手续可在第一次国家大选之前五十日完成。

第九篇　过渡性条款

第七十七条　第四十六条中规定的补贴应当与已获得承认的政党进行协商，参照下一次在 1985 年 11 月 3 日举行的竞选，不妨碍本法第五条的规定。

第七十八条　本法结束。

（于蔷　译，靳呈伟　校）

巴西政党法[①]

第一章　初步规定

第一条　作为私法中的法人实体，政党的目的是，出于民主制度的利益，确保代议制真实可靠，捍卫巴西联邦宪法明确的基本权利。

第二条　只要其纲领尊重国家主权、民主政体、多党制和个人基本权利，政党的创建、联合、合并及消亡就是自由的。

第三条　确保政党自主确定其内部结构、组织和运作的权利。

第四条　政党党员权利和义务平等。

第五条　政党应具有全国性，并根据其章程和纲领开展行动，不能从属于某个外国机构或政府。

第六条　禁止政党提供军事或准军事教育、利用军事或准军事组织，党员不得使用统一制服。

第七条　在依据民事法律的规定取得法人资格之后，政党要在高等选举法院注册登记其章程。

第一款　只允许全国性政党登记其章程，该党需在最近一次众议院选举中获得至少百分之五的选票（不含白票和废票），所得票数要分散在全国三分之一或更多州，在获得选票的州中每个州至少获得十分之一的选票。

---

① 根据巴西 1995 年第 9.096 号法律译出。

第二款　只有党章在高等选举法院进行登记的政党，可以根据本法的相关条款，参与选举过程，获得政党基金，免费使用广播电视。

第三款　只有党的章程在高等选举法院进行登记，才能确保党的名称、缩写以及标记的排他性；为避免导致可能的误导或混淆，其他政党不得使用其变化形式。

第二章　政党的组织和运行

第一节　政党的创建和注册

第八条　政党创始人应亲自前往首都联邦区法人民事登记机构的相关公证处，提出申请，进行政党注册登记，注册的政党人数不得低于一百零一名，注册的选举地址应至少分布在全国三分之一的州，注册时要携带：

Ⅰ　经过公证的党的成立大会的会议纪要副本；

Ⅱ　刊布党章、党纲完整内容的“官方公报”的副本；

Ⅲ　党的所有创始人的名单，包含全名、国籍、选举证编号、所在选区、分区、城市和州、职业及具体居住地址。

第一款　登记申请应说明党的临时领导人的姓名与职务，以及党总部在首都联邦区的地址。

第二款　满足本条所规定的条件，民事登记机构的官员将在相应记录册上进行登记，并颁发包含全部内容的证书。

第三款　根据本条规定取得法人资格后，政党应获得第七条第一款所规定的最低选民支持率，并提供所需证明文件；最后，按照党章的规定，成立相应机构并指定领导人。

第九条　在上一条第三款中所提及的建立组织机构和任命领导人后，党的领导人应前往高等选举法院登记党的章程，根据要求，需携带下述文件：

Ⅰ　经过公证的，在民事登记机构登记过的，包含其全部内容的党纲和党章的副本；

Ⅱ　上一条第二款所提到的法人实体民事登记证书；

Ⅲ　证明党已获得第七条第一款所规定的最低选民支持率的选举登记证明。

第一款　通过选民签名来证明获得最低数量的选民支持，要注明每个选民的选举证编号，每个选区的清单应送往选举登记处验证相关签名以及选举证编号的真实性。

第二款　选举登记处将为政党提交的每个清单提供收据，在十五日内填写相关证明并返还当事人。

第三款　高等选举法院收到注册登记申请后，相关文件会在四十八小时内分配给一名主管人员，该人员将在十日内听取总检察长的意见，并在同等期限内决定处理纠正相应过程中可能的不足。

第四款　如果不需要修改，或在满足要求之后，高等选举法院将在三十日内登记党章。

第十条　在相应民事登记机构登记后，如果需要修改党章或党纲，政党需专门向高等选举法院提出修改申请。

单独条款　政党应向选举法院通报党的领导机构的组成及相应成员的姓名。（1996 年第 9.259 号法律增加的条款）

Ⅰ　向高等选举法院通报党的全国层级机构组成人员（1996 年第 9.259 号法律增加的条款）；

Ⅱ　向地区选举法院通报州、市、区级机构组成人员（1996 年第 9.259 号法律增加的条款）。

第十一条　政党在高等选举法院注册时，可相应授权：

Ⅰ　面对选举法官的代表；

Ⅱ　面对地区选举法院的代表；

Ⅲ　面对高等选举法院的代表。

单独条款　由政党全国领导机构授权的代表，可以在任何选举法院或选举法官面前，代表本党；由政党州级机构授权的代表，只能在相应州（联邦特区或联邦管辖地）地区选举法院或选举法官面前代表本党；由市级机构授权的代表，只能在相应范围内的选举法官面前代表本党。

第二节　议会活动

第十二条　政党在立法机构的活动，主要借助议会党团，根据党的章程、国会相关管理规章以及本法条款，组建在国会的领导机构。

第十三条　在每次众议院选举中获得最少百分之五的最终选票（不含白票和废票），选票至少分布在三分之一的州，且在每个有选票的州得票不少于百分之二的政党，有权在其拥有当选议员的所有立法机构活动。

第三节　党纲和党章

第十四条　根据宪法及本法规定，政党可以自由地在其纲领中明确自身政治目标，在其章程中规定自身内部结构、组织和运作。

第十五条　除其他内容外，政党章程必须包含关于以下问题的规定：

Ⅰ　党的名称、名称的缩写（简写）以及设在首都联邦区的总部；

Ⅱ　党员的入党与退党；

Ⅲ　党员的权利和义务；

Ⅳ　党的组织和管理方式，总体结构和身份的界定，党的各级（市、州和全国）组织机构的组成和职权，领导成员选举命令和文件的时效；

Ⅴ　党员的忠诚和纪律，违纪审查和实施处罚的程序，确保充分的辩护权；

Ⅵ　职位候选人的条件、选择方式及选举过程；

Ⅶ　财务和会计，包括关于结算其候选人在选举中的花费、党员党费捐助的限额、党的各种收入来源的规定；此还，还有那些本法所预测的内容；

Ⅷ　在本党市、州和全国各级机构之间分配政党基金所提供资金的标准；

Ⅸ　党章和党纲的修改程序。

第十五条乙　民事责任和劳工保护责任，由党的市级、州级或全国级别的机构承担，上述机构未履行义务、没有正当理由侵犯权利、损害第三方

或有任何违法行为，政党领导机构中的其他部门没有连带责任。（2009 年第 12.034 号法修订）

第四节 入 党

第十六条 只有充分享有政治权利的选民才能加入一个政党。

第十七条 满足党章所规定的内容，可以被认为入党得到批准。

单独条款 批准选民加入政党后，将采用党认可的方式，向当事人发放入党证明。

第十八条 为竞选选举性职位，选民应至少在各党为多数制或比例制选举所设定的日期前一年加入相应政党。

第十九条 在每年 4 月和 10 月的第二个星期，每个政党，应通过其市、地区或全国领导机构向选举法官寄送参加公职选举候选人符合入党时间要求的证明、所有党员的名单，用以存档。名单中应包括党员的入党日期、选举证编号、登记的选区。（根据 1997 年 9 月 30 日第 9.504 号法律修改）

第一款 如果党员名单未在本条规定期限内寄送，所有选民的入党情况将不会进行变更，将保持上一次所递交党员名单时的状况。

第二款 因过失或恶意而受到损害的人，可直接向选举法院提出请求，申请履行本条所规定的要求。

第三款 政党的全国领导机构，可以全面查阅选民登记中的党员信息。（2009 年第 12.034 号法律增加的条款）

第二十条 授权政党为挑选本党公职候选人在其章程中规定党员的入党期限。

单独条款 党章设立的本条所涉及的入党期限，不能在选举年当年进行变更。

第二十一条 党员可以通过书面方式通知党的市级领导机构和地区选举法官退党，以备案。

单独条款 递交通知两日后，党员与党的关系将因之断绝。

第二十二条　如证实有以下情况，属于立即脱离政党：

Ⅰ　死亡；

Ⅱ　丧失政治权利；

Ⅲ　遭驱逐；

Ⅳ　党章规定的其他形式，必须在作出决定的四十八小时内给予通知。

单独条款　选择加入其他政党的党员必须通知本党和自己所属选区的选举法官，以取消原有党员资格；如果是在退出原党后同一日加入新党，其身份将被认为是双重党员，在所有情况下，两个党员身份均被视为无效。

第五节　党的忠诚和纪律

第二十三条　如违反党的义务，其责任应由各党主管机关根据党章予以查明并给予处罚。

第一款　某些党员可能会因个人行为受到党纪处分或处罚，即使这种行为在党章中未明确规定。

第二款　保证被告享有充分辩护权。

第二十四条　议会党团成员的议会活动，应根据党章规定，服从于本党的指导原则、纲领及党的领导机构的指示。

第二十五条　在基本纪律之外，政党党章可针对某个议员的态度或投票公开与党的合法决定相对立的情况，规定相应处罚，包括暂时中止其议会党团成员资格、暂停其内部会议的投票权或丧失所有的提问权、暂停其在立法机构内作为本党代表或依据政党比例所占据的职位和职务。

第二十六条　如果某个议员脱离其参选时所加入的政党，将自动丧失依据该政党比例在立法机构所占据的职位和职务。

第六节　政党的联合、合并和消亡

第二十七条　如果某个政党依据其党章规定的形式，解散、融入或与其他政党联合，该党在民事登记机构及高等选举法院的登记资料将失效。

第二十八条　如果某个政党被证实有下述情况，高等选举法院在经过裁决之后，可以决定注销其民事登记和党章登记：

Ⅰ　曾经或正在接收来自国外的资金；

Ⅱ　从属于某个外国机构或政府；

Ⅲ　未按照本法要求，向选举法院提供相应账目；

Ⅳ　拥有准军事组织。

第一款　在本条所述的司法判决之前，应先通过常规程序，确保充分辩护权。

第二款　注销登记的诉讼，由法院根据任何一个选民、政党代表或选举总检察长提出的检举启动。

第三款　如果其地区或市级机构从事了上述行为，政党的国家级机构不会受到暂停政党基金支持的惩罚，也不会受到其他处罚。（1998 年 7 月 27 日第 9.693 号法律增加的条款）

第四款　政党的市或州级机构或获得多数选票的候选人在相应层级产生的开支，应当只由该层级承担和支付，除非与党的其他层级机构有明确协议。（2009 年第 12.034 号法律增加的条款）

第五款　如果上述开支未能支付，从法律角度上，此开支不能由该政党的上级机构承担，只能由产生该债务的党内机构承担。（2009 年第 12.034 号法律增加的条款）

第六款　上文Ⅲ的规定，只涉及未能向高等选举法院提交账目的政党的全国机构，如果只是因政党的地区或市级机构造成该过失，该党的民事登记和党章登记不会被注销。（2009 年第 12.034 号法律增加的条款）

第二十九条　由政党的全国机构讨论决议，两个或以上政党可以合并，或某个政党融入另外一个政党。

第一款　在第一种情况下，应遵守以下标准：

Ⅰ　这几个政党的领导机构应制定共同的党章和党纲；

Ⅱ　在合并过程中，这几个政党的全国性决议机构，应通过联席会议投票，根据绝对多数票数，通过合并计划，选举全国领导机构，办理新党注册登记手续。

第二款 加入其他政党的情况，根据民法规定，经其全国性决议机构绝对多数投票决议，提出申请的党采纳“接收党”的党章和党纲。

第三款 在采纳“接收党”的党章和党纲后，在全国性决议机构联席会议上，选举新的全国领导机构。

第四款 政党合并的情况，新党的合法存在从在首都联邦区相应民事机构注册登记其党章和党纲开始，登记时要求携带党的主管机构的会议决议记录。

第五款 一党融入另一党的情况，相应法律文书应携带到相应主管民事机构，该机构将注销申请党的注册登记。

第六款 无论是政党合并，还是政党融合，最近一次众议院选举中各自所获得的选票应相互叠加，以用于第十三条所述的议会活动、分配政党基金及免费使用广播电视。

第七款 政党融合所形成的新党章或文件，应分别前往民事机构和高等选举法院进行相应登记和标注。

第三章 政党的财务和会计

第一节 账目的提供

第三十条 政党的全国、地区和市级组织机构，必须保持会计记录，便于了解其收入来源及支出用途。

第三十一条 禁止政党以任何形式或借口直接或间接地接受下述来源的捐助、现金帮助或可估计的巨款（包括通过各种形式的广告）：

Ⅰ 外国机构或政府；

Ⅱ 政府机关或公共机构，本法第三十八条所规定的捐款除外；

Ⅲ 资金来自政府机关或公共机构的自治机构、公共企业或提供公共服务的特许服务商、股份制公司和依法成立的基金会。

第三十二条　政党有义务在第二年的 4 月 30 日之前向选举法院寄送上一年度的会计报表。

第一款　政党全国组织机构的会计报表将寄送到高等选举法院，州级机构的会计报表应送到地区级选举法院，市级机构的会计报表应寄送给选举法官。

第二款　选举法院应立即在官方媒体公布上述会计报表，如果没有相应官方公报，则在选举公证处进行张贴。

第三款　选举年，在大选前的四个月及大选后的两个月期间，政党必须每月向选举法院提交会计报表。

第三十三条　除其他内容外，会计报表中应包括以下项目：

Ⅰ　来自政党基金的金额及其用途的详细分类说明；

Ⅱ　党费和捐款的来源及金额；

Ⅲ　选举活动的花费，如广播和电视节目、委员会、宣传、广告、集会及其他竞选活动支出的具体说明与证明；

Ⅳ　收入和费用的详细分类说明。

第三十四条　选举法院应对政党的会计报表和账目、竞选活动的支出情况进行监督，要证实上述信息是否准确反映出政党实际资金的运行状况或竞选活动的开支情况。同时，要求符合下述规定：

Ⅰ　组建相关委员会并任命专门领导人推动竞选活动中的资金工作；

Ⅱ　说明政党及相关委员会领导人（包括政党司库）所承担的责任，他们将因任何违规行为而承担民事和刑事责任；

Ⅲ　会计账簿，以及证明现金或所接收和使用的财物收支的文件；

Ⅳ　政党有义务保存能证实自己已提供会计账目的文件，保留时间不得低于五年；

Ⅴ　在竞选活动结束时，政党及其委员会和候选人有义务提供相关账目，或党的司库在收到可能剩余的资金时立刻开具的收据。

单独条款　在认为必要时，选举法院可以征调联邦审计法院或各州审计法院的技术人员参与为满足前述规定而开展的必要检查。

第三十五条　高等选举法院和地区选举法院，在收到政党党员或代表、总检察长或地方检察机构的代表、监察部门的投诉后，确定是否对某个政党的账簿进行审核，检查该党或其党员是否有违反法律或其党章财务规定的行为，甚至可以采取破解政党银行密码的方式，来澄清或核实被投诉举报的事实。

单独条款　在选举法院公布各党财务报告十五日后，政党可前往选举法院，检查其他政党提供的月度或年度账目。账目开放五日，以接受质询，政党可以说明事实、提供证据和要求启动调查，以澄清政党或其党员任何可能违反法律或其党章财务规定的行为。

第三十六条　如被证实有违反法律或党章规定的行为，政党将受到以下处罚：

Ⅰ　如果没有说明或澄清资金来源，暂停发放应得的政党基金份额，直至选举法院认可政党的说明；

Ⅱ　如果接受了本法第三十一条提到的资金，暂停发放应得的政党基金份额一年；

Ⅲ　如果接受的金额超过本法第三十九条第四款规定的捐赠限额，将被处以暂停两年发放政党基金份额，并将对该政党处以相当于超过限制的金额的罚款。（本法第三十九条第四款已被 1997 年第 9.504 号法律废除）

第三十七条　如提交的账目信息或者提交的账目全部或部分被认定为不合格，将暂停发放新的政党基金份额，相关负责人将会受到本法的处罚。（1998 年 7 月 27 日号第 9.693 号法律修订）

第一款　选举法院可以要求补充政党领导机构或其候选人的相关账目信息，或消除这些信息中的不规范之处。（1998 年 7 月 27 日号第 9.693 号法律重新编号）

第二款　前述制裁措施，将只针对政党内应承担不规范责任的相应层级机构。（1998 年 7 月 27 日号第 9.693 号法律增加）

第三款　因所提供政党账目信息全部或部分被认定不合格而被暂停发放

政党基金新份额的处罚措施，应采用按比例减少等合理方式进行，暂停期限从一个月到十二个月，或对应发放金额按比例扣减；如果所提供账目在提交之后五年内，相关法院或法官未进行任何审理，则不得采取暂停政党基金的处罚。（2009 年第 12.034 号法律增加）

第四款　提供的账目信息被认定为全部或部分不合格的，可以根据不同情况向地区选举法院或高等选举法院提出上诉，选举法院应予以受理，并暂停实施处罚。（2009 年第 12.034 号法律增加）

第五款　被地区选举法院或高等选举法院认为不合格的账目信息，可以根据所提要求，对账目进行重新修订，以便对处罚措施进行按比例缩减执行。（2009 年第 12.034 号法律增加）

第六款　对政党机构账户信息的审查依照相应管辖权进行。（2009 年第 12.034 号法律增加）

第二节　政党基金

第三十八条　政党财政援助特别基金（政党基金）由以下部分组成：

Ⅰ　根据选举法及相关法律征收的罚款和现金处罚；

Ⅱ　法律规定用途的持续性或临时性资金；

Ⅲ　个人或法人提供的捐款，通过银行账户直接存入政党基金账户；

Ⅳ　联邦政府预算内的政党资助，每年，其金额不低于上一预算年度 12 月 31 日之前所登记的选民人数，按照 1995 年 8 月的标准，每人乘以 35 分。

第一款（被否决）

第二款（被否决）

第三十九条　除本法第三十一条所规定的外，政党可以接受个人和法人的捐款，以构成自有资金。

第一款　本条所涉及的捐款，可以直接给政党的全国、州和市级组织机构。接受捐款的机构应向选举法院及党内的上一级机构提供接受捐款的证明材料并说明其用途，同时还应附上会计账簿。

第二款　其他捐赠，不论是何种形式，都应强制性地列入党的会计账目中，并注明其现金价值。

第三款　资金形式的捐赠，应强制性地以划线支票形式、以政党为户名转账，或直接在政党的银行账户中存款。

第四款（根据 1997 年 9 月 30 日第 9.504 号法律予以废除）

第五款　在选举年，政党可以将从个人或法人那里接收的资金用于或分配于多个选举活动，但是应遵守 1997 年 9 月 30 日第 9.504 号法律第二十三条第一款、第二十四条、第八十一条第一款的规定，以及党章和党内各个领导机构所确定的准则。（2009 年第 12.034 号法律增加）

第四十条　使用政党基金的预算，应当在向高等选举法院提供的司法权附件中予以说明。

第一款　国库每月会将基金的十二分之一存入根据高等选举法院规定、在巴西银行开设的特别账户。

第二款　在该特别账户内，同时存放根据选举法规定而征收的罚款性收入和其他罚金。

第四十一条　高等选举法院，自上一条第一款所述的存款之日起的五日之内，将政党基金分发给各政党的全国机构，应遵守下述标准：

政党基金总额的百分之五将予以单独分配，分给所有党章已在高等选举法院进行登记的政党；剩余的百分之九十五将根据各政党在上一届众议院选举中所获票数分配。（2007 年第 11.459 号法律修订）

第四十二条　如果某个政党的全国领导机构被注销或失效，所分配的资金应退还给政党基金。

第四十三条　来自政党基金的资金的存放和支取，应在由联邦政府或州政府所能控制的银行机构中完成，如果所在地没有此类银行机构，则在政党领导机构所选银行进行。

第四十四条　来自政党基金的款项将被用于：

Ⅰ　政党总部的维护以及服务开支，允许以任何名义支付员工费用，在后一种情况下，人员费用的最大限制为接受的分配总额的百分之五十。（2009

年第 12.034 号法律修订）

Ⅱ 理论和政治宣传；

Ⅲ 招聘和竞选活动；

Ⅳ 建立和维持用于研究或理论和政治教育的机构或基金会，这部分费用至少应占到总额的百分之二十；

Ⅴ 建立和维持用于推动和宣传妇女参政的项目，其资金比例由政党的全国领导机构确定，最少应为所总额的百分之五。（2009 年第 12.034 号法律增加）

第一款 关于本条第Ⅰ项和第Ⅳ项规定的用途，在提供政党任何层级领导机构的账目时，应当详细说明其政党基金开支情况，以便选举法院检查核对。

第二款 选举法院可在任何时间，调查来自政党基金的资金的使用情况。

第三款 本条所述的资金不属于 1993 年 6 月 21 日第 8.666 号法律所涉及的范畴。（1997 年 9 月 30 日第 9.504 号法律增加）

第四款 本条第Ⅰ段所规定的计算比例，不包括任何性质的费用和赋税。（2009 年第 12.034 号法律增加）

第五款 未遵守本条第Ⅴ项规定的政党，在下一年中，应将用于此目的政党基金比例增加百分之二点五，禁止将此用途资金用于其他目的。（2009 年第 12.034 号法律增加）

第四章 免费使用广播和电视

第四十五条 政党可以采用录音录像或现场方式，通过广播电台和电视台，进行免费宣传，时间为十九个小时三十分钟到二十二个小时，只能用于下述目的：

Ⅰ 传播党的纲领；

Ⅱ 向党员传递党在执行党纲、从事与此有关活动以及党的国会活动信息；

Ⅲ 宣传党在政治社区议题上的立场；

Ⅳ 推动和宣传妇女的政治参与，专门用于妇女活动的时间段将由党的全国领导机构确定，最少为百分之十。（2009 年第 12.034 号法律增加）

第一款 本章所述的免费宣传节目，禁止：

Ⅰ 不负责宣传节目的党员参与此节目；

Ⅱ 宣传参与公职竞选的候选人以及捍卫个人或其他政党利益；

Ⅲ 使用可能导致歪曲或虚构事实或观点的不准确或不完整形象或场景或其他方式。

第二款 违反本条规定的政党，将依法给予处罚：（2009 年第 12.034 号法律修订）

Ⅰ 当违规行为发生在整个节目播放时，将停止下半年的播放权。（2009 年第 12.034 号法律增加）

Ⅱ 当违规行为发生在临时插入的播放时，将在下半年播放期中，暂停相当于插入时间五倍的播放时间。（2009 年第 12.034 号法律增加）

第三款 由政党单独制作的播放节目，如果是在全国范围内进行整体节目播放或插播，将由高等选举法院进行审核；如果是在各州进行整体节目播放或插播，将由各州相应地方选举法院进行审核。（2009 年第 12.034 号法律修订）

第四款 节目提供的期限，将在每个半年的最后一日截止，之前可以传送经过审核的节目，或者在该期限的最后三十日到下一个半年的十五日之内进行播放。（2009 年第 12.034 号法律修订）

第五款 对政党播放节目进行审核的地方选举法院，可以裁决中止政党的宣传播放权，但政党可以向高等选举法院提出上诉，在受理上诉期间，裁决暂停执行。（2009 年第 12.034 号法律修订）

第六款 政党在广播和电视上的免费宣传，仅限于本法所规定的免费时间段，此时间段内禁止进行有偿广告。（2009 年第 12.034 号法律修订）

第四十六条 广播电台和电视台必须以本法规定的形式为各个政党在全国和各州免费播放按照各党领导机构的创意制作的宣传节目，责任由相关领导机构承担。

第一款　在全国或州的连锁频道上整体播放节目，或在正常播出节目的空隙，进行三十秒到一分钟的插播。

第二款　组成全国和州的播放连锁频道，将由高等选举法院批准。申请电台和电视台播放时间的相关要求，应由各政党全国机构至少提前十五日提出。

第三款　在前款所述的申请中，政党的领导机构可申请全国和州播放连锁频道的相同播放日期。

第四款　如果出现申请日期重合的情况，无论是全国还是州的节目播放，高等选举法院都将优先考虑先提交申请的政党。

第五款　用磁带录制的整体节目或插入节目，应至少在播放前十二个小时寄送到播放机构。

第六款　在播放机构的节目中插播，应遵循：

Ⅰ　如果是由政党的全国领导机构提出申请，由高等选举法院审核；

Ⅱ　如果是由政党的州级领导机构提出申请，由地方选举法院审核。

第七款　在每个播放网络中，每天最多允许插入十个三十秒或五个一分钟的节目。

第四十七条　只要遵守本法规定并告知具有管辖权的相应选举法院，广播电台和电视台等播放媒体可以为加快程序审批而直接与政党的领导机构商定特殊条件。

第四十八条　已在高等选举法院登记但未满足本法第十三条规定的政党，可以确保每半年在全国广播电视网中有一次节目机会，持续时间为两分钟。

第四十九条　符合第十三条规定的政党，可以确保：

Ⅰ　每半年在全国广播电视网中有一次节目机会，在州广播电视网中有一次节目机会，每次节目可持续二十分钟；

Ⅱ　每半年在全国广播电视网插播三十秒或一分钟节目的总时间为四十分钟，州广播电视网络的情况一样。

第五章 一般规定

第五十条（被否决）

第五十一条 确保已在高等选举法院登记党章的政党有权免费使用公立学校或立法机构举行会议和集会，如因活动造成损害，要承担相应责任。

第五十二条（被否决）

单独条款 广播和电视播放机构有权因提供本法所规定的免费时段而获得财政补偿。

第五十三条 政党为从事调查研究、理论宣传和政治教育，而按照私法成立的基金会或研究机构，将依照民事法律进行管理，拥有与公共和私营机构签订协议、提供服务和根据其用途维护相应设施的自主权，还可以与非国内机构建立交流关系。

第五十四条 为执行本法所制定的规范，州、市和联邦区及其辖管区以及相应政治和行政管理部门应一视同仁。

第六章 最终和过渡性条款

第五十五条 根据以往法律最终确认登记的政党，不受第七条第一款所规定条件的约束，但应在党章公布后的六个月内，使其党章与本法规定相适应。

第一款 按照本条要求，修改党章可由政党根据其党章要求而特别召集的最高全国会议上进行，应至少在会议前三十日在党的机构和党员中广泛宣传党章草案。

第二款 自本法公布之日起，本条适用于下述状况的政党：

Ⅰ 已根据以往法律规定完成组织程序但需要进行最终确认的政党；

Ⅱ 已提交司法登记申请，等待有管辖权的司法机构的批准决定；

Ⅲ 在民事登记机构进行相应登记之后，已向最高选举法院提出登记申请。

第五十六条　在本法公布之日起至下一个立法会期开始之间，应遵守以下标准：

Ⅰ　确保当选、拥有至少来自三个不同州国会议员的政党在众议院正常运作的权利；

Ⅱ　众议院的主席团将为拥有当选议员或少于前款所要求数量的党员的政党提供便利，使其在这期间在众议院内拥有代表机构；

Ⅲ　符合第Ⅰ项条件的政党，将确保每年在全国广播电视网络中有十分钟的节目宣传；

Ⅳ　对于自 1995 年立法会期开始，在众议院拥有代表的政党，将确保每半年有一次在全国广播电视网络中进行节目宣传的机会，每次节目时间五分钟，不得与本条款第Ⅲ项所提供时间相累加。

第五十七条　在下一次议会会期开始到宣布此后第二次众议院大选结果之间，应遵守以下标准：

Ⅰ　在本法公布之前，已在高等选举法院对党章进行最终登记的政党，如果从其成立开始，参加过或将要参加众议院大选，并在连续两次大选中选出代表，有权在国会从事议会活动。

a）在众议院中每次均有代表当选，并至少分布在五个州，而且获得全国选票的百分之一（不含白票和无效票）；

b）在立法大会和市议会中每次都满足前款所提要求，选出相应机构的代表，且得票占所有清点总票数的百分之一（不含白票和无效票）；

Ⅱ　政党基金的百分之二十九将根据最近一次众院选举得票比例分配给遵循本法第十三条规定的政党。

Ⅲ　确保第Ⅰ项所涉及的政党，享受第四章（如果适用）所规定的待遇：

a）每半年，在全国广播电视网中播放一次节目，时间为十分钟；

b）每半年，在全国广播电视网中插播每次三十秒或一分钟的节目，节目总时间为二十分钟；在符合第Ⅰ项 b 行所规定要求的州的播放机构，播放相同时间的节目。

第五十八条　应政党要求，选举法官将退还在相应选区公证处现存的入党卡片，还应根据本法第十九条的规定，提供初始党员名单。

单独条款　为参加公职竞选，本条所述党员名单可以被视为初始党员名单。

第五十九条　1916 年 1 月 1 日第 3.071 号法律第十六条，进行如下修改：

“第十六条　……

“Ⅲ　政党

“……

“第三款　政党应适用于本法第十七条、第二十二条以及相关特定法律的规定，进行管理。”

第六十条　1973 年 12 月 31 日第 6.015 号法律中下述条款，进行如下修改：

“第一百一十四条　……

“Ⅲ　政党的成立文书和党章

“第一百二十条　社团、基金会和政党的注册登记，指的是官员在登记簿中的声明、标注序号、出示日期及成立文书的种类，而且有以下具体说明：

“……”

单独条款　对于政党登记，除本条的要求，还应遵守专门法的规定。

第六十一条　高等选举法院将发出指示，以便忠实履行本法。

第六十二条　本法自发布之日起生效。

第六十三条　废除 1971 年 7 月 21 日第 5.682 号法律及其修正案、1976 年 7 月 5 日第 6.341 号法律、1980 年 9 月 5 日第 6.817 号法律、1981 年 11 月 23 号第 6.957 号法律、1982 年 6 月 7 日第 6.996 号法律第十六条、1985 年 4 月 9 日第 7.307 号法律和 1986 年 7 月 9 日第 7.514 号法律。

（孙岩峰　译，靳呈伟　校）

秘鲁政党法[①]

第一篇　一般性规定

第一条　定义

政党体现多元主义民主，促进民众意愿的培养和表现，推动选举进程。政党是公民政治参与的基本组织，是民主制度的基础。

政党是构成私法法人的公民团体，旨在在宪法和本法框架内合法、民主地参与国家公共事务。

“党”的称谓仅用于得到政治组织登记局承认的政党。除个别法律规定外，只有这些政党才能享有本法规定的特权和权利。

符合秘鲁宪法第三十五条的规定。

第二条　政党的宗旨和目标

政党的宗旨和目标如下：

其一，保证维护和捍卫民主制度。

其二，致力于维护和平、自由以及秘鲁法律和秘鲁加入的国际协定所保障的人权。

其三，根据自身关于国家的观念，提出反映其关于国家发展主张的思想、规划和纲领。

① 根据秘鲁2003年政党法译出。

其四，代表公民的意愿，并引导公共舆论。

其五，促进公民教育和公民的政治参与，培育公民和民主文化，使公民有能力担任公职。

其六，参与选举。

其七，帮助国家治理。

其八，进行合作，从事有社会影响力的活动。

其九，其他在本法规范性框架内并与宗旨相符的目标。

第二篇　政党的创建和认可

第三条　创建和登记

政党的创建由其创始人发起倡议并作出决定，满足本法规定的要求，在政治组织登记局注册。

第四条　政治组织登记局

根据法律规定，政治组织登记局是一个公共部门，隶属于国家选举委员会。除候选人停止登记期间以及任何选举活动结束后一个月之内，该部门常年开放。

政治组织登记局记录政党名称，注册日期，创始人、领导人、法定代表人、被授权人和代理人的姓名，党章的概述，党的标志。

领导人、法定代表人、被授权人和代理人的任命以及政党授予他们的权力，自他们明确接受时起生效，或者从他们开始履职或行使权力时起生效。

上一段中提及的任命、人员或其权力出现任何撤销、放弃、调整或替换的情形，应根据情况进行登记，写明被任命者或代表的姓名和身份证信息。

登记应依据记录了政党职能机构作出的有效决定的相关函件的副本完成，该副本应经过公证。在其他任何地方任职或发挥代表作用都无须另外注册。

政党的法定代表人只有得到任命之后，才享有关于相关事务的法律所规定的作为法律代表的一般和特殊权力，与党章要求相反的规定除外。

政党如果从事民事或商事等其他任何性质的活动，只需维持在政治组织登记局的登记，无须额外注册。

政治组织登记结束后五日内，国家选举委员会向全国选举程序办公室发送已经注册和正在注册中的政治组织简介的副本。

本法条根据2005年7月20日颁布的第28581号法律第二条作出修改。

符合第26859号法律第八十七条的规定。

第五条 政党注册登记的要求

政党的登记申请应在一份文件中，并附上下列材料：

其一，成立文书，内含第六条规定的有关内容。

其二，数量不低于参加最近一次全国性选举投票公民百分之三的支持者名单，及每位支持者的签名和身份证号。

根据2009年12月25日颁布的第29490号法律单独条款对该项作出修改。

根据2009年12月25日颁布的第29490号法律单独过渡性条款，2011年选举活动结束后，该项立即生效。

其三，政党委员会成立文书，内含第八条规定的内容。

其四，党章，应当至少包括本法第九条规定的内容。

其五，任命驻选举机构的法定代理人、正式代理人、候补代理人。

其六，任命一个或多个政党法定代表人；在任命时或任命后，其职责已经在党章中有所规定。

从获得申请表开始算起，政治组织有两年的时间，收集支持者的签名并向国家选举委员会提交登记申请。

根据2006年7月26日颁布的第28845号法律第一条对本法条作出修改。

符合第26859号法律第八十八条及其后法条的规定。

第六条 创建文书

政党的创建文书应当至少包括以下内容：

其一，思想，包含政党的原则、目标及国家观。

其二，领导机关及其成员之间的关系。

其三，政党的名称和标志。禁止使用：

（1）与已经登记或正在登记的政党、运动、联盟或地方性政治组织相同或相似的名称，或与之前提交的产生混淆的名称。

（2）与已经登记或正在登记的政党、运动、联盟或地方性政治组织相同或相似的标志，或与之前提交的产生混淆的标志。

（3）自然人或法人的姓名，损害或影射机构或个人的名称，违背道德及公序良俗的名称。

（4）把地理名称作为唯一标识。

（5）国家标志和已经注册的标识，自然人或法人的形象、图像或肖像，或违背道德及公序良俗的标志和图像。

其四，政党的合法地址。

第七条　支持者签名的名单

含有支持者的签名和身份证号的名单应以全国选举程序办公室提供的纸质或电子表格的形式，提交给政治组织登记局，全国选举程序办公室应发布每个签名和身份证号的核验证明。

符合第 26859 号法律第九十二条、第九十三条的规定。

第八条　政党委员会成立文书

本法第五条登记申请中要求出具的政党委员会成立文书，应当至少包含国家三分之二大区中三分之一的省的政党委员会的成立文书。

每份文书应当由不少于五十名身份确定的党员签字。全国身份和婚姻登记局将审查其签名和身份证的真实性。政党委员会成立文书应当符合第六条关于成立文书的规定。

根据 2009 年 12 月 25 日颁布的第 29490 号法律单独条款对本款作出修改。

第九条　党的章程

党章是公开性的，应当至少包含以下内容：

其一，党的名称和标志，符合第六条其三的规定。

其二，内部组织结构介绍。政党应当至少建立一个代表所有党员的审议机构，明确该机构的选举方式、持续时间、期限和职能。

其三，党内作出有效决策的条件。

其四，入党和退党的条件。

其五，党员的权利与义务。最高机构由全体党员共同参加的大会组成，根据党章的规定，直接或通过代表行使职能。

根据党章的规定，对于党的所有职务，所有党员都有选举权和被选举权。不得对宪法和法律的规定设置附加限制条款。

其六，纪律规范、处罚及申诉手段应当至少在两级中都有规定。纪律程序应遵守正当程序的规则。

其七，财产制度和财务制度。

其八，任命法定代表人和司库的规章。

其九，政党解散的规定。

第十条　反对某一政党的登记申请

收到登记申请后，政治组织登记局核实该申请是否满足正式要求，并将申请刊登在其网站上。另外，从申请书提交之日起五个工作日内政治组织登记局在官方公报上发布申请书的摘要，民众可以在相应的办事处获取所有信息。

上一段所述摘要应当包括以下内容：

其一，党的名称和标志。

其二，创始人、领导人和授权代表的姓名。

其三，代理人的姓名。

其四，法定代表人的姓名。

任何自然人或法人仅限在政党登记申请未能满足本法有关规定的基础上，对某一政党的注册登记提出异议。

反对意见应当在前文所述的申请书摘要在官方公报上发布后的五个工作日内报政治组织登记局。该局在接到反对意见的五个工作日内，通过传讯反对者和政党代理人予以解决。

就反对意见的处理决议，可以在得到通知后的五个工作日内向国家选举委员会提出申诉。国家选举委员会公开举行会议，传讯有关各方，在五个工作日内审理和解决申诉。国家选举委员会的决定为终审，不得再次上诉。

核实是否满足本法规定的要求，提出异议的时间截止，没有任何异议或反对意见得到最终裁决之后，政治组织登记局应将政党的登记申请记录在册，在登记后的五个工作日内一次性免费发布在官方公报上。同时，向全国选举程序办公室报送完成注册的政治组织的名单。

同时，国家选举委员会在其官方网站上发布已注册的政党的章程。

第十一条　注册登记的效果

政党通过在政治组织登记局注册获得法人资格。

在政党注册登记前形成的文件的有效性应服从本规定，并在登记后的三个月内得到批准。

如果政党没有成立或者以政党名义批准这些文件，行为者将对第三方负有无限连带责任。

注册生效的政党可以对所有民选公职提名候选人。

第十二条　政党办公场所的开设

政党办公场所的设立和运行无须获取授权，但是，须满足区域划分、城市规划、健康、卫生等地方规范的情形除外。

政治组织登记局在其官方网站上发布每个政党的合法地址。

第十三条　撤销登记

出现下列情形的，政治组织登记局将依自身职权或应政党法定代表人的要求，撤销政党登记：

其一，在最近一次普选结束后一年内，未能在一个以上选区中获得国会六个议席，亦即未达到国会成员法定人数的百分之五，或者未获得至少百分之五的全国有效选票。

本项符合2005年10月29日颁布的第28617号法律第二条的规定。

根据2007年9月28日颁布的第29092号法律单独条款的规定，未参加2006年大选的政治组织的注册仍然有效。

其二，由党章授权的机构，根据事前达成的解散决定，提出申请，并提交相应的认证文件。

其三，政党内部根据本法规定一致决定与其他政党合并。

其四，司法部门根据本法第十四条规定作出有关决定。

其五，对于政党联盟的情形，各自的选举结束后，最迟应当在三十个自然日内告知国家选举委员会，但是，参加联盟的政党决定延长联盟有效期的除外。因此，联盟的有效期由参加联盟的政党决定或一直延续到下一次普选开始。

如果对撤销政党登记的决定有异议，可以在五个工作日内向国家选举委员会申诉。国家选举委员会的裁决为终审，不得上诉。

对于大区级运动，如果参选时未能在自身选区内获得百分之五的有效选票，其登记将被撤销。

本项根据2009年12月25日颁布的第29490号法律作出修改。

第十四条　反民主行为非法性声明

秘鲁最高法院应国家检察院检察长或者申诉专员的要求，为保障层级多样性的权利，当认为某一政治组织的活动违反民主原则或出现下列情形之一时，将宣布该政治机构非法：

其一，侵犯他人人身安全或名誉，因为任何理由排斥或迫害他人，并为之辩护和开脱责任，或把暴力当作谋求政治目标的合理手段，从而有组织地损害自由和基本权利。

其二，在政治上配合和支持为实现政治目的而从事恐怖主义活动的组织的行动，或者通过演说助长恐怖主义产生的暴力、恐惧和恐吓效果。

其三，支持恐怖主义和（或）毒品贩运组织的行动。

宣布政党非法的最终裁决将产生如下效果：

其一，撤销政党在政治组织登记局的注册以及其他任何注册。

其二，关闭政党办公场所。

其三，禁止再次注册。

宣布政党非法的最终裁决应通知检察院，以便采取相关行动。

第十五条　政党联盟

出于选举目标，政党可以同其他已经注册的政党或政治运动组成联盟，使用一个共同的名称。联盟必须在政治组织登记局注册，形成针对所有目标的唯一整体。为此，政治组织应当提交包含联盟协议、带有授权人签字的文书。

在协议中应当体现联盟要参与的选举活动和联盟的管理机构、名称、标志及联盟指定的法定代表人和技术人员。

联盟应当在选举开始前的一百八十个日历日内、国家总统候选人登记的三十日前进行注册。

在同一个选区内，组成联盟的政党和政治运动不得在选举中提交与联盟支持的候选人名单相左的名单。

根据2005年7月2日颁布的第28581号法律第二条对本法条作出修改。

第十六条　政党的合并

政党可以与其他已经注册的政党或政治运动合并。为此，这些政治组织应当提交包含合并协议、授权人签字的文书。

合并协议可以有选择地表明下列内容：

其一，如果合并形成一个名称和标志与组成它的政党不同的新政党，应当取消被合并的政党的注册，重新登记，提交合并申请、新政党的章程、领导机构及其成员清单、代理人和代表的姓名。

其二，如果保留要合并政党中的一个，需要该政党承担其他并入的政党的义务和职责的，则保留该政党的注册，取消其他政党的登记。

第三篇　政治运动和地方性政治组织的组建和认可

第十七条　政治运动和地方性政治组织

所谓运动，是指大区级的政治组织；所谓地方性政治组织，是指省级或区级政治组织。

运动可以参加大区级或市级选举。

地方性政治组织可以参加市级选举。

为参加选举，运动和地方性政治组织应当在政治组织登记局进行特别登记。

运动和地方性政治组织的组建应满足下列要求：

其一，数量不低于上一次全国性选举活动投票公民总数百分之三（在运动或地方性政治组织开展活动、提名候选人的选区内）的支持者清单，包括每位支持者的签名和身份证号。

根据2009年12月25日颁布的第29490号法律单独条款对本项作出修改。

根据2009年12月25日颁布的第29490号法律单独过渡性条款的规定，2011年选举活动结束后，本项立即生效。

其二，对于运动，应当至少提交相应大区内一半再加一个省份的委员会的成立文书。对于在利马省、卡亚俄省以及其他任何一个特别省份活动的地方性政治组织，应当提交至少一半再加一个区的委员会的成立文书。

其三，如果地方性政治组织在区级开展活动，应当至少提交一个相应区委员会的成立文书。

任何情况下，每份成立文书都应当由不少于五十名身份确定的成员签字。全国身份和婚姻登记局负责检验签署每份文书的成员的签名和身份证的真实性。

运动和地方性政治组织应当进行专门注册，政治组织登记局根据本法第十条的规定受理其注册申请。在此情况下，如果对政治组织登记局的决定有异议，可以在收到相关决议的三个工作日内，向国家选举委员会提出申诉。

对于地方性政治组织，选举结束后，开始依法取消各自的注册。

经过注册的政治运动出于选举目标可以结成联盟，在其活动的选区内，以同一名义参与选举。为此，应当遵守本法第十五条关于程序、期限和要求的规定。

本款根据2009年12月25日颁布的第29490号法律单独条款作出修改。

第四篇　党员的身份

第十八条　入党

所有享有投票权的公民均可自由自愿地加入某一政党。应当提交一份宣誓书，保证不参与其他政党，遵守党章的要求。该政党可根据党章接纳其入党。

在本法第四条规定的期限内加入某一政党的公民，在选举结束四个月后，才能获得党章中规定的权利。

退党申请可以通过提交简单的信件或经过公证的信函，也可以本人亲自提交简单文件或通过挂号信、传真、电子邮件以及其他任何能够确保文件送达后可以收到回执的方法；相关政党收到退党申请之后，向政治组织登记办公室报送副本。

退党申请从提交之时起开始生效，无须得到政党同意。

政党每年上报一次党员名单，该名单应当刻录在可移动存储设备上，报送政治组织登记办公室的名单应得到更新。政治组织登记办公室将名单刊布在官方网站上。

某一注册政党的党员，不得作为其他政党、运动或地方性政治组织的候选人，但是，在相应选举登记结束前的至少五个月宣布退党，或者得到本党明确授权的除外，这一授权应当附在注册申请中，该政党自身不得在相应选区内提名候选人。禁止提交一份以上的候选人名单。

根据 2009 年 7 月 5 日颁布的第 29387 号法律单独条款对法条作出修改。

第五篇　内部民主

第十九条　内部民主

政党和大区级运动的领导人和候选人的选举应当严格遵守本法以及政治

组织的章程和选举条例中关于内部民主的规范。选举一旦开始，不得修改。

根据2009年12月25日颁布的第29490号法律单独条款对本款作出修改。

第二十条　选举机构

一个由至少三名党员组成的中央选举机构负责党内领导人和民选公共职务候选人的选举。该选举机构享有区别于党内其他机构的自主权，设有在政党委员会中行使职权的由多人组成的分权机构。

所有政治组织都应保证层级的多样性并尊重选举进程。中央选举机构负责政党选举进程的全部环节，包括发布通知、为候选人登记、计票或核实章程规定的人数、宣布结果、解决可能发生的争议。为此，应当根据政治组织选举条例建立相应的内部规范。

根据2009年12月25日颁布的第29490号法律单独条款对本款作出修改。

第二十一条　全国选举程序办公室的参与

政党和大区级运动为选举共和国总统和副总统、国会议员、大区主席和副主席、大区首府的长官候选人而组织的选举，可获得全国选举程序办公室的支持和技术援助。

全国选举程序办公室向政党或运动的中央选举机构发送选举进程报告。如果证实存在异常情况，将通知政党或运动的中央选举机构进行补救。

全国选举程序办公室将最终的选举报告报国家选举委员会，国家选举委员会根据秘鲁宪法第一百七十八条的规定履行检察职能。

根据2009年12月25日颁布的第29490号法律单独条款对本款作出修改。

第二十二条　选举候选人的时机

政党和大区级运动通过内部选举确定民选公职候选人。内部选举应当在民选开始前一百八十个自然日、候选人注册前二十一日举行。

根据2009年12月25日颁布的第29490号法律单独条款对本款作出修改。

第二十三条　选举候选人

第一款　下列职务的候选人应通过内部选举产生：

其一，共和国总统和副总统。

其二，国会议员和安第斯议会议员。

其三，大区主席、副主席和参事。

其四，市长和市政会议议长。

其五，党章规定的其他职务。

第二款　被提名为第一款中有关职务候选人的，无论是否参加内部选举，都应在被提名参加内部选举或通过书面方式接受被提名为上述职务候选人时，向政党、联盟、运动或地方性政治组织提交一份简历声明承诺书，以便刊登在其官方网站上。

第三款　候选人简历声明承诺书应符合国家选举委员会的格式要求，包含以下内容：

其一，出生地和出生时间。

其二，在公共部门和私人部门的工作经历。

其三，教育背景，包括学位和学历。

其四，在任何基层或层级中担任任何性质的领导职务的经历，写明是党的职务还是民选职务，是通过任命还是其他方式担任。

其五，候选人因诈骗罪受到的已定判决的报告，包括被保留的罪行判决。

其六，候选人因未履行家庭或供养责任、合同义务、劳动责任或制造家庭暴力而受到的已定判决的报告。该判决声称针对候选人的起诉是有根据的。

其七，如有退出其他政党、大区级运动或省级和区级政治组织的情况，应说明。

其八，根据对公职人员的规定，公布个人财产和收益。

第四款　如果候选人由他所在的政党或联盟、运动或地方性政治组织负责登记，其简历声明承诺书将在国家选举委员会的网站上进行公示。

第五款　如果未提交本条第三款第五项、第六项和第八项规定的信息或提交虚假信息的，国家选举委员会在选举开始前十日撤销该候选人资格。替换被排除的候选人应在候选人名单注册截止日期前进行。

第六款　如果已经排除候选人或者未在规定期限内排除候选人，已经确定本条第三款规定的申报信息存在隐瞒不报或虚假上报的情况，国家选举委员会将把相关人员移交给检察院。

根据2015年5月19日颁布的第30326号法律单独条款作出修改。

第二十三条乙　执政方案的提交与公示

政党、联盟、运动及地方性政治组织向国家大选、大区或市政选举提名候选人的，（根据第29603号法律）在提交候选人名单以便注册时，应向国家选举委员会上报相应层级的执政方案。

政党、联盟、运动及地方性政治组织应在各自网站上公布执政方案，直到其参加的竞选活动结束为止。

国家选举委员会在全国、大区或市政的整个选举过程中，在其官方网站上公布这些政治组织的执政方案。之后只公布候选人当选的政治组织的执政方案，直至其任期结束。

未满足本条有关规定的政党、联盟、运动和地方性政治组织的候选人不得登记注册。

提交执政方案的义务也适用于安第斯议会议员的选举当中，称为上报给安第斯议会的提案。

根据2006年4月18日颁布的第28711号法律第一条的规定，添加本法条；根据该法第二条的规定，该法于2006年7月28日生效，在此之后举行的选举活动都应遵守该法的规定。

第二十四条　候选人的选举方式

第二十三条中涉及的候选人的选举方式由政党或大区级运动的最高机关决定。为此，秘鲁国会、安第斯议会、大区参事或市政议员的候选人，至少五分之四应采用下列方式推选：

其一，由党员和非党员公民按照普遍、自由、自愿、平等、直接和无记名的方式投票选出。

其二，由党员按照普遍、自由、自愿、平等、直接和无记名的方式投票选出。

其三，由党组织根据党章规定选出的代表投票选出。

最多只能有五分之一的候选人由党组织根据党章规定直接任命，该职权不得委托他人代行。

共和国总统和副总统候选人只能通过选举产生，不得直接任命。

如果为了形成秘鲁国会、安第斯议会、大区参事或市政议员的候选人名单，应该采用比例代表制，对每份候选人名单进行投票。

根据 2009 年 12 月 25 日颁布的第 29490 号法律单独条款作出修改。

符合第 28869 号法律第一则过渡性规定。

第二十五条　领导人选举

政党或大区级运动的领导人选举至少每四年举行一次。选举方式采用第二十四条中规定的三种方式之一方有效，遵循党章的规定或者党的最高机关根据党章作出的决定。

根据 2009 年 12 月 25 日颁布的第 29490 号法律单独条款作出修改。

第二十六条　男女对政党选举的参与

在政党领导职务候选人名单或民选职务候选人名单中，男女比例均不能低于候选人总数的百分之三十。

第二十七条　党组织代表的选举

当政党或大区级运动的候选人和领导人的选举以第二十四条“其三”方式进行时，组成相应机构的代表应该由党员依据党章，采用普遍、自由、自愿、平等、直接和无记名的方式在每一次选举活动中投票选出。

根据 2009 年 12 月 25 日颁布的第 29490 号法律单独条款作出修改。

第六篇　政党的筹资

第二十八条　政党募集资金

政党根据本法的规定接受公共和私人资助。

第二十九条　直接公共资助

只有在国会中拥有议席的政党才能从国家获得直接公共资助。

国家将为选举国会议员的每一张投票提供相当于纳税单位 0.1% 的资助。

该资金由共和国总预算提供，用于政党在上述选举之后的五年内的教育、培训和调研活动，以及日常运转的开支。

每年给各个政党拨付资金的五分之一，其中百分之四十在拥有国会席位的各政党之间平均分配，百分之六十根据每个政党在国会议员选举中所获票数按比例分配。

第三十条　私人资助

政党、大区级运动、省级和区级政治组织可以接受私人资助，如：

其一，党员缴纳的党费和捐款。

其二，政党活动产生的收益以及资产性收入。资金来源于政党争取的支持者的资助，且无法确认捐赠者身份的，总额不得超过每年三十个纳税单位。

其三，本法规定的其他情况和条件下的捐赠所带来的收入。

其四，商定的贷款。

其五，接受的遗赠，以及所获的任何捐款或实物捐赠。

为此，来自同一个自然人或法人的捐赠不得超过每年每人七十个纳税单位。

通过本条规定的任何渠道所得的收入都应在政党的会计账簿中登记。

根据2009年12月25日颁布的第29490号法律单独条款作出修改。

第三十一条　禁止的资金来源

政党、大区级运动、省级和区级政治组织不得接受下述来源的捐赠：

其一，任何公权单位、国有企业或国家参股企业。

其二，任何名义的宗教团体。

其三，外国政党和政府代表机构，用于教育、培训和调研活动的捐助除外。

候选人不得接受任何类型的直接捐赠，只能接受政党知晓情况并符合本法第三十条的限制的捐赠。

除非证明事实并非如此，否则政党未申报的获赠物都将被假定为来源非法。

根据2009年12月25日颁布的第29490号法律单独条款作出修改。

第三十二条　政党资金的管理

政党司库专职负责资金的收支。为此，必须在国家金融系统开立账户。

只有根据党章规定任命的司库（同时任命一名候补司库）有权进入该账户。党章还可规定额外条件，要求资金的使用需要一个以上的签名。

第三十三条　税收制度

法律规定的针对组织的税收制度可用于政党。然而，政党可免除缴纳直接税。

第三十四条　检验和监督

政党、大区级运动、省级和区级政治组织应该成立内部监督体制，保证任何含有经济权利与义务的行为和文件都根据党章规定合理使用并记入账簿。

全国选举程序办公室通过政党资金监督管理部门专职负责政党、大区级运动、省级和区级政治组织的经济、财务活动的外部检验和监督。

政党、大区级运动、省级和区级政治组织应当在每一财年结束的六个月内，向政党资金监督管理部门提交财务报告。同时，该部门有权要求政党和政治性组织在指定时间内，提交第三十条涉及的捐赠情况的清单，包括每笔捐赠的金额、捐赠人姓名和地址。

政党资金监督管理部门在接到上述报告材料的八个月内，宣布其是否符合本法规定。对违规者，根据本法第三十六条的规定施加相应处罚。

根据2009年12月25日颁布的第29490号法律单独条款作出修改。

第三十五条　账目公开

政党、大区级运动、省级和区级政治组织按照组织账簿管理的有关规定管理账簿。

记录所有交易的账簿和文件在交易完成后应当保留十年。

根据2009年12月25日颁布的第29490号法律单独条款作出修改。

第三十六条　处罚

全国选举程序办公室负责人在听取政党资金监督管理部门的报告后，将作出下列处罚：

其一，如果政党未在第三十四条规定的期限内提交详细的年度收支会计报告，将受到处罚，失去第二十九条赋予的权利。

对大区级运动、省级和区级政治组织也将施加相应处罚。

其二，如果证实政党从非法渠道获取收入，或者故意隐瞒或篡改年度收支会计信息的，处非法所得、隐瞒或篡改收入的十倍以上五十倍以下的罚款。

其三，如果证实政党接受个人捐赠或匿名捐赠的金额高于第三十条规定的上限的，处获赠总额十倍以上三十倍以下的罚款。

从接到处罚通知的第二日起五个工作日内，如果对处罚结果有异议，可以向国家选举委员会申诉。对国家选举委员会裁决的异议，不得上诉。

根据 2009 年 12 月 25 日颁布的第 29490 号法律单独条款作出修改。

第三十七条　竞选频道

在普选举行之前的三十日到两日期间，政党可以根据本法规定免费使用私人所有或国家所有的广播和电视的竞选频道。

国家将为媒体提供补偿，按比例减少其无线电或电磁频谱的使用费。

国家允许政党使用广播和电视基础设施，通过竞选频道，传播其制作的竞选节目。

符合第 28679 号法律的规定。

第三十八条　竞选频道的时长和频率

在每一个广播站和电视台中，竞选频道在十九点到二十二点播出，时长为：

其一，竞选开始前的三十日到十五日内，每天十分钟。

其二，竞选开始前的十四日到六日内，每天二十分钟。

其三，竞选开始前的五日到两日内，每天三十分钟。

可用总时长的一半平均分配给已在选举中注册候选人的政党。另外一半根据每个政党在国会中拥有的议席数按比例分配。政党资金监督管理部门负责确定每个政党的可用时长，并制定相应规范。

第一次参选的政党拥有的时长与拥有最短时长的政党相同。

在竞选频道中政党未使用的节目时间，将根据全国选举程序办公室的规定，用于宣传选民教育。

第三十九条　政治广告合约

所有政党、政治运动和地方性政治组织的政治广告的合约条件均相同。政治广告收费不得高于商业广告的实际平均收费。上述费用应在竞选通知发布后两日内告知政党资金监督管理部门，以便公开。

第四十条　选举期间合约广告的时长和频率

以竞选为目的的合约广告可在选举开始前六十日至两日期间播出。

如果是国家大选，政党每日在各广播站和电视台播放广告的时间不得超过五分钟。

广告合同的订立由政党、政治运动和地方性政治组织的司库专职负责。

第四十一条　非竞选期间的广播和电视节目

国有媒体必须每月给拥有国会议席的政党五分钟的时间，用于宣传其提案和计划。政党资金监督管理部门为其指派相应媒体。

过渡性规定

第一，已经注册并且在有效期内的政党无须提供本法规定的成员签名。注册生效的十五个月内，政党应向政治组织登记局证明其满足注册所需的其他条件。

在此期间，政党可以根据法律在各公共注册登记部门规范政党登记、领导人、法定代表人、代理人的有效性，以及政党财产的合法处置。

第二，本法通过后的三个月内，由国家选举委员会成立政治组织登记局。

本法通过后的十二个月内，按照全国选举程序办公室密封文件持有者的决定，成立政党资金监督管理部门。上述决定应明确其运行所必需的谋划、咨询和支持机构以及全国范围的下属机构。

选举机构就其权限范围内的事项发布规范性准则。

第三，第二十九条中关于公共资助金分配的规定从2007年1月开始实行。根据最近一次国会选举的结果，采用渐进方式进行分配，且符合国家为此所做的预算以及国家经济情况。

（于蔷　译，靳呈伟　校）

玻利维亚政党法①

第一章　总　则

第一条（法律的意义） 本法规定政党的组建、运行、被认可、登记及消亡，以及政党之间的合并和联盟，以及它们与社会和国家之间的关系。

第二条（政治结社自由）

其一，玻利维亚保障所有公民，无论男女，加入政党的权利，并且不会施加法律规定和政党章程性文件外的限制。

其二，所有公民，无论男女，在满足某一政党组织章程要求的情况下，有自由自愿加入该党的权利。

第三条（政党） 政党是拥有公共权利的法人，不以营利为目的。它的创建是为了通过合法民主的途径参与共和国的政治活动、公权构建以及公众意愿的形成与表达。

政党由接受共同的政治原则、一个章程和共同行动纲领的公民自愿组建。

政党需通过最高选举法院的决议获得法人资格。

第四条（代表民众） 民众通过政党或政党联盟得到代表。

具有获得承认的法人资格的公民团体，经其合法权力机构事先明确决议，可与政党组成联盟并提名候选人参加共和国大选。

---

① 根据玻利维亚 1999 年第 1983 号法律译出。

第二章　政党的创建和认可

第五条（政党的创建）

其一，提议创建政党的公民应举行创建大会，其会议纪要应涵盖以下内容：

第一，包含每个创建人的姓名、年龄、职业、身份证号和在全国选举花名册登记在册的记录。

第二，自愿正式加入该政党的声明。

第三，每个创建人需明确声明未加入其他政党。

第四，政党的名字、名称缩写、标志和采用的颜色，在任何情况下不能与已获合法认可的政党相同或相似。

第五，通过政党的原则声明。

第六，通过政党的组织章程。

第七，执政纲领。

第八，选出全国领导机构的成员。

第九，政党资产申报。

第十，政党所在地址。

其二，会议纪要以及前文所述所有文件，须到公证处进行公证。

第六条（授权启动党员登记名册）

其一，在建政党的全国领导机构，应通过备忘录的形式，向最高选举法院申请党员登记授权，同时提交政党创建会议纪要的三个正式副本及上一条所述文件，指明：

第一，名称、缩写、标志及颜色，

第二，全国领导机构的成员名单，

第三，组织机构地址。

其二，最高选举法院在最长十个自然日内，根据以上行为，返还备忘录并规定：

第一，按法院提出的意见进行修正与（或）修改。

第二，备忘录须刊登在某一全国发行的报刊上。

其三，如不按法院提出的意见进行修正，申请书将会被归档。申请人在一个自然年后方可重新启动政党认可程序。

其四，对已按意见进行修正的或法院没有对其提出意见的政党，最高选举法院将颁布批准启动党员名册及登记、公布其成立文件，并在一百八十个自然日内进行党员登记。

第七条（党员登记名册特点） 党员登记名册须在最高选举法院的监督下印刷出来并具备以下特点：

其一，应在封面上注明政党的名字，所属的共和国省份及相应编号。

其二，含有获得授权的领导人的签名及盖章的起始页证书，证书应进行公证，详细说明名册有效页数以及每页包含的项目数。公证员应对每一页进行公证。

其三，从第一页到最后一页，每一页都应有相应编号。

其四，每一页都应有党员登记的固定项目，包括：姓名，出生地和出生日期，性别，职业，居住地和（或）地址，身份证号，未参加其他政党的声明，登记地点和时间，签名或指纹（如不会写字）。

其五，含有授权领导人的签名及盖章的结束页证书，证书应进行公证。该证书记录已使用的登记项目数、未使用或取消的项目数及所有相关备注。

其六，政党用于内部选举的选民登记册不能作为党员登记名册使用。

第八条（最低党员数量） 党员登记名册上登记的党员数应等于或大于上一届总统选举中有效选票的百分之二。

第九条（政党的认可和登记程序）

其一，在本法第六条其二规定的期限内并满足本法第八条的要求，政党的全国领导机构应向最高选举法院递交承认其法人资格和完成最终登记的申请，同时递交党员登记名册。

其二，在接收及认可该申请后，最高选举法院将通过规定的流程来核实登记名册的登记是否正确，信息是否真实、有效，以及是否存在重复登记。

第十条（政党的认可及最终登记） 最高选举法院全体法庭应在从接受申请之日算起的三十个自然日内作出决议：

其一，如果其登记是正确的，则认可政党的法人资格，把其登记在《共和国政党》名册上，并存档其提交的文件。

其二，如登记的人数中等于或多于百分之五为已死亡或不存在，或出现篡改、伪造信息，则登记名册作废。如等于或多于百分之五的人数通过欺诈形式进行登记，将坚决拒绝该政党法人资格认可和登记的申请。

其三，如存在重复登记或其他可弥补的错误，应在接到通知日起九十日内按相关意见进行修正。

其四，如违规登记低于百分之五，则取消相关登记部分。

其五，如出现篡改、伪造，最高选举法院将本着法律目的，向检察机关提交相关情况。

第十一条（公布决议） 决议将公布在最高选举法院的官方公报上并刊登在一家在全国范围内发行的出版物上。

第十二条（开展党派活动）

其一，政党在最高选举法院委员会秘书处给出已完成认可和登记的通知之日起，可展开其党派活动，并拥有宪法和法律赋予的一切权利、义务和保障。该通知将在决议发出后的四十八小时内生效。

其二，如政党想参加选举，应在选举之日至少九十日前完成其认可和登记。

第三章 政党的结构和组织

第十三条（原则宣言内容） 所有政党应在成立后通过包含以下基本内容的原则宣言：

其一，服从国家宪法、法律以及共和形式和民主治理。

其二，拒绝外国势力干涉政党内部生活。

其三，捍卫人权。

其四，拒绝性别、年龄或种族 - 文化等任何形式的歧视。

其五，为其组织和运行设立民主程序。

其六，促进并捍卫社会的伦理道德观。

第十四条（执政纲领） 所有政党都有义务制定执政纲领，纲领应包含其公共管理方面的基本主张。

执政纲领应在每次选举时筹划并重新提出。

最高选举法院应登记并公布该执政纲领，使民众了解其内容。

第十五条（组织章程内容） 所有政党在成立后应通过包含以下基本内容的组织章程：

其一，区别于其他政党的名称、党徽或颜色。

其二，能保证运用自由选举和直接秘密投票的方式充分行使内部民主的规范和程序。

其三，领导人和党员的权利与义务。

其四，保障妇女充分参与的机制和行动。

其五，构成该政党一部分的青年团体的权利。

其六，组织结构内应包含作为最高机构的代表大会、大会、全国会议或同等机构；代表大会休会期间的最高机构；全国领导机构、地区领导机构和（或）部门领导机构或职能领导机构。

其七，上述各机构的职责职权、任期以及如有违反法律情况下的替换程序。

其八,五年之内要召开例行代表大会或会议。

其九，通过或修改章程性文件的民主程序及机构。

其十，民主选举全国或省级代表大会、大会或会议的代表。

其十一，选举各级领导人。成为领导人的条件和领导人任期。撤销任期的原因和程序。

其十二，接收及开除党员的程序。

其十三，负责惩处党员和领导人的机构和程序，负责上诉以调解党员和党员之间、党员和领导人之间以及领导人和领导人之间可能发生的冲突的机构和程序。

其十四，管理和监管政党财产的内部机构和程序。

其十五，党员行使监督领导人权利的内部程序。

其十六，推选全国和市级民选公职候选人的民主程序。

其十七，组织担任国会议员和市议会议员的党员的基本规范。

其十八，先决程序及正式手续，用于：

第一，参加联盟，

第二，与另一政党和多个政党合并，

第三，政党的自愿解散。

其十九，解决围绕党员权利与政党引发的纠纷的机构和程序。

其二十，政党的组织章程中应包含对其党员经证实的多重党籍情况的处罚规定。

第十六条（青年的加入） 政党的各级组织都应推动青年的正式加入。

政党应正式接受年满十六岁小于十八岁的青年的加入，将其视为公德培养、公民责任培养及未来领袖培养的一类特别对象。

第十七条（名称、标志和颜色） 每个政党都应采用一个名称、缩写、标志及颜色，并得到最高选举法院的认可，还应注意不能与其他已登记的政党的相同或相似。

共和国的国徽、国歌、国旗以及各个部门的标志和旗帜，不得用作政党的标志。

第四章　政党的权利和义务

第十八条（政党权利） 政党或政党联盟在具备法人资格并完成在最高选举法院登记后，除了国家宪法和法律所赋予的权利，还拥有以下基本权利：

其一，参与选举和构建公共权力。

其二，通过、修改和发布其原则宣言、组织章程、执政纲领和其他党内文件。

其三，在法律框架内自由收集和发表意见。

其四，提交关于公共利益的设计和方案。

其五，向国家职权部门和机构申请信息资料。

其六，根据国家相关规定，平等自由使用大型社交媒体。

其七，根据选举法规定，参加选举和民族认同的所有阶段，向选举机构提名派驻代表。

其八，组成联盟。

其九，根据国家宪法和法律规定的形式和条件，提名或推选共和国民选公职候选人。

其十，在法律允许范围内，开展拉票活动、竞选运动和宣传活动。

其十一，及时强制性地接收向最高选举法院申请的信息。

其十二，根据党章获得或转让并管理党的动产和不动产，为实现政治目标而开展合法经济运作。

其十三，接受国家资助。

第十九条（政党义务） 政党有以下义务：

其一，履行国家宪法、共和国法律、政党组织章程、创建文件以及根据它们通过的决议。

其二，维护、发展和巩固民主治理体系。

其三，保证施行内部民主。

其四，促进党员（无论男女）享有同等机会，减少不平等待遇。政党各级领导机构和公职候选人应有不少于百分之三十的女性。

其五，至少提前六十日通知召开例行代表大会或大会，至少提前十五日通知召开特别代表大会或大会，两类会议均应明确议题。

其六，在作出修改创建文件或改变领导机构组成的决定后的三十日内，知会最高选举法院，并提交作出该决定的大会或代表大会会议纪要。

其七，建立和发展致力于开展政治科学研究以及政治、道德和公民教育的组织机构。

其八，建立记账簿以记录其经济活动并向最高选举法院提交财务状况。

其九，保持党员登记名册的更新。

第五章　政党内部选举和候选人提名

第二十条（2001 年 11 月 21 日第 2268 号法律修正案，对政党内部民主程序进行监督） 最高选举法院和地方选举法院有责任监督政党内部选举程序的合法性。

在进行该监督时，最高选举法院和地方选举法院应核验遵守国家宪法、本法以及每个政党组织章程规定的情况。

第二十一条（候选人提名） 提名候选人的机构和程序应写进政党的组织章程中。最高选举法院在登记候选人名单时，应核验政党组织章程中相关规定的遵守情况。

第二十二条（特殊程序无效） 关于政党内部选举和候选人提名的规范，在任何情况下都不得取消执行。任何确立特殊程序或者赋予某一个或多个个人、具体政党组织机构特权的规定或协议均是无效的。

第六章　党员的权利、义务和禁忌

第二十三条（党员） 党员是自愿登记加入某一政党的公民。

入党时，应在相应文书中注明不是其他政党党员的宣誓或郑重承诺。

第二十四条（党员权利） 除政党创建文件中承认的权利外，本法认可党员还具备以下权利：

其一，参与政党的各项活动。

其二，依据政党的组织章程，推选政党领导职位成员和代表。

其三，依据政党的组织章程，行使异议权。

其四，向最高选举法院申诉。

其五，根据政党资产管理规章获取或接收信息。

其六，监督政党领导人的行为。

其七，通过民主程序，推选或被提名共和国民选职位候选人。

其八，要求遵守政党创建文件规定。

其九，接收政治培训和教育。

其十，退党。

第二十五条（党员义务） 除政党创建文件中规定的义务，党员还有以下义务：

其一，保证政党内部民主和遵守政党规范。

其二，执行政党领导机构根据组织规章作出的内部决议。

其三，确保政党的团结统一。

其四，交纳党费。

其五，参加政党基层组织和相应机构的会议。

其六，如退党，应向该政党提出申请并通知相应的地方选举法院。

第二十六条（申诉） 党员如认为其权利被损害或认为存在违犯共和国关于政党组织运行或公民政治权利的相关法律以及政党章程或内部决议的情况，在证明使用政党内部申诉无效后，可向最高选举法院提起申诉。

第二十七条（程序） 申诉应通过以下程序实施：

其一，当事人应向所在地的地方选举法院或直接向最高选举法院提交书面申诉材料，并出具法律和（或）政党规章规定中的合理依据。

其二，如申诉提交给地方选举法院，地方选举法院应在三个工作日内将其递交给最高选举法院。

收到申诉材料后，最高选举法院应立即通知政党领导人，并责令其在收到通知之日起十日内给出答复。

其三，无论是否收到政党答复，最高选举法院均应召开处理申诉的听证会。该听证会可采取口头、公开、持续和对审的形式。

相关证明提交完毕，应听取各方辩词。法院应在该听证会上宣布决议。

第二十八条（参议员和众议员的除名） 参议员或众议员当选后，为换取政治或经济利益或好处而加入推荐他参选的政党之外的另一政党或者宣布独立的行为，是严重错误的。在此情况下，应相关政党要求，应根据委员会条例、宪法第六十七条第四项和本法对其临时或永久除名。

第二十九条（市长、市政议员和县级代表的剥夺资格和除名） 市长、市政议员和县级代表在入职前或入职后，犯上一条所提及的严重错误的，应相关政党要求，由最高选举法院依据以下程序剥夺资格或永久除名。

其一，提交申请后，最高选举法院应将抄件送达相关人员，并责令其在十日内给出答复。

其二，无论是否得到答复，应展开为期十日的核实各方材料的程序。程序完成后的四日内，作出判决。

其三，市长被剥夺资格和除名的同时，也取消其市政议员的资格。

其四，最高选举法院的决议不得上诉。

第七章 政党的合并与联盟

第三十条（政党合并） 两个或多个具备法人资格的政党可合并，并组成一个新的政党。在此情况下，应向最高选举法院重新申请法人资格和登记。

第三十一条（合并条件） 有意愿合并的政党应满足以下条件：

其一，参与合并的每个政党应依据其章程召开最高决策机构会议以专门批准政党的解散、合并以及新政党的创建文件，该文件应做公证并获得领导人的签名。

其二，参与合并的每个政党的代表大会应指派和授权一人或多人签署新政党的创建文件，公证书应详细注明被指派授权人的身份证号和选举登记号。

第三十二条（建党大会） 参与合并的每个政党指派的人员应召开新政党的创建大会，会议纪要应包含以下内容：

其一，上一条提及的公证书。

其二，政党的名称、缩写、标志和颜色，可使用参与合并的某个政党的或组合使用，或者使用新的。

其三，通过原则宣言。

其四，通过组织章程。

其五，通过执政纲领。

其六，全国领导机关成员名单。

其七，地址。

其八，政党资产合并声明和公证书。

其九，每个党的党员登记名册移交给合并后的政党的明确记录。

第三十三条（合并登记程序）

其一，参与合并的各党的领导人应以会议纪要的形式共同向最高选举法院申请取消每个政党的法人资格和登记资格并授予新的法人资格和登记资格。此外，还应提供上两条提及的文件的正式副本三份。

其二，收到申请后，最高选举法院应在四十八小时内将其发布在一家在全国范围内发行的刊物上。

第三十四条（合并决议） 在收到申请后的三十日内，最高选举法院应作出以下判决：

其一，作出修正批注。

其二，授予政党法人资格并认可该党及其全国领导机关成员名单的注册登记。

第三十五条（公布决定） 授予政党法人资格的决定应公布在最高选举法院公报和全国发行的某家媒体上。

第三十六条（政党活动的开展）

其一，通过合并形成的政党，自最高选举法院委员会秘书处通知认可其法人资格和登记资格时起，享有所有合法权利、职责和法律保障，可开展其政党活动。该通知应在最高选举法院作出决定后四十八小时内发出。

第二，如政党想参加大选，应在大选开始九十日前获得法人资格和登记资格。

第三十七条（政党联盟，2001 年 11 月 21 日第 2268 号法律修正）

其一，两个或多个具有法人资格和登记资格的政党，可出于选举目标、施行执政纲领或因其他政治目的结成联盟。联盟可明确时限也可不明确。

同意结成联盟的政党应以会议纪要的形式向最高选举法院提交相应登记手续。会议纪要应由每个政党的法人代表签名并注明联盟全国领导机关成员名单和地址。

政党可在总统、副总统、参议员、众议员或市长、市政议员和县级代表候选人注册的前一日登记其联盟。

其二，政党也可以与宪法提及的有关组织机构结成联盟。

第三十八条（联盟的政党和组织机构的法人身份） 加入联盟的每个政党和组织机构保留其法人资格、登记资格和资产。

第三十九条（政党联盟登记程序，2001 年 11 月 21 日第 2268 号法律修正） 根据本法第三十七条其二规定结成联盟的政党应通过会议纪要的形式向最高选举法院申请认可联盟的法人资格和登记资格。会议纪要应由满足本条条件的组织的法人代表签名，同时附上以下文件：

其一，组建联盟的每个政党或组织的法人资格和登记资格认可书正式副本或合法有效的复印件。

其二，每个组织批准结成联盟的相关职能机构的会议纪要。

其三，联盟成立大会的会议纪要，应标明联盟将使用的名称、缩写、标志和颜色。

其四，根据共同决定明确联盟是临时的还是无定期的以及解散联盟的原因和程序。

其五，执政纲领、竞选纲领或政治行动纲领。

其六，联盟全国领导机关的最小组织结构、职权和成员名单。

其七，联盟所有成员的权利和义务。联盟地址。

第四十条（与组织结盟的决议） 最高选举法院应在收到申请的十五日内，在排除其递交的申请没有不符合法律要求的前提下，就根据本法第三十七条其二规定结成的联盟的法人资格和登记资格作出授权决定。最高选举法院委员会秘书处应在决定公布的四十八小时内通知到相关方。

第四十一条（活动的开展） 根据本法第三十七条第一项规定结成的联盟可在向最高选举法院提交申请时开始开展活动。

根据本法第三十七条其二规定结成的联盟可在接到最高选举法院委员会秘书处通知后开展活动。

第八章 政党和政党联盟法人资格和登记资格的终止和取消

第四十二条（政党消亡） 政党因以下原因消亡：

其一，根据其组织章程，该党自己同意消亡。

其二，因与其他政党合并消亡。

第四十三条（政党联盟终止） 政党联盟因以下原因取消：

其一，结成联盟的政党或组织根据联盟创建文件规定的条件协议取消。

其二，达到联盟的协议期限。

第四十四条（取消法人资格和登记资格） 最高选举法院将基于以下原因取消政党法人资格和登记资格：

其一，政党或政党联盟消亡。

其二，在最近一次选举中获得的有效选票未超过百分之三，但会保留该党全国代表的职位。

其三，政党连续两次未单独或通过联盟参加选举。

其四，被核实支持参与政变或叛乱。

其五，未根据本法第八条、第十四条、第十五条、第十六条和第十七条的规定更新其成员登记册。

第四十五条（取消程序） 取消政党法人资格和登记资格的决定应获得最高选举法院合议庭成员三分之二的投票支持方可成立。

该程序应依据本法第十一章的规定进行。最高选举法院应依职权审理上一条其二、其三和其五涉及的情况。

第四十六条（公布决议） 取消政党的决议应公布在最高选举法院公报和某家全国发行的媒体上。决议在相关方收到最高选举法院委员会秘书处通知后生效。

第四十七条（选举候选人的任期） 取消某一政党或联盟的法人资格和登记资格，并不会同时取消借其当选的公民的任职。

第四十八条（资产处置） 如某一政党消亡，由经济资源和财产组成的资产在预留履行应尽义务的部分后，收归国有。

第四十九条（政党领导人的民事和刑事责任） 如果由于取消或终止某一政党或联盟的法人资格和登记资格而导致应受处罚的不法行为或应得到赔偿的民事损害，其全国领导机关成员应承担相应责任，相应案件应交由有关职能机构处理。

第九章　政党资产、财务与监管

第五十条（政党资产）

政党资产应由以下方面组成：

第一，党员和同情者的党费和捐赠。

第二，动产和不动产。

第三，通过合法活动获得的收益。

第四，根据本法规定的条件获得的国家财政支持。

第五，被最高选举法院认可的政党名称、缩写、标志和颜色同样是政党资产的一部分。

第五十一条（贡献的限制）

其一，政党领导人不能接受任何性质的馈赠，包括：

第一，外国政府或实体。

第二，外国法人，技术、培训报酬除外。

第三，非政府机构。

第四，非法来源。

第五，宗教团体或组织。

第六，任何性质的国家公共机构，本法规定的国家财政支持除外。

第七，匿名捐赠，公开募捐除外。

如接受本条规定的资源，将有可能在司法部门受审。

其二，国内私人企业任何性质的捐赠，应注明其具体金额数量，并记录在该党账簿里。

其三，任何个人捐赠、捐助或贡献都不能超过党组织年财政预算的百分之十。

如违背本条其一、其二和其三的规定，将暂停国家的财政支持。

第五十二条（国家财政支持）满足以下条件，国家将给予政党以财政支持：

其一，具有法人资格并在最高选举法院登记在册。

其二，在最近一次全国大选或市州大选中获得至少百分之三的有效选票。

其三，在联合纳税登记注册。

其四，向全国法院提交申请，注明负责根据党章管理政党资产领导人的名单。

其五，根据本法第五十七条规定，在非选举年，提交年度活动计划。

其六，提交经政党相关机构批准的年度预算。

其七，证明无论是政党还是其管理政党资产的负责人均不存在未履行源于司法判决的义务的情况。为此，应向国家提供共和国审计总署出具的证明。

第五十三条（国家财政支持的来源及用途）

其一，非选举年，行政部门应在最高选举法院的预算中拨出相当于国家财政综合预算千分之五的款项，专门用于资助政党的公民教育项目和政治纲领性文件的传播。其分配额根据每个政党单独或作为某一联盟一分子在最近一次国家大选或市州选举中获得的选票数按比例分配。

其二，在国家大选和市州选举中，上一段提及的份额应改为相当于国家财政综合预算的千分之二点五，其中千分之二用于资助政党在市州选举的竞选活动。

该款项的百分之五十应在选举六十日前根据最近一次国家大选或市州选举中每个政党获得的选票数按比例分配。另外百分之五十应以同样的方式，根据国家大选或市州选举所登记的结果来分配，从大选开始日起最长六十日内发放。为此，最高选举法院应预先将其纳入浮动公债中。

本条其一和其二提到的资助将由最高选举法院发放给各个政党。因该收益要明确入账，根据本法和相关法规，在获得选举机构的认可后，打入政党指定的财政银行账户中。

第五十四条（政党联盟的国家财政支持） 对于国家财政支持的分配，参加联盟的政党应事先明确约定每个政党在联盟获得的国家财政支持中的占比。

第五十五条（国家监管政党财产） 最高选举法院有权对政党财产管理进行监管，因此可向政党索要以下材料：

其一，政党收到的资源的信息。

其二，使用公共资源的信息。

其三，关于内部管理和管控制度的专业和独立意见。

其四，更新财政状况并由专业公司合理审计财政状况。

最高选举法院应制定国家监管的程序。

第五十六条（资产获得） 政党通过政党资金、捐赠或继承所得的动产和不动产，应在公共登记中记入该党名下，并记入该党账簿中。

第五十七条（年度活动计划和预算） 为履行本法第五十二条其五规定，政党应提出年度活动计划并编制年度预算。这两个材料应在规定的期限内提交最高选举法院。

第五十八条（收入管理） 政党接受的捐赠、捐助和（或）贡献只能由政党指定的专责机构根据政党规章管理。

第五十九条（共同责任） 政党全国领导机构成员和资产管理负责人，在不影响可能产生的刑事责任的情况下，共同一致承担管理该党资产和财政收入的责任，并对相应的司法和管理机构负责。

第六十条（管理和财务规定）

其一，政党应施行普遍采用的财务规定和最高选举法院制定的管理办法。

其二，政党应在其总部的合法办公场所设立中央账簿。

其三，政党可在其有活动的各地有各自单独的账簿，但在向最高选举法院提交报告时，应合计其全国财务状况。

第六十一条（财务状况）

其一，政党应每年向最高选举法院提供由根据共和国审计总署颁布的关于聘用独立审计公司的规定而签约合作的有资质公司审计过的财务状况（账目和损益表）。

其二，最高选举法院有权就政党提交的账目索要必要的说明和补充材料，政党应在规定期限内提交。

其三，最高选举法院可根据现行相关法律法规向政党提出自己的专业独立意见。

第六十二条（收益明确入账）

其一，在大选开始以前的一百二十日内收到的用于选举活动的国家财政支持的政党，应根据最高选举法院的相关规定向最高选举法院提交相关入账明细。

其二，如政党没有提供其收到的国家财政支持的入账明细，将会被处以相当于收到的国家财政支持的百分之一金额的罚单，并在逾期后的三十日内提交该明细。

其三，如逾期三十日后还未提交该入账明细，参照本法第六十九条其二进行处理。

第六十三条（公布决议） 最高选举法院应在其公报和全国范围发行的媒体上刊登其就每个政党提交的入账明细作出的决定。

第十章　违规和处罚

第六十四条（违规）某一政党的党员或全国机关成员触犯本法规定构成违规，在不影响相应民事或刑事诉讼的情况下，根据本章规定的政党或个人情况承担责任。

第一节　党员的违规和处罚

第六十五条（违规）党员违规有以下几种：

其一，同时加入两个或多个政党。

其二，退党但没有通知其所属政党和所在地地方选举法院。

其三，任何形式的强迫其他公民加入政党或政党联盟。

其四，使用国家设施或财产进行拉票活动。

第六十六条（处罚）党员违规应受到以下处罚：

其一，上一条其一提及的情况，将剥夺党员权利两年。

其二，上一条其二、其三、其四提及的情况，将剥夺党员权利一年。

如有重犯，处罚可加倍。

第二节　政党全国领导机关成员的违规和处罚

第六十七条（轻微违规）以下情况为轻微违规：

其一，没有满足或改动根据本法规定的政党登记要求。

其二，强制工会、企业、文化或社会实体、非党员捐赠。

其三，以对政党或联盟捐赠的名义扣除工资。

其四，以政治行动的形式向非党员收取金钱或资金补助。

其五，未履行发展有关政治科学调查和政治、社会、道德教育机构的职责。

其六，未按程序纳新或（和）除名党员。

其七，在政党活动中使用了国家设施、经济财政资源或外国团体的资源。

其八，没有根据本法规定提交执政纲领、年度活动计划或年度预算。

其九，未履行在相应的公共登记中登记政党动产和不动产的职责。

第六十八条（对轻微违规的处罚） 对上一条提及的违规行为的处罚：

其一，上一条其二、其八、其九提及的情况，可处以最高为国家财政支持百分之十的罚金。

其二，上一条其一、其四、其五提及的情况，可处以最高为国家财政支持百分之五的罚金。

其三，上一条其六、其七提及的情况，暂停违规政党领导人职务可至一年。

如有重犯，处罚可加倍。

第六十九条（严重违规） 以下情况为严重违规：

其一，改动最高选举法院给出的信息，或把它用于非选举用途。

其二，未履行向最高选举法院提交政党或联盟财务状况的义务。

其三，未履行对政党或联盟开展的经济活动记账的义务。

其四，未履行根据其组织章程召开全国代表大会、大会或会议的义务，政党相应职能机构因特殊原因决定会议延迟的情况除外。

其五，组织、鼓动或维持暴力行动。

其六，没有收益入账明细。

第七十条（对严重违规的处罚） 上一条涉及的严重违规将受到以下处罚：

其一，上一条其一、其二提及的情况，暂停国家财政支持，同时取消参加即将到来的全国大选或市州选举的权利。

其二，上一条其三、其六提及的情况，暂停国家财政支持。

其三，上一条其四提及的情况，取消全国领导机构的任职。

其四，上一条其五提及的情况，相应决议生效后，剥夺推荐候选人参加下一届全国、地方或市县选举的权利。

第十一章　程　序

第一节　处理违规的程序

第七十一条（权限和职责）最高选举法院有权审理和裁决针对政党全国领导机构轻微和严重违规行为的诉讼。

地方选举法院有权审理和裁决针对党员违规行为的诉讼。

如违规行为涉及两个或多个地方选举法院，由被告党员所在地的选举法院处理。

第七十二条（起诉）任何年满十八岁的公民可以以书面形式起诉违反政党法的行为。政党或联盟应向相应选举法院提交所掌握的有关该行为的所有证据材料，履行民法第三百二十七条的相关规定。法院秘书处应获取起诉人的合法住址。

第七十三条（接受或拒绝起诉）收到起诉后，应随机选取一名法院成员进行核实。

起诉如果明显不合适或未遵守上一条的程序，应被驳回。如果被起诉的党员有双重党籍，可要求其提供在选举登记中的核验材料。

起诉一旦被接受，应在最长不超过五日内通知被起诉方及公开听证会时间。

对起诉的答复最晚应在听证会的二十四小时前给出，并提供认为相关的证据。

第七十四条（听证会）无论得到被告方的答复与否，听证会都应于接受起诉后的三十日内举行。

无论被告方是否出席，听证会可以连续的、口头的、公开的和对审的形式举行。

听证会不得延期，除非出现以下几种情况：

其一，最高选举法院一半以上成员因困难或疾病等合理原因不能出席听证会。

其二，处理该案件的地方选举法院因困难或疾病不能出席听证会。

无论如何，法官与诉讼双方应共同保障听证会的及时性。

首先，起诉方将在其提交的证据的基础上以口头形式陈述其起诉理由。随后，被起诉方以同样方式陈述其辩护理由。如有需要，双方可进行答辩和反驳。

涉及双重党籍的违规，被起诉方无须出席，可基于被提供的足够证据作出决议。

陈述结束后，应作出决议：

其一，无罪，如果被证明为妄评或恶意指控，可处以五个月最低工资罚金的处罚。

其二，有罪，将根据情况进行相应处罚。

法院作出的决议应是有根据的并当庭宣布，决议应通知到原告、被告双方。

如果法院认为该违规行为同时违法，可移交检察署对该案进行相应法律处罚。

第七十五条（上诉） 如对关于违反政党法的决议有异议，针对以下情况，有关方面可在收到通知后的十个工作日内提起上诉：

其一，在审理过程中，被起诉方没有辩护。

其二，决议援引了错误法条。

上诉应向作出决议的机构提交证明材料并明确上诉理由。

第七十六条（上诉程序） 收到上诉后，有关部门在核实后，在最长五日内，可：

其一，如认为其声明明显不合适或者上诉超期或缺少证明材料，驳回上诉。

其二，通知被上诉方。

无论是否得到被上诉方的确认，应收到上诉后的二十日内作出决议：

其一，修正或修改有争议的决议。

其二，认可有争议的决议。

该决议需依据有关证明材料并为最终决定

第七十七条（失效） 本法规定的违规行为的起诉时效为一年，处罚时效为法院决定执行后的十八个月。

废除和撤销

单独条款 被废除的有：

第一项 1991 年 7 月 5 日第 1246 号法律第十四、十五、十六、十八、十九和二十章。

第二项 1997 年 3 月 19 日第 1779 号法律第二百五十二、二百五十三、二百五十四、二百五十六、二百五十七、二百五十八和二百五十九条。

第三项 所有与本法相违背的规定。

临时条款

第一条（条例） 最高选举法院应在本法颁发的一百八十日内制定并通过：

第一，关于国家给予政党的资助的监督条例。

第二，关于政党内部选举程序的司法监控条例。

第三，关于进行申诉、过错和违规以及取消法人资格程序的条例。

第四，在政党法人资格认可过程中核实选民登记的条例。

第二条（政党登记调整和更新，2001 年 11 月 21 日第 2268 号法律修正） 具有法人资格和登记资格的政党，应在自本法颁布日起至 2003 年 6 月 30 日前重新进行党员登记，以及根据本法第八、十四、十五、十六、十七和十八条对其建党文件进行更改调整。

（赵悦 译，靳呈伟 校）

多米尼加政党、政治团体、政治运动法[①]

第一章　本法的目标、适用范围及界定

第一条　目标。本法规制公民组织政党、政治团体和政治运动或成为其中一员等权利的行使，确定管理政党、政治团体和政治运动组建和被承认、组织、授权、运行、参与选举、监督、惩处和解散的规范，以加强宪法规定的自由结社权，明确自由组织政党、政治团体和政治运动的程序，确保多米尼加人加入或退出上述组织的权利。

第二条　适用范围。本法在全国范围内实施。

第三条　界定。为实施本法应：

其一，政党、政治团体、政治运动：政党、政治团体和政治运动是具有法人资格的组织，由具有公共利益方面的抱负和才能的公民以自愿的方式根据宪法和相关法律规定组成，应以巩固宪法民主制度、获取民选公职、合法影响国家发展方向、表达民众意愿、服务全国利益、谋取集体福利、推动社会整体发展等为宗旨。

其二，政党：政党是根据宪法和相关法律组建的具有全国性质的组织，在全国范围内存在并有代表，有向所有层级的选举和包括国外在内的辖区推举候选人的权利。

---

① 根据多米尼加 2018 年第 33-18 号法译出。

其三，政治团体：政治团体是地方组织，其范围可以是省级、市级或全国选区。省级政治团体，除推举议会候选人外，可以在该省所有市推举市政选举候选人。这些政治团体具有与本条其一、第十条指定的目标以及宪法和相关法律规定的目标相同的目标。

其四，政治运动：政治运动是地方组织，范围为市级，包括相应的市级选区和全国选区。政治运动可以在一个市及其选区和全国选区推举候选人。这些运动具有与本条其一、第十条指定的目标以及宪法和相关法律规定的目标相同的目标。

单独条款　政党、政治团体和政治运动是民主制度运行所必需的组织，应向国家提交其原则宣言、带领国家的政策和纲领，有责任为民众提供道德、公民教育和公权管理等方面的培训，并组织开展共和国宪法和相关法律未明确禁止的其他补充性活动。

第二章　政党、政治团体和政治运动

第一节　党员

第四条　党员。为加入某一政党、政治团体或运动，公民应在国家选举注册机构登记。

第五条　禁止。军人、警察以及高级选举法庭、宪法法院等司法机构的法官等不得加入政党、政治团体或运动。部委代表、中央选举委员会和其他选举委员会委员和公务员、审计署成员、监察员及其助理也不能加入某一政党、政治团体或运动。

第六条　中止。作为某一政党、政治团体或运动成员的公民加入第五条规定的任何机构，应中止其党员、政治团体或运动成员身份。

单独条款　在第五条规定的情况中，公民在履职前应提交关于是否为某一政党、政治团体或运动成员的宣誓声明，相应职能机构或组织将相关情况书面报告中央选举委员会及相关政党、政治团体或运动并附上该宣誓声明，这将取消该成员与政治组织的隶属关系。

第七条　单一。任何公民不得隶属于一个以上的政党、政治团体或运动。加入另一个政党、政治团体或运动，应立即放弃此前的成员身份。

第一款　政党、政治团体或运动的成员可以随时无理由退出。

第二款　仅因向政党、政治团体或运动主席提交辞呈引起的退党，应在收到之日起三十日内将其副本寄送中央选举委员会。

第三款　如果未以书面形式向政党职能机构提出辞呈，而事实上已成为其他政治组织的成员，并能通过文件和公开声明证明，应视为退出此前隶属的政党、政治团体或运动。

第八条　自动退党原因。加入其他政党、政治团体或运动，支持敌对候选人，反对所属政党推举的民选公职候选人，参加敌对政党的活动或接受其他政党推举的候选人，上述任何一种情况事先得到确认并得到当事人认可，则意味着自动放弃符合本法第七条规定条件的隶属关系。

第九条　党员注册。政党、政治团体和运动应形成一份更新的所有成员登记总册，成员名单按选区、市、省以及国外分类。另外，还应向中央选举委员会的职能部门提交登记总册副本，并知会上述机构新成员以及因任何原因导致的成员退出情况。

单独条款　成员登记应每年更新并提交中央选举委员会和各级选举委员会的相应职能部门，并包含由政党的职能机构签署的关于其成员和成员退出情况的表格。

第二节　目标、原则和职责

第十条　目标。政党、政治团体和运动是民主制度运行所必需的组织，应向国家提交其原则宣言、带领国家的政策和纲领，为教育民众作贡献，并组织开展共和国宪法和相关法律未明确禁止的其他补充性活动。

第十一条　为公民教育作贡献。政党、政治团体和运动应为民众提供道德、公民教育和公权管理等方面的培训作贡献。

单独条款　政党、政治团体和运动应向国家提交其原则宣言、带领国家的政策和纲领，组织开展共和国宪法和相关法律未明确禁止的其他补充性活动。

第十二条　原则。以下应视为政治民主运作的原则和基本价值：自由，公正，团结，多党主义，意识形态多元，遵守多数人的决定，没有歧视，政党职权中性别平等，透明，权力的更替，以民主方式获取国家政权，承认少数群体的权利。

第十三条　职责。政党、政治团体和运动的职责如下：

其一，捍卫民主、宪法和法律、国家主权和共和国独立、人权以及和平。

其二，作为国家与社会之间的协调者，有效引导民众的合法利益。

其三，推动公民加入政党组织。

其四，为其成员和公民提供政治培训和公民培训，使公民有能力承担政治责任，并推动其参与选举和国家公共机构。

其五，制定和执行政治、经济、社会计划和方案，在透明、诚实、负责、公平、工作和团结的框架内帮助解决国家问题。

其六，参与选举以行使公共权力。

其七，传播思想、协调政治活动的工具。

其八，提升公民道德和价值观。

第三节　承认、要求、章程和期限

第十四条　获得承认的条件。希望获得法人资格的政党、政治团体和运动应遵守本法规定的相应程序。

单独条款　正在组建的政治组织，在获得承认以前，应将其目标宗旨告知中央选举委员会，以保护其政治活动权，应遵守宪法、法律和中央选举委员会发布的相关规定。

第十五条　申请要求和形式。新政党、政治团体和运动的创始人应向中央选举委员会提交以下文件以证明申请并获得承认：

其一，关于政党、政治团体或运动原则、主张和方针的扼要描述，应与宪法和法律相关规定一致。

其二，包括其组织运行规范的政党、政治团体或运动章程，应与宪法和共和国法律规定的民主原则一致。

其三，提名其临时领导机构，包括一个全国临时领导机构、领导委员会或者与选举区域和省、市或全国选区相对应的委员会，以及应创始人意愿创建的其他机构。

其四，关于政党、政治团体或运动名称、口号的描述，应尽可能概括那些推动其创始人的方针，不能包括映射某个人或就过去或现在、国内或国外的实践、制度表明赞成或反对态度的名称或词语，也不能使用容易与其他政党、政治团体和运动相混淆的名称或词语。

其五，构成徽标、标志或旗帜的图形，用形状和颜色区分政党、政治团体或运动。徽标、标志或旗帜应适用与名称和口号一样的规范。另外，不得完全或部分与国徽或国旗重合，任何情况下不得带有国父或复辟者的名字。

其六，政党、政治团体或运动创始人的一份宣誓声明，拥有至少相当于最近一次总统选举有效票百分之二数量公民的签名支持，并附上那些有该党领导机构的省或市的支持者名单，名单注明支持者姓名、身份证号、选民证号和通信地址。就地方团体而言，根据其所属地理范围，数量不少于省、市或全国选区最近一次选举有效票的百分之二。上述信息应用与中央选举委员会兼容的计算机媒介提交，名单应按照区、部门、市中心、街道分类。

其七，政党应在全国选区或圣多明哥省设有总部，总部位于城区，开放并运行。政治团体或运动应在所属省的某些市或所属市拥有办公场所。政党、政治团体或运动的办公场所应只是为相应政治组织运行而设立的有形基础设施。

其八，一份创始人的声明。就政党而言，声明应确认该政党至少在每个市都有正在运作的临时领导机构；就地方政治团体或运动而言，仅需所属地理辖区相应的数据和信息。该声明应附有一份上述领导机构的清单，注明每个领导成员的姓名、通信地址、职业、身份证号、选民证号、住址和职位。

其九，政党、政治团体或运动在组建和获得承认过程中的收支预算，详细说明收到的捐款及其来源以及截止申请日所发生的费用。有权以政治组织名义募集和接收资金人员的姓名和职务，有权批准支出和管理资金人员的姓名和职务。

其十，政党、政治团体或运动每年（截至下次大选）的收支预算，应详细说明收入来源。

第十六条　申请获得承认的期限。政党、政治团体和运动获得承认的申请应至少在下次大选开始前十二个月提交给中央选举委员会。中央选举委员会将核查所包含文件、声明的真实性，如果适宜，应批准申请，并至少在选举前四个月发布裁决结果。

第一款　在选举日前的四个月中，中央选举委员会不得发布任何准许政党、政治团体或运动登记注册的决议。

虽到截止日期，但只要注册申请在本法规定的时间以规定的形式提交，且因中央选举委员会的原因导致相关决议尚未发布的政党、政治团体或运动应视为获得注册。

第二款　一个已经两次或两次以上得到承认的政党、政治团体或运动，在最近一次获得承认后因本法第七十五条至第七十七条中就丧失法人资格规定的原因而导致资格被终止的，不得批准其任何申请。

第三款　中央选举委员会应通过其决定的机制核查政党、政治团体和运动为获得承认所提交的信息的真实性。

第十七条　政党、政治团体或运动的组建。中央选举委员会收到所有必要文件后，如果发现政党、政治团体或运动的原则和宗旨与宪法和法律不冲突，它们提交的申请文件在内容上和形式上与法律规定相符，满足第十五条其六、其七和其八规定的要求，应核查办公地点，随后发布对于上述政党、政治团体或运动的承认，并联系创始人。创始人随后可继续进行正式建党进程。

第一款　相应组织将举行建党大会，大会应至少由每个有领导机构或临时领导机构的市的代表参与。

第二款　建党大会投票表决章程，选举章程规定的第一届领导机构、最终咨询机构成员。

第三款　承认决定一旦通过，中央选举委员会应正式通知申请获得承认的政党、政治团体和运动，自通知之日算起，它们将有四十五日的时间根据其章程规定的程序举行建党大会，决定与其领导架构相关的所有事宜，使之正式化、合法化。如果不能满足此要求，中央选举委员会授予的承认将失效。

第十八条　其他补充手续。一旦举行建党大会，由出席会议的代表选举产生的政党、政治团体或运动的最高领导，应向中央选举委员会送交文件，并附上经公证的建党大会的包括代表姓名、通过的协议和决议、领导人选举结果和批准后的章程全文等在内的会议文本副本或复印件。

第一款　前述文件提交后，中央选举委员会应完成对政党、政治团体或运动文件的归档，可视情况自由查阅。

第二款　政党、政治团体和运动与中央选举委员会就关于建党会议决议和章程内容产生的分歧，应由高级选举法庭在法律法规框架内裁决。

第十九条　档案更新。政党、政治团体和运动的档案应在其最高领导机构全会作出决议后三十日内报中央选举委员会更新。中央选举委员会有义务在接收相应决议后十五日内给以认证，并附上“符合法律规定”的说明。

单独条款　档案也应包括所有政党、政治团体或运动签订的与阵线、合并或联盟有关以及关于它们因本法和选举法规定的任何原因而解散事宜的文件。

第二十条　获得承认的效应。依照本法获得承认的所有政党、政治团体或运动，只要符合宪法、法律和中央选举委员会发布的规章，均可自由地采取与其组织类型相对应的行动。

单独条款　中央选举委员会应通过在其门户网站或在全国发行的报纸上发布决议，将对政党的承认公之于众。

第二十一条　法人资格。所有获得承认的政党、政治团体或运动均应被授予法人资格，相应的成为权利和义务主体，为实现自身目的开展必要或有用的符合法律规定的行动。

第一款 政党、政治团体或运动应由其最高领导机构或类似组织的最高领导人全权代表，除非职能机构根据章程定期授权与他人。

第二款 政党、政治团体和运动有权注册和专有使用其名称、标志和徽章，其他政党、政治团体和运动以及任何性质的协会或实体均不得使用。

第二十二条 徽标规章。政党、政治团体和运动的名称、标志不得采用宪法规定的国家标识、座右铭或违反道德、良好习俗、公共秩序的比喻。

第四节 权利、义务和责任

第二十三条 权利。政党、政治团体和运动的权利如下：

其一，完全自主、自由决定章程、方针、内部领导干部选举。

其二，推荐不同民选公职岗位候选人。

其三，开展拉支持者活动，向民众宣传展示自身主义、原则、纲领和关于国内国际现实问题的方案。

其四，和平反对中央和地方政府执行的公共政策，提出批评，通过宪法和法律认可的机制提出其认为合适的替代方案。

其五，在法律框架内获得公共资助以开展活动。

其六，根据相应法律规定，通过其任命的代表参与选举进程的准备、推进过程并予以监督。

其七，提出诉讼、要求、检举、反驳及其他相关法律规定的具有司法或行政性质的申诉。

其八，公平使用公共和私人传媒，不受任何形式的歧视。

其九，在相关法律框架内获取与国家职能机构和实体运行相关的信息。

其十，管理资产，获得或出让其收益，根据现行法律规定开展实现自身目标所必需的任何针对资产的合法行动。

第二十四条 义务和责任。政党、政治团体和运动负有以下义务和责任：

其一，根据宪法、现行法律以及根据本法规定批准的章程和内部规章开展活动。

其二，确保尊重和促进民众政治权利的实现。

其三，在登记注册总统和市政候选人后最多三十日内，向中央选举委员和各级选举委员会交存全国和地方执政方案。

其四，允许选举职能部门审核其活动、文件、账册和登记簿。

其五，为选举职能部门组织、推进选举进程和开展所必需活动作贡献。

其六，建立确保内部民主和各级组织中性别平等的机制，在章程中明确女性在国内外政治组织的领导机构中的比例，该比例任何情况下不得低于法律规定的比例。

其七，建立惩罚违反本法的政党、政治团体或运动的领导人、成员的机制。

其八，建立防止在任何层级和民选公职候选人和预候选人选举过程中出现欺诈的机制。

其九，尊重社会组织的发展、完整性和独立性。

其十，为捍卫宪法和法律、国家主权、国家独立、人权、公共自由、和平、自然环境和民主作贡献。

其十一，在其成员、社会和职能部门要求时，提供账目、活动信息和管理文件。

其十二，对其成员和公民进行政治培训。

其十三，参与选举以获取和行使公权力。

第二十五条　禁止。政党、政治团体和运动不得：

其一，开展可能会或已经导致镇压、否认、削弱人权、自由或宪法和法律规定的个人和社会权利。

其二，基于阶级、社会或个人条件、种族、性别、宗教、残疾、家庭关系或性取向等任何类型的歧视而纳新或开除成员。

其三，推动或赞助改变公共秩序。

其四，以暴力、威胁、胁迫、欺骗、虚假信息、贿赂或馈赠的方式影响民众，以使其支持自己的候选人、反对特定内部候选人、他党的候选人或弃选。

其五，利用信息、经济支持或其他任何性质的支持来帮助内部特定候选人或给其以特权，损害同一政治组织另一候选人或其他候选人的权利。

其六，建立具有准军事性质的政治架构，倡导在全国、地区或地方以及选举过程中使用暴力以支持特定地方或全国候选人。

其七，签署缩减、分配或分摊当选官员或其继任者任期的协议或协定。

其八，根据政党、政治团体或运动领导人的要求剥夺内部选举程序获选的合法候选人，以支持同一或其他政党、政治团体或运动的其他人。

其九，强制要求或接受扣除政府雇员、私营企业雇员的工资，即使据称是党费或自愿捐赠。

其十，为自身或所推选候选人的私利，以任何形式或任何名义使用属于任何层级国家机构的公共资产和资金，本法规定的捐赠除外。

其十一，在内部选举或一般选举中使用诋毁一个或多个候选人的人格和尊严的符号、图形、表达和机制。

其十二，在任何层级的选举中，先是支持盟友，后又推出自己的候选人参与同一个选举。

单独条款　禁止任何国家公务员或雇员向任何政党、政治团体、政治运动或任何候选人提供以任何形式或名义使用属于公共实体的资产或资金的机会。

第三章　政党、政治团体和运动的规章

第一节　规章

第二十六条　章程的起草。政党、政治团体和运动应根据宪法、本法和选举法起草其章程，不影响其他法律规制相关特定方面。

第一款　规章确定的原则旨在保障内部民主、成员平等行使权利和履行义务以及透明。

第二款　在不损害适用法律的前提下，章程构成政党、政治团体和运动的基本规范，确定内部职能机构和成员开展行动所应遵循的职权、权利和义务。

第二十七条　章程的内容。政党、政治团体和运动章程应包含：

其一，政党、政治团体或运动的全称和缩写、颜色、标志（无论是旗帜还是数字），这些均应与已有的明显不同。

其二，政党、政治团体或运动总体组织架构，明确不同领导机构的组成、组织和职权，应规定政党、政治团体或运动权力所属的会议、日常会议的召开周期。

其三，召集政党、政治团体和运动领导机构、大会、协商、选举进程、公投以及所有其他决策和管理机构的先决条件、形式和期限。

其四，政党、政治团体或运动领导机构更新和成员定期选举领导人的程序，确保成员广泛参与。

其五，政党、政治团体或运动大会或每个机构意外事件的法定人数，准确表明使将要作出的决定有效所必需的多数票的类型。

第二节　内部机构的更新

第二十八条　内部机构的更新。政党、政治团体和运动应根据其章程规定的期限定期通过民主机制更新内部领导机构的职位，任何情况下期限持续的时间不得超过宪法规定的民选公职的任期。

第一款　获得承认的政党、政治团体和运动应将更新后的全国、地区、省、市、选区和国外领导机构成员名单送中央选举委员会留存。

第二款　政治组织领导层根据各自章程产生的变动、更替或辞职，也应书面知会中央选举委员会和相应选举委员会，以便更新政党、政治团体和运动的注册文件。提交相关信息的期限为变动后三十日。

第二十九条　纳新和任命的禁止。禁止不是根据政党、政治团体或运动的职能机构的意愿及其成员根据章程的决定对于某一领导职位的任命或民选公职候选人的推选。

单独条款　纳新程序只有在本法规定的情况下才可接受。

第三节　成员的权利和义务

第三十条　成员的权利。为确保政党、政治团体和运动内部民主，其成员应享有以下权利：

其一，知情权。政党、政治团体或运动的成员有权获取关于运行、管理、计划、任务、资源管理和组织活动的信息。政党、政治团体或运动的领导机构有义务在章程规定的期限内定期向其成员发布信息。

其二，选举和被选举权。根据本法、章程和条例规定选举和被选举为任何领导职务或推选为民选公职候选人，是政党、政治团体或运动成员的基本权利。

其三，监督权。政党、政治团体和运动应保障其成员监督其领导人活动、道德行为和政治组织对资产的管理的权利，其章程应规定相应程序和成员行使该权利所应借助的监督组织。

其四，申诉权。被认为违反法律或逾越规章规范的政党、政治团体或运动的成员，在第一时间向内部机构申诉、用尽章程规定的程序后，可以向高级选举法庭提起申诉。

其五，辩护权。针对成员面对纪律法庭复审的情况，必须根据章程或现行条例的规范提起诉讼，在任何情况下都确保成员的辩护权及其在受到任何类型的惩处前提交辩护词的权利。

其六，政党、政治团体或运动在相应内部机构中按规定传讯、聆听和判决前，不得开除其成员。开除成员应根据章程规定的机制和程序记录、明确原因。在程序之外的开除应视为无效，不用执行。在当事人未出席传讯的情况下，应根据普通法和章程作出判决。

第三十一条　伦理和纪律委员会。政党、政治团体和运动应组建一个全国伦理和纪律委员会，该委员会应有省级和市级机构。该委员会负责惩处成员所犯的错误。委员会成员应由全国、省或市最高领导机构选举产生。全国伦理和纪律委员会应处理与州级或市级委员会直接相关的上诉。

单独条款 高级选举法庭是处理和裁决关于全国伦理和纪律委员会作出的决定是否违反正当程序的职能机构。

第三十二条 内部选举委员会。政党、政治团体和运动根据自律原则，应成立一个选举委员会。该委员会应在其程序中保障成员民主参与，为此，委员会应始终根据公正、客观和透明标准行动。该委员会独立管理和运行。

第三十三条 成员义务。政党、政治团体或运动成员的义务如下：

其一，遵守并执行捍卫内部民主的规范和本法规定的权利。

其二，仅为某一政党、政治团体或运动的成员。

其三，执行所属组织和政党、政治团体或运动领导机构根据其章程作出的决议。

其四，确保政党、政治团体或运动的团结一致、资产管理良好、加强内部民主和在各层级实现平等及性别平等。

其五，定期向政党、政治团体或运动报告受其委托开展的活动以及经其推选获取公职后履职的情况。

其六，以本法规定的形式将退党意愿正式告知相关机构。

其七，根据章程为所属政党、政治团体或运动提供捐赠。

第四章 政治教育

第三十四条 目标。政治教育的目标是培养公民服务国家的才能，具备履行公职的必要能力和民主信念。

单独条款 政党有义务开展政治培训，训练公民在参与国家事务方面的技能，对其成员进行意识形态教育，传播公民和爱国主义价值观。

第三十五条 政治教育制度。每个获得承认的政党、政治团体或运动应建立政治教育制度，不妨碍其内部组织机构制定学习计划和方案。

第一款 培训计划应囊括所有市级和内部机构成员。

第二款　政党、政治团体和运动的中央领导机关应每年制定一份公民、政治和选举培训和教育计划，倡导民主和制度价值观。

第三十六条　目的。政治教育制度的目的如下：

其一，在政治上教育和培训其成员。

其二，与公民意识培训合作。

其三，教育和鼓励公民主动参与政治生活。

其四，支持政党、政治运动和团体现代化，调适内部架构，制度化，调适其规范，增强管理能力。

其五，协助中央选举委员会发布选举教育计划，以提高民众对自身选举权利和义务的认识。

其六，鼓励并为党员提供正确管理不同层级国家机构和履行内部职务的一般培训和技能培训。

其七，纳入青年培训计划。

第三十七条　条例。政治和选举制度条例应适用于政党、政治运动和团体的内部组织机构。

第三十八条　资金。政治教育的资金应包括以下形式：

其一，不低于政党、政治团体和运动每年收到的公共资助百分之十比例的专项资金，执行过程中应由相应机构安排，由政治培训中心管理。在任何层级的选举年，本规定不强制执行。

其二，成员的捐赠。

其三，募捐、研讨会和出版物及其他合法活动所得。

其四，为本国和属地国承认和认可的国内国际组织、基金会和机构的捐赠。

第三十九条　出版物。政党、政治团体或运动有义务出版其章程、原则宣言、纲领、培训文件和材料等（它们是政治和选举教育制度工作的基础）并在成员中进行传播。

单独条款　每个政党应设有一个所有公众均可访问的网站，网站上应发布本条规定的事项以及其他相关文件和信息。

第五章　民选公职预选及其规章

第一节　内部预选或选举的期限

第四十条　界定。预选是一个时间段，其间，政党、政治团体和运动开展内部活动，明确民选公职预候选人。

第四十一条　内部选举活动期限。该期限是一个时间段，其间，政党、政治团体和运动应进行内部进程，以推选民选公职岗位预候选人，应在七月第一个周日启动，以推选出候选人结束。

第四十二条　关于预选开支的规章。政党、政治团体和运动预候选人内部拉选票活动产生的费用，不得超过以下限额：

其一，总统：七十多米尼加比索，由在全国选举登记处注册的选民提供。

其二，国会议员：六十多米尼加比索，由在省级或相应选区选举登记处注册的选民提供。

其三，市政：市长五十多米尼加比索，市政议员二十五多米尼加比索，由在所属辖区选举登记处注册的选民提供。

其四，市选区：选区主任一百多米尼加比索，委员二十五多米尼加比索，由在所属辖区选举登记处注册的选民提供。

第一款　中央选举委员会可根据共和国中央银行在预选开始前一年发布的通货膨胀乘数，与政党、政治团体和运动协商，调整本条规定的额度。

第二款　个人向预候选人的捐赠不得超过本条规定的限额的百分之一。

第三款　政党、政治团体和运动的预候选人在预选期间筹集的资金的结余应用于成员的政治培训计划。

第四十三条　预选期间允许的宣传。预选是一个限于政党、政治团体和运动内部的进程，因此应：

其一，候选人及其发言人受邀或主动参与新闻、广播、电视和其他传媒。

其二，只要由政党、政治团体或运动的成员和支持者参与，举办闭门会议、户到户登门拜访、集会以及其他类型的类似活动。

其三，T 恤、帽子、旗帜、徽章、贴纸、腰带等个人宣传材料的制造和使用。

其四，在早八点到晚八点之间，通过电话、传真、邮件、互联网和其他数字传媒等不同方式传播信息，广播电视除外。

第四十四条　预选期间禁止的宣传。内部预选或竞选期间，禁止：

其一，将候选人或支持他（她）的政党、政治团体或运动的颜色、标志涂绘在街道、人行道、集装箱、电线杆、树木以及其他任何公共财产上。

其二，未按照本法规定放置或未放置在政党、政治团体或运动场所的海报、广告牌、贴花、贴纸、徽章、壁画、扬声器以及其他任何公共场合的媒介。

其三，使用涂绘或不可移动的海报，除非将其放置在政党、政治运动和团体的场所和财产上。

其四，所有依据、提及或可能以消极方式理解、不尊重或反对地方、地区或全国社区原则、习俗和文化价值观的政治宣传，关于宗教、种族、性取向或其他任何违反良好社会习俗的政治宣传。

其五，损害城市美观、破坏环境和自然资源或违反市政装饰规定的宣传。

其六，通过社交网络散步负面消息，损害候选人形象，根据第 53-07 号法律第二十一条、第二十二条应受处罚的。

其七，通过各种广播电视传媒发布的广告信息进行政治宣传。

其八，以其所属或代表的公共或私人实体的名义提及或使用预候选人的形象。

第一款　不允许在未得到相应认可的传媒进行匿名宣传或出版。

第二款　中央选举委员会应通过制定条例阐述与预选期间政党、政治团体和运动的政治宣传和出版相关的一切。

第三款　违反本条应根据本法扣留政党、政治团体和运动的公共资助，以示惩罚。

第二节　推选候选人的方式

第四十五条　候选人推选流程。全国、省、市和地区民选公职候选人推选流程应根据宪法和本法进行。

第一款　初选、代表、党员、领导人大会和民意测验是政党、政治团体和运动推选候选人的方式。通过上述任一方式当选的候选人均有权根据宪法和法律在相应选举委员会注册登记。

第二款　每个政党、政治团体和运动有权决定选举民选公职候选人的选民或花名册登记的方式、方法和类型。

第三款　每个政党、政治团体和运动的职能部门根据本法决定选民或在推选候选人的流程中使用的花名册登记的类型。中央委员会、执行委员会、政治委员会、全国委员会或与这些相当的机构同样有权决定所使用的方式和方法。

第四十六条　初选的同时性。政党的初选应同时进行，中央选举委员会负责规制、组织、管理、监督和仲裁推选民选公职候选人的流程。

第一款　当政党决定通过一种不同于初选的方式推选其民选公职候选人时，应在中央选举委员会的监督和管制下进行。

第二款　如果政党决定通过初选的方式来推选其民选公职候选人，应最晚在选举年前一年十月的第一个星期日进行，其他方式应最晚在选举年前一年十月的最后一个星期日进行。

第四十七条　分配初选基金。组织政党、政治团体和运动推选民选公职候选人的初选进程所需资源，应根据政治组织的事先协议，从国家对政党的公共资助中扣除，无论中央选举委员会在物质和后勤方面的捐赠如何。

第三节　预候选人的提名

第四十八条　预候选人。决定举行预选推选民选公职候选人的政党的预候选人，应由所属政党根据本法、党章和内部条例的规定提名。

第四十九条　成为预候选人的要求。为成为政党、政治团体和运动的预候选人，需要：

其一，充分享有公民权利和政治权利。

其二，完全符合宪法和法律确立的关于其希望获得的民选公职岗位的要求。

其三，满足政党、政治团体或运动章程规定的最短党龄要求。

其四，寻求作为预候选人代表某一政党、政治团体或运动参加某项选举活动，不作为其他政党、政治团体或运动的候选人参加同一选举活动。

其五，直接或通过政党、政治团体或运动的领导成员向中央选举委员会提交由国内认可的实验室出具的血液或尿液中没有精神药物成分的书面证明，证明的有效期最长不超过候选人注册前三个月。

第五十条　预候选人在中央选举委员会的注册。在每个政党决定的民选公职候选人初选举行之日的四十五日前，应以书面形式向中央选举委员会提交盖有该政治组织印章的参与初选的预候选人的完整名单，名单应包括：

其一，姓名和绰号（如有）。

其二，身份证明和选举证。

其三，希望参选的职位或岗位。

其四，住址。

其五，所有预候选人的电子照片。

其六，电话和邮箱。

单独条款　政党高层领导或职能机构根据条例规定决定是否向民选公职候选人申请者提供配额或经济捐赠，以有权注册。

第四节　候选人审查

第五十一条　审查。中央选举委员会应在决定举行初选的政党的参与下，完成审查，进而宣布那些获得多数票的成为候选人。

第一款　最终选票结果统计应在进行投票活动后五日内宣布，当选候选人应在关于最终结果的官方公报发布后五日内宣布。除非相关投入较多，政党有义务接受上述公告。

第二款　在不影响本法第五十条、第五十二条和第五十六条规定的情况下，当选候选人应为在同一初选获得多数票的预候选人。

第六章　候选人的注册、登记、顺序和候补

第一节　候选人的注册登记

第五十二条　候选人在中央选举委员的注册。在不损害本法和现行选举法规定的前提下，每个政党、政治团体或运动应在举行其内部选举程序后最多十五个工作日内，书面向中央选举委员会注册其推选的所有民选公职候选人的名单，以参加由中央选举委员会召集的总统、议会或市政选举。候选人名单应包含：

其一，姓名，绰号（如果有）；

其二，身份证和选民证；

其三，提名的民选公职职位；

其四，通信和居住地址；

其五，所有候选人的电子照片；

其六，电话和电子邮件，如果有的话。

单独条款　政党、政治团体和运动应使用中央选举委员会自动系统的格式存储要在中央选举委员会和各级选举委员会注册的候选人的信息。

第五十三条　性别比例。推选民选公职候选人的形式和机制应始终遵守本法确定的男女选举职位的比例。

第一款　中央选举委员会和其他选举委员会不得批准某一性别少于百分之四十或多于百分之六十的民选公职候选人名单。

第二款　在不履行该义务的情况下，中央选举委员会和其他选举委员会应将上述名单退回相应政党、政治团体或运动，以便其在七十二小时的期限

内满足本法要求。不得批准选区内未满足本法要求的政党、政治团体和运动的推荐，并应宣布政党、政治团体或运动在该选区推荐的候选人无效。

第五十四条　青年人的比例。每个政党、政治团体或运动应在其全国选举候选人提名中推荐百分之十的小于三十五岁的青年。

第一款　中央选举委员会不得批准青年少于百分之十的全国选举候选人名单。

第二款　在不履行该义务的情况下，中央选举委员会应将上述名单退回相应政党、政治团体或运动，以便其在七十二小时的期限内满足本法要求；不得批准未满足本法律要求的政党、政治团体和运动的全国选举候选人名单，应宣布政党、政治团体或运动在该选区推荐的候选人无效。

第五十五条　候选人的注册登记。政党、政治团体和运动通过不违反本法规定的内部多数票程序推选的民选公职候选人，应在中央选举委员会或其他选举委员会注册登记。相应地，应同样遵守本法规定的政党、政治团体和运动的高层领导最多占推选的候选人百分之二十的条件。

第五十六条　替换候选人的限制。所有通过本法规定的内部选举程序的一种形式合法当选的候选人，不得通过其所属政党、政治团体或运动的内部机制替换。除非候选人正式放弃获得的权利，或被证实严重违反宪法或本法规定，或被具有不可撤销判决权的法官定罪，判决应实现知会中央选举委员会、获得其授权，并始终遵守正当程序。

第一款　需要替代女性候选人的，只能根据其所属的政党、政治团体或运动的内部机制开展，并严格遵守本法第五十三条的规定。

第二款　议员、行政管理职位的候选人及其候补以及市辖区的议员候选人，应根据内部推选程序的结果排序，正式提交中央选举委员会或其他选举委员会；同样的标准应适用于制作相应的选票。

第二节　候选人的顺序和资格预留

第五十七条　联盟或合并情况下候选人资格预留。为某一政党、政治团体或运动分配或预留的该党或作为选举联盟或合并结果的其他政党、政治团体或运动的领导人候选人，至少在选举民选公职候选人的相应预选前三十日，方有效。

第一款　所有移交同一政党领导人的民选公职候选人，或在为政党、政治团体和运动高层预留份额的百分之二十以内与其他政党、政治团体和运动或政党联盟商定的候选人，应获得每个协议所涉政治组织最高集体领导机构的批准，一经移交或商定，不得计入相应选区预选候选人人数。

第二款　关于同一政党内指派或政党、政治团体和运动之间商定或政党联盟的候选人的决定，应遵守本法第五十五条的规定。

第三款　决定与其他政治力量结盟的所有政党、政治团体或运动，均有义务在协议中明确联盟推举的候选人，以便准确确定联盟中每个组织代表的层次。

第四款　联合在一起的政党、政治团体和运动，应在选票中各自方格中单独列出。从这个意义上说，应根据联盟中每个政党获得的选票来计票，即使称为“共同候选人”，也应核实每个政党相应方格中的标记。

第五十八条　预留的比例。所有政党、政治团体或运动的最高集体领导机构，在宪法和本法确定的框架内，经其成员批准，有权出于组织利益预留包括移交给同一组织的领导人或与其他政党、政治团体或运动协议、结盟或合并在内的职位，民选公职候选人数量最多相当于宪法和其他相关法律规定的参议员、众议员和市辖区市长、议员、主任、副主任和成员等职位提名数的百分之二十。

第一款　在为政党、政治团体和运动的高层预留的百分之二十份额内推选出的候选人，不再参与其内部举行的推选参加大选的候选人的相应程序。

第二款　为政党、政治团体和运动的高层预留的百分之二十份额的民选公职候选人，应在中央选举委员会注册登记，满足与通过内部程序推选出的候选人一样的条件。

第三款　政治组织的最高集体领导机构应在预选正式开始前至少十五日，公开为其高层领导预留的百分之二十候选人的职务、竞选职位和所在选区，并以书面形式知会中央选举委员会。

第四款　来自同一政党或通过为政党、政治团体和运动的高层预留的百分之二十份额这一框架产生的民选公职候选人，不再参与其内部举行的推选参加大选的候选人的相应程序。

第七章　政党、政治团体和运动的资产、经费与基金监督

第一节　资　产

第五十九条　资产。政党、政治团体和运动的资产包括其章程核准（不违反本法）的个人捐赠、财产和资源以及通过组织的资金获取的动产和不动产。上述资产将与根据本法和现行选举法规定的形式和比例分配的国家资助相结合。

第一款　政党、政治团体和运动从国家及其任何部委、附属机构、自治机构或分权机构以及市政府或其附属实体或国有企业、私人企业、外资企业获得的任何其他形式的直接或间接资助均为非法。

第二款　禁止政党、政治团体和运动及其领导干部、成员或相关人员接受任何国家职能机构、市政府或中央选举委员会的捐赠、礼物或由其支付政治活动费用。

第三款　禁止使用包括市政府在内的国家职能机构的公共资源，以任何形式资助或支持非正式选举筹资活动（包括那些政党、政治团体和运动的机构在任何层级的预选和选举期间举办的建筑工程落成典礼）。

第四款　中央选举委员会有权监管并在必要时主动或应利害相关方申请取消任何政党、政治团体和运动代理人的违规操作，有权临时扣押任何财产或采取任何预防措施，有权立即叫停任何对国家资源和资料的违规使用，行使该职权时可以获得执法机构的帮助。

第六十条　自有收入。政党、政治团体和运动有权借助收取党费或举办

活动、银行贷款、抽奖、晚宴、派对、出售债券、遗赠和其他合法活动获得收入，以维持其活动。

单独条款　信贷机构的贷款和其他优惠应获得政党、政治团体是运动最高权力机构批的准，且不会损害其独立性。

第六十一条　国家经济资源的分配。国家给予政党、政治团体或运动的经济资助的分配应依据以下标准：

其一，百分之八十在在最近一次选举中获得百分之五以上有效选票的政党之间平均分配。

其二，百分之十二在在最近一次选举中获得百分之一以上且百分之五以下有效选票的政党之间分配。

其三，百分之八在在最近一次选举中获得百分之零点零一以上百分之一以下有效选票的政党之间分配。

第六十二条　国家资源的使用。政党、政治团体和运动获得的国家资源应通过以下方式使用：

其一，应有不少于百分之十用于本法第三十八条规定的教育培训。

其二，百分之五十用于政治组织日常管理（支付人员报酬、租金、服务费和其他费用）。

其三，百分之四十按比例用于支持参加全国范围内的民选公职选举的候选人。

第一款　在不举行政党领导人、民选公职候选人初选和选举的年份，本条其三涉及的资源应根据政党的义务分配。

第二款　在每年二月的前十日，那些被剥夺了该权益又想获得公共资助的政党、政治团体和运动，应提交一份未分列的总预算，预算中应包括年度计划开展的项目。

第六十三条　捐赠。政党、政治团体和运动可以接受自然人资助的活动经费，应提供一份捐赠人名单以便根据第200-04号法律关于自由获取信息的规定在网站公布。

第一款　政党、政治团体和运动获得的个人捐赠不得超过其获得的最高资助的百分之一。

第二款　通过网络和社会网格的捐赠应包含在捐赠人名单中并始终明确其来源。

第六十四条　非法捐赠。以下对政党、政治团体和运动的捐赠应被视为非法：

其一，任何公法法人，法律指定的国家资助除外。

其二，在国内没有固定办工场所或寓所的外国政府和机构的捐赠，政党、政治团体或运动最高权力机构批准的外国学术研究组织提供的用于合法政治培训的除外。

其三，来自与非法活动有关联的自然人或法人的捐赠。

其四，无法确定来源的捐赠。

其五，信贷和非信贷机构的贷款或其他让与物以及其他可能危及政党独立性的活动，政党最高权力机构事先批准的特定项目除外。

其六，来自本条其一、其二、其三、其四自然人或法人的实物、服务或免税。

其七，成员在上级强迫下的捐赠。

第二节　资金的监管

第六十五条　构成。政党、政治团体和运动的合法资源应由国家指派给政党、政治团体和运动的公共资源以及这些实体根据本法和现行选举法规定吸引的私人资源构成。

第六十六条　监管。对于第六十一条涉及的资源的监管，应由一个独立于中央选举委员会的专门监督政党、政治团体和运动财务的机构负责。

第六十七条　职责。中央选举委员会政党、政治团体和运动财务专门监督机构的职责包括：

其一，核验政党、政治团体和运动满足获取公共选举资助必要法律条件的情况。

其二，检查政党、政治团体和运动内部关于监督其财务的制度是否运转。

其三，监督政党、政治团体和运动提交的年度预算中资金的分配，以便其根据本法关于预算的规定使用。为此，中央选举委员会政党、政治团体和运动财务专门监督机构应与每个政党的内部财务监督机构合作。

其四，制定政党、政治团体和运动以及候选人预选费用报告的规范、程式和数量管理目录。

其五，现行选举法或关于公共资金使用和预防洗钱的法律规定的其他职责。

单独条款　中央选举委员会应通过规章确立用以确保对于政党、政治团体和运动财务进行有效监管的相宜补充规定。

第六十八条　提交报告。政党、政治运动和团体应在不妨碍现行选举法规定的前提下，每年向中央选举委员会提交详细收支清单，直到相应年度预算结束六个月。

单独条款　如果政党、政治团体或运动未在规定时间内提交本条涉及的年度报告，中央选举委员会不得代管特定政党、政治团体或运动的款项。因未履行本条规定而停发的资金应退还国库。

第六十九条　监管机制。政党、政治团体和运动有义务采用以下监管机制：

其一，根据法律认可的原则创制和维护一套会计制度，反映政党、政治团体或运动的收支变动，对受到的经济捐赠的性质进行登记。

其二，保留包含捐赠人姓名、身份证、选民证、住址和捐赠金额等内容的捐赠人登记簿。中央选举委员会应根据其制定的相关规定每年或在适当的时候审阅该登记簿。

其三，无论是否选举年，任命一名负责管理公共资金和私人资助的司库或财务秘书。

单独条款　任何政党、政治团体或运动对本条规定的违反，将构成其接受根据相关政党公共资助法律规定的公共资金的直接障碍。

第七十条　监管机构。中央选举委员会有责任在收到政党、政治团体和运动提交的经济报告后的六个月内宣布是否接受该报告。如果中央选举委员会在规定的时段内没有对上述经济报告作出回应，则该经济报告被视为良好和有效。

单独条款　政党提交的报告应由中央选举委员会全文发布在其门户网站上，报告的摘要刊登在全国发行的报纸上。政党、政治团体或运动未提交报告的，中央选举委员会不得恢复其公共资助。

第七十一条　会计制度。会计制度应设置授权程序和监督制度，旨在保证对所有与经济事务相关的行为和文件进行及时跟踪和登记，并以常规方式保存由财务会计专门机构草签并盖章的账簿和文件。

第一款　每个政党、政治团体或运动应有详细的会计账簿，以便在所有情况下了解其财务和资产状况以及完成本法规定的义务的情况。

同样，应有日记账和所有选举职能部门认为更好运作所需的其他账簿。上述账簿应在所有情况和时刻反映政治组织的收支变动。

第二款　资产清单和结算账目应根据公认的会计原则包含：

其一，收入账户应至少注明以下类型的收入：

（1）来自公共资助的收入；

（2）来自本法规定的捐赠和捐助的收入；

（3）来自政党、政治团体或运动开展的活动的收入；

（4）来自候选人贡献的收入。

其二，捐赠人的登记，应包含捐赠人的姓名、身份证、选民证、住址和捐赠及贡献金额。

其三，有税务收据证明的费用账户，如果没有税务收据证明，则提供预先编号的打印收据，说明支出受益人的姓名、身份证和地址。政党的日常开支应至少注明以下类型的支出：

（1）人事费用；

（2）获得商品和服务的费用；

（3）财务费用；

（4）政治组织相应活动的费用；

（5）其他行政费用。

其四，资本运作账户与以下相关：

（1）信贷或贷款；

（2）投资。

第七十二条　公共资助的发放限制。政党、政治团体和运动有下列违法行为时，在不违反其他适用法律规定的情况下，不得接受公共资助的份额或款项：

其一，接受本法禁止的捐赠。

其二，未遵守本法第六十六、第六十七、第六十八和第六十九条关于监管机构和机制，以及公开和会计制度的规定。

其三，出现本法不允许的费用和投资。

其四，未遵守本法第七十一条的规定。

第七十三条　单一账户。应创建单一账户，该账户应由司库或财务秘书与主席或政党、政治团体或运动章程中明确的任何其他人管理。国家指定用于资助竞选活动的公共资助和符合规定的私人捐赠将汇入该账户。

第七十四条　准许开支。选举年和选举年前一年的年度资金可用于：

其一，竞选活动，如广告、宣传、选举调研、投票管理和监督计划的实施、办公地、政策的宣传印刷、消耗性材料、人员费或选举能力培训等服务费。

其二，通信、交通和运输费用。

其三，开展预选和竞选活动所需的符合选举法、本法和中央选举委员会与各政党、政治团体和运动合作发布的决议等相关规定的所有其他费用。

第八章　政党、政治团体和运动的解散与法人资格的丧失

第七十五条　法人资格丧失的原因。中央选举委员会将鉴于以下原因，通过决议宣告取消政党、政治团体或运动的法人资格，命令其封好文件并存

放在上述机构的档案室：

其一，在最近一次全国普通选举、总统选举、国会选举或同一选举周期的市政选举或选区选举中未获得百分之一有效票。

其二，在最近一次大选中未获得国会或市议会席位。

其三，接连未参加中央选举委员会组织的大选，或虽参加选举但未获得本条其一规定比例的有效票。

其四，根据政党、政治团体或运动章程有关规定，由党内相应组织批准自愿解散。

其五，根据现行选举法律与某一或多个政党合并。

其六，结盟时，政治组织在联盟中提出的候选人未赢得竞选职位也未获得本条其一规定比例的有效票。

第七十六条　自愿解散。自愿解散一个政党、政治团体或运动的所有决议，应由该政治组织全国领导人或委任的代表第一时间知会中央选举委员会，报送相应决议的模本或职能官员核准的复印件。

单独条款　中央选举委员会在核实政党、政治团体或运动提交的文件的规范性后，应发布决议宣布政党、政治团体或运动解散，并命令其在将提交的文件归档后，封存文件。

第七十七条　解散清算。当一个政党、政治团体或运动解散时，其资产应在中央选举委员会的监督下根据其章程或组建文件有关规定进行清算，政党合并的情况除外。

第九章　处　罚

第七十八条　处罚。政党、政治团体和运动或任何其他自然人、公法法人或私法法人，在不妨碍其他适用法律的情况下，如果违反本法规定，应受到以下处罚：

其一，对违反本法第二十五条其一至其十一中一项或多项的政党、政治团体和运动，处以相当于公共部门现行最低工资百分之五十至百分之一百的罚款。

其二，对违反本法第二十五条其一至其十一的政党、政治团体和运动，处以相当于公共部门现行最低工资百分之一百至百分之二百的罚款，并在作出不可撤销的判决后的六个月内丧失获得公共资助的权利。

其三，政治组织、自然人或法人的代表，将政党资源不当挪用于现行法律规定和政党、政治团体和运动集体领导机构作出的规定以外的用途，处以相当于公共部门现行最低工资百分之一百至百分之二百的罚款，并根据多米尼加刑法关于违反信托的规定判处有期徒刑。

其四，候选人、政党、政治团体和运动以及负责的自然人或法人接受非法资助，在不妨碍其他法律规定的处罚情况下，应处以相当于非法所得两倍的罚款。

其五，违反本法第五十条、第五十三条、第五十四条、第五十五条和五十六条的，中央选举委员会应责令违规的政党、政治团体或运动在一定期限内整顿。如果政党、政治团体或运动不遵守中央选举委员会的决定，不得接受政党、政治团体或运动提交的名单。

其六，对违反本法第二十五条其八规定的政党、政治团体和运动的领导干部、党员，处以相当于公共部门现行最低工资百分之二十至百分之五十的罚款，监禁三个月至六个月，在根据不可撤销的判决被定罪后，取消随后的一次选举中的民选公职候选人资格。

其七，对违反本法第二十五条的国家公务员或雇员，处以相当于公共部门现行最低工资百分之五十至百分之一百的罚款，监禁六个月至一年，并在根据不可撤销的判决被定罪后，取消随后的两次选举中的民选公职候选人资格。

其八，在官方正式开启竞选和预选前开始竞选活动的候选人，应受到不予受理其候选人资格申请的处罚。中央选举委员会应负责执行本规定。

第七十九条　党员的处罚。适用于政党、政治团体和运动成员的处罚如下：

其一，将政党资源非法用于党的组织机构制定的常规用途之外的党员，应根据多米尼加刑法的规定受到处罚。

其二，违反本法的政党、政治团体和运动的干部、成员，应受到相应处罚，即使其声称根据政党、政治团体或运动或其领导机构的指令开展这些行动。

其三，为赢得政治组织内部选举职位或总统、国会或市政等各级民选公职，而进行选举舞弊的党员和干部，除了舞弊时期，还应至少一个选举周期里，被取消担任选举职位的资格。

其四，经证明故意有本法第八条规定的双重党籍的，应处以五年内取消竞选公职的资格的处罚。

第八十条　其他处罚。非政党、政治团体和运动或上述组织成员的自然人或法人，违反本法规定的，在不影响其他法律及适用处罚的情况下，应根据情节严重程度处以相当于公共部门现行最低工资百分之五至百分之一百的罚款。

第八十一条　高级选举法庭的职责。高级选举法庭在不影响行使司法权的刑事法庭职责范围内的事务或违法行为的情况下，通过中央选举委员会的呈件或相关方的授权，负责判决违反本法的行为。在形成司法呈件的情况下，中央选举委员会应予跟进，并在法律上代表原告。

第十章　一般、废除和最终条款

第八十二条　本法的实施。本法的实施由中央选举委员会负责。

第八十三条　废除。本法废止或替代与本法相悖的规定。

第八十四条　有效性。本法自发布之日起生效，并根据共和国宪法规定，在共和国民法典规定的截止日期之后出版。

（靳呈伟　译校）

厄瓜多尔政党法汇编[①]

第一篇

第一条　本法管理政党的组建、活动及消亡，并根据其经过合法程序获得批准的规章，保障其自由和自主运行。

第二条　政党应遵守现行宪法和法律，有责任响应人民主权的表达、尊重现役武装部队和国民警察非协商性的特点，不得组建准军事组织。

第三条　政党为政治信仰组织，由为参与国家生活而自由联合在一起的人组成。

构成民主制度的基本要素：应表达并引导人民的政治意愿，鼓励公民积极正当参与，培训其成员参与公共生活的能力，推选优秀人才行使公共权力。

为了让一个政党能够获得合法认可并参与国家公共生活，应拥有具有特性的理论原则，提出一个符合民主制度的政治行动纲领，在全国范围内形成组织，并且拥有符合本法规定的成员人数。

第四条　获得合法认可的政党为私法主体，能够根据普通法执行决议和协议。此外还具有行使本法认可的权利的政治代理权。

第五条　政党名称应具体化而非含糊其词，因而应区别于其他政党。不

---

① 根据厄瓜多尔 2000 年政党法汇编译出。本法律名称为 Codificación de la Ley de Partidos Polítios，其中 codificación 有法典编纂法律汇编、编码等多种意思，译文采用“汇编”，但这不等同于说本法为多部法律的合集。特此说明。

可有敌对意味，也不能把国家名称作为唯一修饰语。

政党的标志、徽章或记号不能为厄瓜多尔的国徽、旗帜，也不能是相同的颜色。

决不认可任何不符合本条规定的政党。

第六条　政党的行为不得服从外国或境外组织的法令。该禁令并非阻止政党参加国际组织、参与会议以及签署申明，只要不侵犯厄瓜多尔的国家主权和独立或者并非促进推翻正当成立的政府组织。

第七条　保证公民自由参加或不参加政党的权利。

所有年满十八岁的厄瓜多尔公民都能够加入政党。现役武装部队和国民警察成员、任何宗教的信仰者或教职人员以及叛国者在等同于两倍判决时间内不得参加政党。

禁止加入一个以上政党。加入新政党意味着退出上一个政党。

加入超过一个政党的公民将丧失公民权利一年。

第八条　政党在接纳党员时，不得因种族、性别、宗教信仰、文化、社会或经济状况方面的原因进行区别对待。

第二篇　合法认可

第九条　应保证在本法规定的条件下成立并参加政党的权利。政党应享有国家对其组织和运行的保护。

政党得到最高选举法院的认可并进行相关登记后开始从事法律活动。只有得到合法认可的政党才享有本法规定的保护。

第十条　意图成立政党的政治运动或进行联合的公民应通过代表向最高选举法院递交一份申请，并附上如下材料：

其一，政党成立公证书；

其二，思想原则宣言；

其三，包含准备实施的基本行动等内容的执政纲领；

其四，章程；

其五，标志、缩写、徽章和记号；

其六，领导机关名单；

其七，成员注册人数不得低于最近登记的选民的百分之一点五；

其八，符合本法第十二条规定，证明具有全国性组织的特点。

第十一条　任何伪造或篡改上一条其七中所提及材料的责任人，应被判处二年到五年监禁。为此，最高选举法院应通知相应区域的刑事法官，从而启动相应审判。

如果成员目录册上至少有百分之五的人数属于死亡、不存在或并非为成员，又或者介入伪造或变造文件的恶劣事件中，该政党将被拒绝承认，同时并不影响进行上一段规定的惩处。

第十二条　申请认可的政党应具备一个全国组织，范围至少涵盖十个省，其中两个省应在三个人口最多的省的行列。

第十三条　进行党员登记注册应向最高法院递交由政党秘书证明的党员目录册副本，应包含以下信息：姓名、身份证号码、入党日期、党员住址、党员签名。登记可以应最高选举法院的要求由民事登记、鉴别和证明总局核实。

最高选举法院应采取必要措施，防止政党申请认可时递交的文件尤其是党员目录册被公安部门或任何其他人使用或复制。党员目录册或复印件应在法院对递交的认可申请作出决议后归还政党。

第十四条　收到申请后，最高选举法院应在三十日内审查提交的文件，核实是否符合第十条规定的要求，以及所注明的信息是否属实。在同意申请的情况下，应当在基多、瓜亚基尔和昆卡出版发行量最大的日报上发布相应摘要。

第十五条　任何政党如认为所进行的登记申请违反法律规定，可以自摘要发布之日起十五日内提出上诉。

第十六条　上一条所述的十五日期限到期时，最高选举法院应听取各方意见并有权要求递交其认为相关的文件，在十五日之内宣布关于该登记申请的判决。确定的决议应通知提交申请的政治团体的代表以及反对者（如有）。

同意认可的情况下，执行判决。拒绝认可的情况下，相关方可以向同一机构申请重新审议，其决议为最终判决。最终判决应刊登在官方公报上。

第十七条　希望能参加选举的政党，应在选举开始六个月前获得认可。

该规定不适用于由现有其他政党合并而成的政党。

第十八条　一个政党可以加入另外一个政党，两个或者更多的政党可以合并。前一种情况下，加入他党的政党消亡，而接纳政党继续存在。在第二种情况下，诞生一个新政党，参加合并的既有政党消亡。

合并而成的新党可以挑选一个新名称或沿用参加合并的政党的任一名称。在符合本法规定的条件下可以自由决定关于新政治组织组建的所有材料。

决定并入或合并的政党应通过为此召开的专门全国会议作出决议。

针对政党合并的情况，最高选举法院应在适当时根据本法第十条所规定的内容对新政治组织进行认可。

第十九条　并入或合并政党的党员，除非通过书面说明明确表达不愿意成为其中一员的意愿，应被认为是新政治组织的成员。

第三篇　组　织

第二十条　根据法律规定，政党有权自由制定和修改章程、条例以及关于其组织和运行的一般规范。这些规章一旦获得通过，其规定必须得到严格遵守。

这些规章应包含大会、领导机构以及纪律和监督委员会的组成和职权。

此外，应制定各种支持机构的会议和更新周期。

第二十一条　监督委员会成员应每年发布一份关于司库制作财务账目形式的分析报告，该报告应得到负责审查政党规章的机构的认可和同意。

第二十二条　对政党章程的改革、常设高级领导机关的轮替应自确定决议起的八日内知会最高选举法院。

第二十三条　一个政党的最高领导人和常设高级领导机关成员的任期为

两年。最高领导人可以有一次再次当选的机会，经过一段时间之后，执行另外两年的任期。

第二十四条　一个政党的最高领导人，无论其称谓如何，都具有法律、司法和法律外代表的职能。

第二十五条　如果一个政党发生分裂并出现两个领导人，由最高选举法院决定哪个党派合法。为此，每个党派都应在三十日内递交证明和辩护词，最高选举法院也可以要求其他材料。最高选举法院应在十五日内公布决议。

最高选举法院的决议为最终判决。未被认可的党派不能全部或部分使用原有政党名称，也不能在其基础上进行添加。坚持不正当使用政党名称或企图代表政党的领导人将被判处十日至三十日的监禁，并处以五千苏克雷至一万苏克雷的罚款。

第四篇　特　权

第二十七条　政党在最高选举法院登记过的名称、标志和其他记号具有专属权，均不能被任何其他政治组织（无论是否获得认可）使用。

违反本条规定的组织的领导人将被判处十日至三十日的监禁，并处以五千苏克雷至一万苏克雷的罚款。

第二十八条　“党”这一名称只能由符合本法要求并得到最高选举法院承认的组织使用。

违反本条规定的组织的领导人将被判处十日至三十日的监禁，并处以五千苏克雷至一万苏克雷的罚款。

第二十九条　政党享有传播自己主张和纲领以及为增强组织性而采取行动的自由。政府根据其要求给予全力支持，接受其申请由国民警察提供保护。

第三十条　政党应能自由使用社交媒体。媒体对政党所发布或传播的公告和宣传的收费标准不能超过普通商业广告的固定收费。

违反本条规定的媒体将处以等同于三倍已收费用的罚款，并归还超额收取的费用。

第三十一条　获得合法认可的政党可以推荐或支持民选公职候选人。

只要符合宪法以及法律规定的要求，非政党成员或没有政党支持的公民也可作为候选人参选。

现役公共部队的成员不能成为任何民选公职的候选人。

第三十二条　政党不支付财政税、市政税或因不动产购置、转让而产生的特殊税费。其投资获得的收益也不产生税收费用。

第三十三条　禁止任何限制公民参加政党的行为。

公务员以及公共或私人工作者，不能因为参加某个政党、担任领导职务或传播其思想的行为而遭受同态复仇或隔离排斥。但是，禁止其利用职务之便或工作时间进行党派拉拢行为。

根据宪法，国家向其公民承认并保证不会发生由于政治背景而引起的歧视，并且有权保留各自的政治信仰。

所有公民都有义务和责任诚实而透明地参与国家政治生活。

第五篇

第三十四条　一个政党的注册取消意味着政党消亡以及其权益和本法特殊保护的丧失，不能重新申请认可。

第三十五条　一个政党可能因为如下原因而消亡并取消注册：

其一，根据其章程自由和自愿决定；

其二，并入另外一个政党或合并；

其三，在连续两次全国多人制选举中未获得百分之五的最低有效选票数；

其四，至少在十省中未参加任何多人制选举活动；

其五，成立准军事组织或不尊重现役武装部队和国民警察成员的非协商性特点。

第三十六条　最高选举法院宣布某一政党的消亡。

第三十七条　每一个政党应按照本法第三十一条规定的方式参加多人制选举，或不受任何限制地与其他政党联盟，并参加至少十个省的选举，其中两省应在人口最多的三省行列。

为计算第三十五条其三中提及的选票商数，仅需考虑多人制选举。将指定的之前的全国选举中该党得到的所有票数相加进行选票商数的计算。结果除以上述全国选举获得的有效选票总数，当商数值没有达到零点零五时，政党宣告消亡。

为了应用本法第三十五条其三项中提及的商数，在多人联盟的情况下，联盟政党取得的票数，根据先前成立联盟时的百分比比例除以上述选举结果，需要注意的是联盟政党必须在一个文件内登记代表每一个政党的候选人及人数。

在共和国总统和副总统以及市长和省长的单人制选举中，政党可在适当的情况下不受任何限制形成联盟。

第三十八条　在第三十五条其一和其二所述的情况中，最高选举法院在核实政党按照本法规定和党章所作出的决定之后，取消政党的注册并宣布其消亡。

在第三十五条其三和其四所述的情况中，最高选举法院充当公诉人或者应任何公民的诉讼，取消政党的注册。

在第三十五条其五所规定的情况下，宪法法院有必要在判决前宣布已经产生了该违反法律的行为。在肯定判决的情况下，最高选举法院应取消政党注册并宣布其消亡。

第三十九条　除去因第三十五条其一和其二指出的原因导致的政党被取消注册并消亡外，最高选举法院有义务通知相关政党，并启动相应手续。该政党在六十日内可以提交其认为适当的证明和辩护词。

第四十条　一个政党的注册取消和消亡宣告将发布在官方公报上并通过社交媒体进行传播。

第四十一条　当一个政党因为第三十五条其二指出的原因消亡时，其财产将构成新政治组织的财富。

如果是因为第三十五条其一所提及的原因消亡，除非其章程作出相反规定，政党的财产将被转用于扩充由最高选举法院负责的常设政党基金。如果是因为其五指出的原因消亡，其所有财产必须存入常设政党基金。

第六篇

第四十二条　在本法规定的限制内，应保障政党组织会议、公共示威或游行的权利。

第四十三条　只要尊重人民声誉、公共道德并且遵守法律，政党享有通过社交媒体或其他渠道进行理论、政治和选举宣传的自由。

第四十四条　所有进行政治宣传的印刷品，无论是书本、刊物、海报还是其他类似形式，均应带有印刷厂的落款。不符合本规定的宣传物将被没收。

第四十五条　发行或传播不符合上述两条规定的出版物的公司的代表，将按照选举费用控制和选举宣传组织法规定受到制处罚。

第四十六条　除非政治原因，如在社交媒体面前对其他人发表人身攻击或毁坏名誉的宣传或言论，当事人可以要求一次免费的纠正声明。在认为必要的情况下，求助相关省级选举法院进行维权。

第四十七条　禁止排他性政治宣传合同。只有已成为一个政党财产的社交媒体才能够拒绝接受对其他政治组织的宣传。

第四十八条　除非事前经过共同商定，否则不可以有两个或更多政党在同一地点、日期和时间进行公共示威或游行。

第四十九条　公共游行或示威需要得到最高警长（在省会）、国民警察局长（在市区）、政治中尉（在地区）的批准。区域内政党会议及竞选联盟不需要任何授权，但需要向上述权力机关进行事先报备。

第五十条　针对上一条内容，政党或竞选联盟的全国或部门领导人，根据不同情况，至少在公共示威或游行日期的四十八小时前以书面形式向相关职能部门通报其时间、地点、线路和目标。

第五十一条　政府部门只能以此前已经批准另一场拟在同一日期、地点和时间举行的示威为由拒绝示威申请，但应根据申请人意愿立即安排另一个日期和时间。

已递交过申请的政党或竞选联盟有权优先举行公共游行或示威。

政府部门应在申请提交后的二十四小时内作出决定。

第五十二条　如果申请方认为政府部门所作出的决定违法，可以求助于相关省级选举法院。省选举法院在找到反对证据的情况下，将请求政府部门修正其决议，如果得到否决，则向最高选举法院申请撤销。

省级法院应在三日内解决上一段提及的申诉，最高法院应在八日内处理关于撤销相关职能部门决议的事宜。

第五十三条　政府职能部门和国民警察应保证得到合法授权的集会和游行有序开展。

第五十四条　禁止反示威活动。其组织者应被判处一个月到六个月的监禁以及一千苏克雷至五千苏克雷的罚款。任何参与者在不影响相应刑事诉讼的情况下，应被判处二日到七日的监禁及一百苏克雷至一千苏克雷的罚款。

第五十五条　任何人利用职务之便强迫他人进行以下行为：加入特定的政治团体，参加示威或游行，给某一候选人投票或提供金钱资助，应被处以一千至一万苏克雷的罚款。如违法者为公务人员，应立即罢免其职务。

第五十六条　禁止在院校内进行政治宣讲；违者应被处以两百苏克雷至一万苏克雷的罚款并被罢免职务。

第七篇　资　金

第五十七条　政党的财产包括党员贡献、国家补助、投资收益和支持者的捐赠或遗赠。

政党成员有义务定期缴纳党费。

只有在全国多人制选举中获得的有效选票商数不低于零点零四的政党才

有权接受国家资助。

第五十八条　禁止政党直接或间接接受受雇于国家的自然人或法人以及外国企业、组织机构或政府的经济资助。不受该限制的人员可以向政党提供捐赠，但是应在一个强制设立的专门账目中进行登记。最高选举法院可以对相应登记进行检查并在其认为适当的时候命令进行公布。

违反本条规定的捐赠人和受赠人应被处以相当于非法资助金额两倍的罚款。

第五十九条　国家为政党提供资助并为此设立常设基金。国家总预算中每年均应包含一个金额相当于财政固定支出千分之零点五的预算项目。

最高选举法院应通过以下方式在具有资格的政党中进行资助分配：百分之六十平均分给每一个政党，百分之四十根据其在最近的全国多人制选举中获得的票数按比例分配。

第六十条　在选举年，国家总预算中应包含另一个金额相当于财政固定支出千分之零点五的预算项目，用于政党选举开支。最高选举法院应按照全国多人制选举中各政党获得的票数按比例分配给有资格的政党。

第六十一条　最高选举法院在分配上述两条中所述的资金时应采用第三十七条第二段中的商数。

第六十二条　政党司库有义务设立由一名联邦会计签名的账簿以及一本详细罗列所有财产的清单簿。所有文件和凭证均应妥善整理，按日期编排成册，并且自记录之日起至少保存五年。

国家对政党的资助应登记在一个单独的账簿中。应每年向最高选举法院提交用资报告。

第八篇　一般规定

第六十三条　本法由最高选举法院实施，最高选举法院也有义务为政党组织和运行提供必要工具。

第六十四条　因违反本法规定受到的惩处应由最高选举法院强制执行。本法第六篇中规定的违法行为应由省级法院确认并惩处。

为此，选举法第一百四十七条以及选举费用控制和选举宣传组织法第三十五和三十七条已作出规定。

第六十五条　为执行审判，法院院长应通过秘书处通知违法者，指出相应听证地点、日期和时间。通知应以单一传票的形式交至关系人手中，或在无法找到本人的情况下留在其家庭住所。到了规定日期和时间对违法者进行听讯，审核证据材料并立即作出相关决议。在违法者未出庭的情况下，当作缺席审判。

第六十六条　对于本法规定的违法行为的控告自违法之日起的一年后失效。其处罚也在一年后失效。

第六十七条　本法规定处分中的罚金所得应存入厄瓜多尔中心银行的常设政党基金中，由最高法院负责。

第六十八条　由最高选举法院或省级法院作出的所有决议都具有确定性；它们具有最终行政决议的特点并须强制执行。

（赵悦　译，靳呈伟　校）

哥伦比亚政党法[①]

第一篇　总　则

第一条　创建政党和运动的权利。全体哥伦比亚人都有权创建政党和政治运动，对其进行组织、发展，自由加入和退出，宣传其主张及纲领。

各社会组织均有权表达意见并参加政治活动。

第二条　定义。政党是反映政治多样性、推动引导公民参与、促进民意形成与表达的常设性组织，旨在通过民选担任公职，并在国家的政治和民主决策中发挥影响力。

政治运动是自由地形成的公民联盟，旨在影响政治意志的形成并参与选举。

完全符合宪法和法律要求的政党和政治运动有权获得法人资格。

第二篇　政党和运动的法人资格、命名、标志和象征色

第三条　法人资格认定。全国选举委员会对符合以下要求的政党和政治运动进行法人资格的认定及授予：

---

① 根据哥伦比亚 1994 年第 130 号法律译出。

其一，由其领导机构递交申请；

其二，提交章程副本；

其三，为证明其存在，需不少于五万人的签名，或在上一次选举中获得至少五万张选票，或在国会内赢得席位；

其四，提交包含政党或运动的政治纲领的文件，文件中阐述其认同的理念、原则、纲领和抱负。

不得把在全国选区内获得的票数与在地方选区和特别选区内获得的票数相加，反之亦然。

全国选举委员会应在三十个工作日之内研究处理获取法人资格的申请。

第四条　丧失法人资格。当政党和政治运动有如下情况之一，将丧失法人资格：

其一，在选举中未能满足上一条规定，即其候选人未获得至少五万张选票，或没能在国会赢得席位，或失去原有全部席位；

其二，按其章程规定进行解散；

其三，在上述两项情况中，全国选举委员会宣布其丧失法人资格。

第五条　命名及标志。政党和政治运动对其在全国选举委员会登记注册的名称和标志拥有所有权。

任何其他政党或政治组织（被承认或不被承认）都不得使用上述名称和标志。一个政党或运动的命名必须与其他已经存在的政党和运动的名称有明显的区别。

政党或运动的名称不得在书写和发音上与国家标志或国徽有任何相似或关联之处。

政党或运动在竞选及其他活动中只能使用法定名称或该名称的缩写、词首字母缩略语，增补名称必须由规定章程的机构核准。

从政党或运动中分裂出的团体无权部分或全部使用原政党和原运动的名称、注册的标志以及党部所在地。

第六条　组织和运行原则。政党和政治运动可自由进行架构。但是，在活动开展中必须遵守宪法和法律，并遵照宪法第九十五条相关条款，捍卫并宣传人权思想，把其作为和平共处的根本，并致力于争取和维护和平。

在各地区，政党或政治运动也有权自由自主组织，由全国政党或运动管辖。

第七条　章程的约束。政党和政治运动的组织和运行应遵循其章程的规定。当章程条款违背宪法、法律或全国选举委员会的规定，或者政党和政治运动的领导机构作出违背上述法规的决定时，自条款或决定发布后二十日之内，任何一名公民都有权为此向全国选举委员会提出申诉。

政党和政治运动一旦根据其章程规定任命领导人及管理和行政机关成员，应在自任命起二十日内，向全国选举委员会登记上述人员的姓名。全国选举委员会有权以官方形式或应任何人的请求，要求进行此项登记，如掌握相关证明材料，即可实行登记。上述任命若严重违反政党和政治运动的章程，自该任命起十五日之内，任何一名公民都有权为此向全国选举委员会提出申诉。为履行上述规定，全国选举委员会只对按规定进行了登记的政党和政治运动的领导予以承认。

第八条　惩处。若政党和政治运动的活动违反了本法第六条规定的组织和运行原则，全国选举委员会有权下令撤销其法人资格（如有），取消国家的资助并禁止其通过国内媒体发布消息。

第三篇　候选人和领导人

第九条　候选人任命与提名。具有法人资格的政党和政治运动有权提名任一民选公职的候选人，无须任何附加条件。

候选人提名登记应由该政党或政治运动的法人代表，或经该政党或政治运动授权之人做担保。

代表大会决定成立社会运动或组织的各类协会，以及候选职位数量至少占该团体内有投票权的公民人数的百分之二十的各公民团体，皆有权提名候选人。任何情况下都不会要求提交至少五万人的签名才能进行候选人登记。

不是由政党或政治运动推选登记的候选人，应在登记时签署一张正式严肃的候选人保单，其保额由全国选举委员会规定，不得超过相应年度政党和政治运动获得的资助金额的百分之一。如候选人或候选人名单获得的选票数没有达到本法第十三条规定的有权获得竞选资金的最低票数，此保单即生效。此类候选人在报名登记时应提交上一段所说的至少五万人的签名。

第十条　内部商讨会议。（本条经 2000 年第 616 号法律第一条修改。修改后的文本如下：）应具有法人资格的政党和运动通过其章程规定的相应职能机构申请，全国选举委员会应就推选共和国总统、省长、区长和市长候选人以及关于其内部组织和章程变化进行的决策，开展内部商讨会议。此类商讨会议可在全国、省、区和市级层面开展。

合作通过以下方式开展：提供选票并设置单人隔间，收集选票并统计票数，为此，国家将提供相应经费资助。选举机构应平等地给每一位投票人提供候选人信息文件，文件上候选人的信息必须清晰可辨且条件相当。

商讨会议的实施，可与上一次选举相同。

商讨会议应采用一个单独票箱，投票评审员只给提出申请的政党提供选票。

选举机构应负责选举活动的开支经费。

在每一个符合宪法规定的周期内，经全国选举委员会多数委员同意，可指定与常规选举日期不一样的日期开展商讨会议。

商讨会议得出的结果对提出申请的政党或运动具有强制性。

参与商讨会议的政党的总统、省长和市长候选人会应在当日经由该程序推选出来。

有资质的候选人名单人数超过政党在上一次投票中选区得票数百分之五十的，可申请只有其党员参加商讨会议。

党员即自愿在党组织面前报名登记为该政党成员的公民。

全国选举委员会应对涉及政党内部商讨会议的其余所有事项进行规范。

单独条款　参与商讨会议的预候选人应尊重会议结果，未被商讨会议提名候选人的，不得参加此商讨会议的目标选举。

第十一条　领导人的民主选举。如政党和政治运动的成员直接参与其全国领导人的选举，选举机构同样应与政党和政治运动合作。合作按照上一条规定进行。

第四篇　国家资助与私人资助

第十二条　政党资金。国家应对具有法人资格或在国会占有议席的政党和政治运动的运行提供资助，方式为设立基金，由每位登记在全国选民名单上的公民每年提供的一百五十比索捐赠组成。本法提及的罚款也并入基金收益。

任何情况下该基金都不得低于二十四亿比索。全国选举委员会应根据以下标准分配该基金：

其一，百分之十的基础固定额度在所有政党和政治运动中间平均分配；

其二，百分之五十根据各政党和政治运动在上一次选举中在国会和省议会赢得的席位数量比例分配；

其三，百分之十（原文如此）；

其四，百分之三十分配给政党和政治运动为实现其宗旨目的而开展的活动：

第一款　政党和政治运动可将其一和其二所述额度自由指派，用于各自活动。

第二款　全国选举委员会每年都要对本条其四提及额度的分配方式进行规范，为此要查阅在上一次众议院选举时获得的票数。

第三款　具有法人资格的政党和政治运动有义务以民主方式讨论并通过其预算。

第十三条　竞选活动资助。国家应给政党和政治运动的竞选活动提供资金，同时也给提出候选人的社会运动和重要公民团体的竞选活动提供资金，资助按以下原则实施：

其一，总统选举中，对已登记的一名或多名候选人获得的每一张有效选票，第一轮竞选给予四百比索，第二轮给予二百比索。如候选人所获有效选票未达到总有效选票的百分之五，则无权得到资助。

其二，在国会选举中，对已登记的一份或多份候选人名单获得的每一张有效选票，给予四百比索。

其三，在市长和市政府成员选举中，对已登记的一份或多份候选人名单获得的每一张有效选票，给予一百五十比索。

在省长和省众议员选举中，对已按规定登记的候选人或候选人名单获得的每一张有效选票，给予二百五十比索。

其四，市和区应资助当地执政委员会的选举，数额由相应市政会议决定。

若其候选人名单获得的票数比获得席位中余数最小的候选人名单所获选票的三分之一还少，则无权得到资助。

竞选市长和省长时，若候选人所获有效票数未达到总有效选票的百分之五，则无权获得资助。

竞选资助只能通过政党、运动及其附属组织，或社会团体、社会运动（视情况而定）来获取；如果是独立候选人，或是由不具有法人资格的运动所支持的候选人，资金将交给候选人或其授权的法人或自然人。

政党和政治运动应按照各自章程规定，在已登记的候选人和政党或政治运动之间分配国家资助。

结成联盟参加竞选的政党和政治运动应预先决定好国家竞选资助的分配方式。否则，将无权获得该资助金。

第十四条　私人资助。政党和政治运动及其候选人，以及附属于提出候选人的社会团体的组织，可得到自然人或法人的经济捐赠和补助。

任何民选公职候选人都不得在竞选中投入超过全国选举委员会规定的金额，无论该资金属于个人私产、家庭私产还是来自私人的资助。全国选举委员会应在选举启动六个月前对该金额进行限定。若委员会委员未这样做，视为渎职。

本条所述规范基于以下因素制定：竞选花销、各选区选民登记以及国家对竞选期间经费开支的资助份额。

如有候选人违反本规定，将无权获得国家资助，且不妨碍对其收取本法第三十九条其一规定的罚款。

第十五条　捐赠的交付。来自私人的针对某一特定候选人的捐赠应该交付其本人，或是代表该候选人的组织，或其加入的政党或政治运动。

第十六条　法人的捐赠。法人为某一竞选活动捐赠的所有资金必须得到董事会、股东代表大会或合伙人会议（依具体情况而定）超过半数成员的授权。该事项须记入相关会议记录。

第十七条　专项信贷。共和国银行董事会应指令各银行在选举启动前的三个月内开设专项信贷，以向参加竞选的政党和政治运动提供贷款，优先以抵押本法第十三条所述的国家资助产生的权利作为担保。

单独条款　国家的选举资金应在选举开始后一个月内提供。

若未在选举开始后一个月内提供资金，国家还应支付此前和银行约定好的利息。

第五篇　账目的公开和提交

第十八条　信息公开。本法提及的政党、政治运动和从属于社会团体或运动的组织，以及给它们提供支持的法人，应向全国选举委员会公开以下信息：

其一，政党或运动的年度收入和支出（下一年度 1 月 31 日前）；

其二，所获公共资助的投入方向和使用情况；

其三，竞选期间的收入及支出。这一结算情况应在相应竞选辩论结束后一个月内提交。

单独条款　上述所有信息应在全国选举委员会核查后刊登在全国范围内发行的日报上。

第十九条　独立候选人。独立候选人应在上一条其三所述期限内提交结算。

第二十条　提交账目。提交的账目上应至少注明以下类别的收入：

其一，党费；

其二，捐赠；

其三，投资收益；

其四，政党或运动在公共活动中分发手册、标志、出版物以及其他营利性活动中所得净收益；

其五，贷款；

其六，进行了市场价值评估的实物资助；

其七，公共资助金。

单独条款　以上信息应附上一份捐赠和贷款清单，列出超过全国选举委员会规定数额的捐赠和贷款，并指明每一笔的金额和相应人名。

政党和运动应准备好一份写明捐赠和贷款相关人士地址与电话的清单，此份清单只能由全国选举委员会来检查，目的在于核实对本法相关规定的遵守情况。

第二十一条　开支类别。提交的账目上应至少注明如下类别开支：

其一，管理费；

其二，办公及采购费；

其三，政党或运动公务所需材料的开支（包括出版在内）；

其四，公共活动费用；

其五，交通费；

其六，政治培训和调查研究费用；

其七，法务和账目提交开支；

其八，政治宣传费用；

其九，贷款偿清费；

其十，其余超过全国选举委员会规定额度的开支。

第六篇　政治出版、宣传及民意测验

第二十二条　媒体的使用。政党、运动及民选公职候选人有权使用媒体进行本法规定范围内的政治传播和竞选宣传。

第二十三条　政治传播。政治传播是政党和运动开展的官方行为，旨在传播和推动其原则、纲领、实践以及涉及国家利益的各种事务的政策。不得通过这种方式获取竞选支持。此类传播可以在任何时间进行。

第二十四条　竞选宣传。竞选宣传是政党、政治运动、民选公职候选人及其支持者进行的旨在获取竞选支持的行为。

此类竞选宣传只能在选举启动前三个月内进行。

第二十五条　使用国营媒体。具有法人资格的政党和政治运动有权免费使用国营媒体，方式如下：

其一，用于政治传播的官方节目可长期播放。

其二，在总统选举启动前三十日内，用于总统候选人阐述其观点和纲领。

若有第二轮竞选，根据宪法第一百九十条规定，允许播放候选人阐述其观点和纲领的节目。如候选人联合提出申请，则有权按规则进行两场每场为六十分钟的辩论，辩论主题为其在申请中提出的主题。

其三，在共和国国会选举启动前三十日内，用于进行有利于候选人的竞选宣传。

全国选举委员会（此前为全国电视委员会或其代理机构）应规定上述节目的数量及时长，并规范其使用，确保遵守法律及尊重个人名誉。

本条其一所述节目的百分之六十的分配应考虑到政党或运动在众议院的议席数量。

节目播出费用由国家预算委员会支付，为此每年须调整相应支出项目，此类项目属于本法第十二条所述基金的组成部分。

单独条款　由不具备法人资格的运动或政党、社会运动或重要公民团体按规定登记的候选人，有权播放本条其二所述节目。

第二十六条　签约制竞选宣传。电视节目特许经营者可在总统选举启动前三十日内与政党、运动或独立候选人签订竞选宣传的契约。

全国电视委员会或其代理机构应决定特许经营者独家放送的总统竞选宣传节目及其时间。

第二十七条　信息保障。新闻报纸和电视谈话节目的特许经营者在竞选期间应当保证信息的多元、均衡和公正。

不属于上文提及性质的特许经营者，在任何情况下，都不能在竞选期间介绍民选公职候选人。

第二十八条　私营广播电台及报刊的使用。提供收费政治宣传服务的电台和报刊的特许经营者，应给所有提出申请的政党、运动和候选人提供同等条件。

竞选辩论开始前六十日内，调频广播电台的特许经营者有义务播放政治宣传节目，收取的费用应少于该辩论开始日期前六个月的市场价格的一半。

若是全部免费或部分免费的宣传，必须进行文字记载并看作向相关政党、运动或候选人的捐赠，其价值应根据向其他政党或个人收取的价格进行估价。

上述规定同样适用于私营电视节目的特许经营者，总体而言，适用于国内所有经合法授权的电视形式。

单独条款　全国选举委员会应对每次竞选中相关政党或每一名公共机构候选人所能拥有的电台广告数量、纸质出版广告数量和广告牌数量作出规定。

第二十九条　使用公共空间的宣传。市长和市登记员有责任对用于竞选宣传的海报、街道上空横幅、招贴和广告牌的形式、特征、地点及条件进行规范，旨在保证政党、运动、团体和候选人能够公平地使用上述媒介，与公众使用公共空间和维护伦理道德的权利和睦共处。同样，为了达到同样的目的，也有责任限制用于竞选宣传的广告牌、招贴和各种宣传手段的数量。

市长应指定经批准可用于以上宣传的公共场所，此前应与由参加竞选的政党、政治运动或政治团体的各自代表组成的委员会进行协商，以确保公平分配。

政党、政治运动或政治团体，未经场所所有者许可，不得使用个人资产开展此类宣传。

市长作为警方首要领导，有权通过其代表要求在未经许可的公共场所进行宣传的政党、运动和候选人把该场所恢复原状。同样地，也有权在授权使用前要求他们保证在使用后把相关场所恢复原状。

第三十条 宣传和民意测验。所有选举民意测验在公布或宣传时必须保持完整，明确指出实施或委托的自然人或法人、资金来源、样本类型及数量、测验的具体主题、问卷提出的具体问题、针对的候选人、测验实施的地点和时间或时间段、估算的误差界限。

在选举当日，媒体不得公布基于收到的数据所作的预测，也不得传播人们如何决定投票的民意测验结果，或以选民在选举当日对其考虑如何投票和已投票情况的评论为基础的民意测验结果。

对实施针对政党、运动和候选人或其拥护程度的民意测验的专业机构或人士，全国选举委员会行使特别监督，避免向公众提出导致确定性回答的问题。

单独条款 若违反本条规定，将受到全国选举委员会的惩罚，处以相当于二十五个月到四十个月的最低工资的罚金，或中止、禁止实行民意测验。

第三十一条 免付邮资。具有法人资格的政党或政治运动在任意民选开始前六个月内，通过国内邮政寄送印刷品，每份五十克以内享受免付邮资。在中央政府指定的辩论期间享受同等免付邮资额度。国家通过财政部承认全国邮政局为上述免付邮资承担的成本，因而应当进行相关预算拨款，按规定及时补充这一开支。

第七篇 一般条款

第三十二条 定义。不出任政府职务的政党和政治运动有反对权，能自由评论政府，并提出和发展不同政见。本法规定的反对权可对中央政府、省政府、区政府及市政府行使。

第三十三条　反对派获取官方信息及文件的权利。除了法律或宪法保留的事项，不出任政府职务的政党和政治运动有权在提交申请后十五日内优先快速获取官方信息及文件。

公务人员未能遵守本条规定将被视为不良行为。

第三十四条　反对派使用国营媒体的权利。不出任政府职务的政党和政治运动，根据其在上一次国会议员竞选中所获席位的比例，依照本法规定，有权使用国营媒体。

第三十五条　反驳。不出任政府职务的政党和政治运动，有权通过国营媒体对来自共和国总统、内阁部长和行政管理局长使用同样媒体发表的严重明显的曲解和公开的攻击进行反驳。在上述情况中，相关党派和运动有权以适当形式，至少是在曲解和攻击发生的相同时段、媒体和节目中进行反驳，或是通过任何确保能广为传播的形式进行反驳。

对于地方政府，政党和政治运动可针对来自相关地方政府行政长官、办公室秘书和下属机构的领导或主管的类似曲解及攻击进行反驳。

第三十六条　反对派参与选举机构。全国选举委员会为不出任政府职务且获得选票数在靠自身权利无法在委员会中获得席位的各政党和政治运动中最多者保留两个席位。以此方式在全国选举委员会中获得席位的政党和运动，如未出任政府职务则一直保持该席位。如出任政府职务，席位则由票数仅次于其且未出任政府职务的政党和运动递补。

第八篇　监督、检查和管理

第三十七条　工作报告。全国选举委员会应每年向国会递交一份年度工作报告。

第三十八条　政党及竞选活动筹资国家基金。设立政党及竞选活动筹资国家基金，该基金不具备法人资格，是从属于全国选举委员会的特别账目系统。

基金的财产由国家给政党、运动或竞选活动的拨款和本法前述的其他款项构成。

基金的管理由全国选举委员会负责，支出安排由全国公民身份登记员负责。

第三十九条　全国选举委员会的职能。全国选举委员会除了宪法、选举法和现行法律赋予的职能外，还拥有以下职能：

其一，提前进行管理调查以核实政党、运动及候选人是否严格遵守本法规定，并根据违规的严重程度，处以不低于两百万比索、不高于两千万比索的罚金。其他人士违规，处以上述额度内的罚金。为实施上述惩处，委员会提出控告，被控方须在十五日内作出答复。

行使本法赋予的监督职权时，全国选举委员有权组建保障或监督法庭或委员会，整理运用证据，审查公共或私人的登记簿与单据，检查金融机构的账目。

其二，传唤当事人递交遵守或履行上述法律的证明材料及报告。

其三，发布对上述法规的解释。

其四，确定本法提及的金额数量。

第四十条　调整。本法所述的以比索为单位的金额每年都会根据国家统计管理局确定的居民消费价格指数的涨幅来进行调整。

第九篇　道德管控

第四十一条　道德管控委员会。为了在强化社会公德上开展长久协作，政党和政治运动，无论是否具有法人资格，都应成立道德管控委员会。

该委员会的核心职能在于，审查政党或政治运动在公共行政机关、选举机构或本党本运动内任职的成员的行为和活动。

第四十二条　已被宣布无效。

第四十三条　其他建议。道德管控委员会也有权就丧失公务员职位建议启动宪法和法律规定的行动。

第四十四条　政治－党派道德。除了道德准则包含的内容，当政党或政治运动的党员或成员出现以下行为时，其所属政党和运动的道德管控委员会要负责公布：

其一，成员违反了所属政党或政治运动制定的道德规范。

其二，已被宣布无效。

其三，成员的行为侵犯了公民或社会的善心及共同利益。

如有侵犯政党或运动的财产、利益或国家利益，特别是违法使用国库资产的行为，同样要由道德管控委员会公布。

其四，成员的行为违反了所属政党或政治运动制定的道德准则所定义的道德、诚信和公共尊严。

其五，已被宣布无效。

临时条款　自本法生效起六个月内，政党或政治运动必须颁布各自的政治道德准则，如不执行则失去法人资格。

第四十五条　惩处。根据违规的严重程度和给政党或政治运动造成损失的严重程度，道德管控委员会针对上一条所述行为，在公开场合警告违犯者撤销其党员资格或不再为其竞选民选公职和行政机关职务做担保，因为职位的提供须考虑党籍问题。

第四十六条　已被宣布无效。

第四十七条　政党和政治运动的责任。政党和政治运动、社会运动和社会组织，从各自民选公职候选人进行选举登记到履职期满，都要作为其道德品质的担保人。

第四十八条　视察员。政党和政治运动应委派一名视察员，其首要职责为帮助当选者履行责任和义务。

视察员向所属政党或运动提交的报告，将成为政党和政治运动是否提供担保的强制性评估的要素。

第四十九条　内部和外部审计。政党、运动或候选人，只要接受了国家提供的用于维持其运行和竞选活动的资金，都必须设立由其负责的内部审计制度并证明该制度实际存在。当内部审计员发现对该资金的违法使用或诈骗行为而不向全国选举委员会报告，除了受到其他法律规定的惩处外，还要承担上述行为的连带责任。

全国公民身份登记员要按照现行规范雇佣一套外部审计体系，监督政党、运动或候选人对国家提供的用于维持其运行和竞选活动的资金的使用情况。该审计的开销由国家资助的受益人按获得资金数额的比例来负担。

第五十条　地方反对派的权利。地方级别的反对派政治力量拥有与全国一级的反对派政治力量同样的权利和义务。

第五十一条　公开听证。所有关于各种政治参与形式或选举组织的法律，其草案的审理要听取反对派的意见，因此须举行八日的公开听证。

第五十二条　已被宣布无效。

第五十三条　国际成员。政党可加入具有国际属性的其他政党或与其合并。

第五十四条　生效。本法从颁布之日起生效，所有违背本法的规定一律废止。

（赵悦　译，靳呈伟　校）

墨西哥政党法[①]

第一篇　总　则

第一章　初步规定

第一条

第一款　本法是全国都应遵守的公共规范，旨在调节适用于全国性政党和地方性政党的规范，合理分配联邦及各联邦单位在涉及以下事务时的职权。

第一项　政党章程及合法注册的期限和要求。

第二项　政党成员的权利和义务。

第三项　关于政党领导机构的组成、候选人的推选、民主活动的开展、特权和使用资源的透明度的基本方针。

第四项　政党基本文件的必备内容。

第五项　通过政党联盟参加选举的方式。

第六项　关于收入与支出的审计制度。

第七项　政党内部机构的组织和运行及党内司法机制。

第八项　适用于政党未履行义务情况的程序和处罚。

第九项　适用于政党丧失合法注册资格及清算等情况的制度规范。

第十项　适用于全国性政治团体的法律制度。

---

① 根据墨西哥 2014 年政党法译出。

第二条

第一款　墨西哥公民享有如下与政党问题相关的政治选举权利：

第一项　以和平的方式联合起来参与国家政治事务。

第二项　个人自由地加入政党。

第三项　在政党根据国家法律和本党章程规定开展的内部推选民选公职候选人和政党领导人的进程中，有选举和被选举权。

第三条

第一款　政党是代表公共利益的实体，拥有法人资格和自己的资产，在联邦选举委员会或地方公共机构进行合法注册，旨在促进民众参与民主生活，增进政治代议机构的整合度，同时，作为公民组织，能代行公权力。

第二款　个人自由地加入政党是墨西哥公民的专属权利。因此，禁止以下团体组织的参与：

第一项　国内或国外的民间组织、社会团体或行会组织。

第二项　怀有不同于创建政党的社会目的的组织。

第三项　任何形式的企业团体。

第三款　政党应在儿童及青年中倡导公民价值观和民主文化，促进两性有效参与其组织机构构建及候选人推选。

第四款　在提名联邦和地方议员候选人时，为保障男女平等，每个政党应制定并公布相关标准。这些标准必须客观，且能保障实现男女平等的条件。

第五款　在任何情况下都不允许执行违背男女平等的标准，尤其在最近一次选举中政党获得选票百分比最低的选区中。

第四条

第一款　为了本法顺利执行，作出以下说明：

第一项　参加者或成员：能够充分享受和行使政治选举权的公民均可按照该党内部规定自由、自愿、自主地加入某一政党，与其名称、活动、参与度无关。

第二项　地方司法机关：联邦各单位选举事务中的司法机关。

第三项　总委员会：联邦选举委员会总委员会。

第四项　宪法：《墨西哥合众国宪法》。

第五项　委员会：联邦选举委员会。

第六项　法律：《政党法》。

第七项　总法：《联邦选举制度与选举程序法》。

第八项　地方公共机构：联邦各单位的公共选举机构。

第九项　技术部门：联邦选举委员会审计技术部门。

第十项　政党：全国性政党和地方性政党。

第十一项　法院：联邦选举法院。

第五条

第一款　本法由联邦选举委员会、联邦选举法院、地方公共机构及地方司法机关根据宪法的规定执行。

第二款　政党解决内部分歧时应考虑到自身作为公共利益代表的性质、决定内部事务的自由、自主组织的权利以及党员权利的行使。

第六条

第一款　本法未作出规定的，应参照《联邦选举制度与选举程序法》。

第二章　关涉政党问题职权的分配

第七条

第一款　联邦选举委员会的职权包括：

第一项　全国性政党的注册登记及地方性政党的登记簿。

第二项　承认全国性政党与联邦公职候选人的权利及特权的行使。

第三项　当政党提出申请时，组织选举负责本法规定的政党享有的特权事宜的政党领导人。

第四项　对政党、政党联盟、全国性政治团体以及联邦公职候选人和地方选举候选人的收入与开支进行审计。

第五项　宪法及本法规定的其他职权。

第八条

第一款　联邦选举委员会得以拥有直接行使其与审计事务相关的职责和权力所需的预算资金、技术、人力及物力等资源。

第二款　在特殊情况下，且在联邦选举委员会总委员会成员投票最低不少于八票通过的情况下，联邦选举委员会可授权地方公共机构对地方性政党及其选举联盟以及各联邦单位普选公职候选人的收入与支出进行审计。

第三款　联邦选举委员会的执行部门应遵守总委员会针对该职权的行使所作出的各项规定和决议。

第四款　为确保该职权得到行使，联邦选举委员会应对相应地方公共机构进行评估：

第一项　是否拥有一个组织结构，其运行是否符合总委员会根据该职能所规定的方式、协议和方针。

第二项　是否在审计事务方面设置了与联邦立法相一致的程序标准。

第三项　是否拥有行使所获职权所必需的设备和设施。

第四项　根据《联邦选举专业服务条例》，是否拥有可信的专业人力资源。

第五项　是否根据现行联邦和地方选举规范行使其职权。

第六项　在联邦选举委员会总委员会成员投票最低不少于八票通过的情况下，联邦选举委员会可以随时接管其之前委托出去的审计权。

第五款　地方公共机构应根据本法规定及总委员发布的方针、总协议、技术规范和其他规定，行使联邦选举委员会赋予的职权。

第九条

第一款　地方公共机构的职权如下：

第一项　承认地方性政党与各联邦单位普选公职候选人的权利和特权的行使。

第二项　对地方性政党进行登记。

第三项　根据相关法律，检验各联邦单位的立法机关是否由根据相对多数原则和比例代表制原则选出的议员组成。在任何情况下，一个政党通过相对多数原则和比例代表制原则获得的议员席位数在立法机关的议席总数中所占的比例都不能比得票比例多出百分之八。该要求不适用于一个政党因在单名制选区获胜而在立法机关中获得席位的比例超过得票比例再加上百分之八总和的情况。为承认和保障各联邦单位的政治力量的代表性和多样性，根据比例代表制原则产生的地方议员和联邦行政区议会议员席位的分配应遵循以下原则：

第一目　给予在相应选举中获得百分之三有效票的政党一个比例代表制席位，不受在多数制选举中已取得席位的影响。（最高法院在违宪诉讼中判决本目无效，于2014年9月10日宣布，2015年8月13日在《联邦官方日报》上公布）

第二目　结束上一步之后，按照地方法律规定的程序，对其余比例代表制席位进行分配。（最高法院在违宪诉讼中判决本目无效，于2014年9月10日宣布，2015年8月13日在《联邦官方日报》上公布）

第三目　立法机关中，一个政党的席位所占的比例不得低于得票比例减去百分之八。在任何情况下，方案中应规定出用于扣除必要的比例代表制议席数量的细则，以便将这部分议席分配给那些或多或少名额不足的政党。[给达到选举法中规定的保留注册登记资格所必须取得的得票比例的政党通过比例代表制分配一个议席后，使用该方案。]（最高法院在违宪诉讼中判决本目[ ]中的内容无效，于2014年9月10日宣布，2015年8月13日在《联邦官方日报》上公布）

第四项　宪法及本法规定的其他职权。

第二篇　政　党

第一章　政党的组建与登记

第十条

第一款　申请组建全国性或地方性政党的公民组织必须在联邦选举委员

会或相应的地方公共机构进行注册登记。

第二款 计划注册成为政党的公民组织必须证实符合下列要求：

第一项 提交一份原则宣言以及与其保持一致的规范政党活动的行动纲领和章程，它们均应满足本法规定的最低要求。

第二项 全国性政党必须在至少二十个联邦单位内拥有三千名成员，或者在至少二百个单名制选区内拥有三百名成员。这些成员必须在所在联邦单位或选区拥有投票权；在任何情况下，政党的全国党员总数都不得低于联邦选举名册人数的百分之零点二六，该联邦选举名册指的是政党提出注册申请前最后一次联邦正常选举中使用的选民名册。

第三项 地方性政党必须在所在州（或联邦行政区）三分之二的市（或区）拥有成员。这些成员必须在上述市（或区）拥有投票权；在任何情况下，政党在所在联邦单位的成员总数不得低于选举名册人数的百分之零点二六，该选举名册指的是政党提出注册申请前最后一次地方正常选举中使用的选民名册。

第十一条

第一款 公民组织如果申请组建全国性政党，应在联邦选举委员会注册登记；如果申请组建地方性政党，应在相应地方公共机构注册登记。公民组织应在墨西哥合众国总统选举年次年的一月份向联邦选举委员会报告准备组建全国性政党；在州长（联邦行政区行政长官）选举年次年的一月份向相应地方公共机构报告准备组建地方性政党。

第二款 自上一款提及的报告开始，直到注册登记完成，该组织应在每月前十日内向联邦选举委员会汇报其所有资源的来源及用途。

第十二条

第一款 组建全国性政党应证实：

第一项 至少在二十个联邦单位或二百个选区举行大会，会上应有一名联邦选举委员会的工作人员在场，该工作人员将证明：

第一目 出席并参加州或选区会议的成员数，相应人数分别不得少于本法规定的三千人或三百人；签署证明正式党员身份文件的成员数；自愿参加会议的成员数；已知晓并同意原则宣言、行动纲领和章程等文件的成员数；推选参加建党全国大会正式和候补代表的成员数。

第二目　上一目提及的公民已登记在党员名单中，登记信息包含其姓名、住址、投票许可证编号。

第三目　大会举行期间，没有受到来自行会组织或其他与所建政党有着不同社会目标的组织的干预。

第二项　举行建党全国大会，会上应有一名联邦选举委员会指派的工作人员在场，该工作人员将证明：

第一目　在各联邦单位或选区大会上推选出的正式或候补代表参加了大会。

第二目　通过相关记录，证实大会符合本条第一款第一项的规定。

第三目　通过投票许可证或其他可靠文件，核实参加全国大会的代表的身份和居住地。

第四目　证实与会代表通过了原则宣言、行动纲领和章程。

第五目　提交了与会者名单和该组织在全国拥有的其他公民的名单，目的在于检验是否满足本法对于最低百分比的要求。这些名单均应包含本条第一款第一项第二目中规定的信息。

第十三条

第一款　组建地方性政党应证实：

第一项　至少在三分之二地方选举的选区、所在州（或联邦行政区）的市（或区）举行大会，会上应有一名相应地方公共职能机构的工作人员在场，该工作人员将证明：

第一目　出席并参加大会的成员数，相应人数分别不得少于本法规定的选区、市（或区）选举名册人数的百分之零点二六；签署证明正式党员身份文件的成员数；自愿参加会议的成员数；已知晓并同意原则宣言、行动纲领和章程等文件的成员数；推选参加建党地方大会正式和候补代表的成员数。

第二目　上一项提及的公民已登记在党员名单中，登记信息包含其姓名、住址、投票许可证编号。

第三目　大会举行期间，没有受到来自行会组织或其他与所建政党有着不同社会目标的组织的干预。

第二项　举行建党地方大会，会上应有一名相应地方公共职能机构指派的工作人员在场，该工作人员将证明：

第一目　在各选区、市（或区）大会上推选出的正式或候补代表参加了大会。

第二目　通过相关记录，证实大会符合上一项的规定。

第三目　通过投票许可证或其他可靠文件，核实参加地方大会的代表的身份和居住地。

第四目　证实与会代表通过了原则宣言、行动纲领和章程。

第五目　提交了与会者名单和该组织在所在联邦单位拥有的其他公民的名单，目的在于检验是否满足本法对于最低百分比的要求。这些名单均应包含上一项第二目中规定的信息。

第十四条

第一款　所需的公证费用由联邦选举委员会或地方公共职能机构预算承担。被授权的公务人员必须完成相应工作。

第二款　如果相关组织未在本法指定的期限内递交登记申请，那么该组织事先提交的准备建党的报告不再有效。

第十五条

第一款　与建党程序的相关活动一旦完成，相关公民组织应在下一个选举年的前一年的一月份向联邦选举委员会或相应地方公共职能机构提交登记申请以及下列文件：

第一项　党员通过的原则宣言、行动纲领和章程。

第二项　本法第十二条和第十三条提到的各联邦单位、选区、市（或区）的党员记名单。该材料应以电子版形式提交。

第三项　在各联邦单位、选区、市（或区）举行的大会的会议记录，以及相应的建党全国大会或地方大会的会议记录。

第十六条

第一款　联邦选举委员会收到公民组织关于注册登记为全国性政党的申

请时，应审核其是否符合本法规定的要求和组建程序，并形成相应意见草案。

第二款 为此，依据总委员会发布的条件，对组建中的政党成员的真实性加以确认，既可以从整体上确认，也可以随机抽取样本进行确认；证实至少符合登记注册所要求的最低数量；这一数据应更新至申请递交日，并确认上述成员加入该组织不超过一年。

第十七条

第一款 相应地方公共机构收到公民组织关于注册登记为地方性政党的申请时，应审查该登记申请的所有文件，以便验证是否符合本法所规定的各项要求和组建程序，并形成相应意见草案。

第二款 相应地方公共机构应通知联邦选举委员会，以便其依据关于最低人数的规定，检验该政党成员的数量及其真实性，并确认上述成员加入该新创建政党不超过一年。

第三款 联邦选举委员会持有地方性政党的登记册，该登记册应至少包括以下内容：

第一项 政党的名称。

第二项 党徽和标识该政党的颜色。

第三项 组建日期。

第四项 基本文件。

第五项 领导人。

第六项 法定地址。

第七项 成员名单。

第十八条

第一款 为保证本法规定的顺利实施，应验证在已获得注册资格的政党或正在筹建的政党中不存在双重党员。

第二款 如果某位公民出现在多个政党的党员名单中，联邦选举委员会或地方公共职能机构应通知相应政党表明态度；如果双重党员的现象依然存在，联邦选举委员会应要求该公民作出相应解释；如果未作出解释，则最新的党员身份拥有法律效力。

第十九条

第一款　联邦选举委员会或相应地方公共机构应制定意见草案，应在自收到登记申请之日算起的六十日内作出决议。

第二款　程序结束后，应出具注明该登记的相关证明。如果登记申请被否决，则应列出造成该结果的具体原因，并通知相关组织。政党的注册登记资格将自选举年前一年的七月一日起生效。

第三款　决议根据情况在《联邦官方日报》或相应联邦单位的官方公报上公布；可以针对该决议向联邦选举法院或相应地方司法机关提起诉讼。

第二章　全国性政治团体

第二十条

第一款　全国性政治团体是促进民主生活发展、政治文化发展并有助于更好地了解民意的公民组织形式。

第二款　在任何情况下，全国性政治团体都不可以在名称中使用“党”或“政党”这类词语。

第二十一条

第一款　全国性政治团体只能通过与某个政党或政党联盟签署参与协议才能参加联邦选举。通过协议推选出的候选人应由政党进行登记，接受投票时使用政党的名称、党徽和标识颜色。

第二款　上一款提到的参与协议应视情况在本法第九十二条第一款规定的期限内提交给联邦选举委员会总委员会主席进行登记。

第三款　在竞选宣传和选举活动中，可以提及参与的政治团体。

第四款　全国性政治团体应履行本法和相应条例规定的接受审计的义务和程序。

第二十二条

第一款　为申请登记成为全国性政治团体，应向联邦选举委员会保证满足以下条件：

第一项　在国内至少拥有五千名成员和一个全国性领导机构。此外，在至少七个联邦单位拥有办事处。

第二项　有基本文件和一个不同于任何其他一个政治团体或政党的名称。

第二款　相关团体应在选举年前一年的一月份提交注册登记申请、证明第一款条件的文件以及总委员会根据情况要求提交的文件。

第三款　总委员会应从收到注册登记的申请之日算起最多六十个自然日之内给出相应答复。

第四款　总委员会应在注册登记通过的情况下颁发相应证书。如果登记未获批准，应说明原因，并将信息通知相关团体。

第五款　政治团体的注册登记一经通过，从选举年前一年的六月十日起生效。

第六款　注册登记过的政治团体应遵守本法对政党财政制度的规定。

第七款　注册登记过的政治团体应向联邦选举委员会递交该团体在上一个财政年度中以各种形式收到的财产的来源及用途的年度报告。

第八款　上一款提及的年度报告最晚应在所报告的财政年度十二月最后一日之后的九十日之内提交。

第九款　全国性政治团体可因下列原因被撤销登记：

第一项　大多数成员同意其解散；

第二项　根据其基本文件，构成解散的原因成立；

第三项　未递交关于其财产来源及用途的年度报告；

第四项　在一个自然年度内，没有依据相关法律法规的规定开展任何活动；

第五项　严重违反本法的规定；

第六项　停止履行获得登记所需的要求；

第七项　本法规定的其他原因。

第三章 政党的权利和义务

第二十三条

第一款 政党的权利包括：

第一项 根据宪法和相关适用法律的规定参加选举程序的筹备、组织开展和监督工作。

第二项 根据宪法第四十一条第一部分、本法、《联邦选举制度与选举程序法》及其他相关法律法规的规定参加选举。

第三项 享有规范自身内部生活、决定内部组织机构和相应程序的权利。

第四项 根据宪法第四十一条、本法及其他适用的联邦法律或地方法律的规定，享有相应特权、获得公共资助。

在向参加辖区内地方选举的全国性政党提供地方性资助的联邦单位，其地方性法律不得对上述资助设定限制，也不得因其获得全国性公共资助而缩减政党获得的地方性资助的数额。

第五项 根据本法、适用的相关联邦法律及地方性法律的规定，组织党内推选参加公共选举候选人的程序。

第六项 按照本法、适用的相关联邦法律及地方性法律的规定，组建联盟、统一阵线或进行合并。组建联盟、统一阵线或进行合并均应得到本党章程中规定的全国性领导机构的批准。

第七项 只对那些为政党直接履行宗旨所必不可少的不动产具有所有权或管理权。

第八项 同国外的政党或组织建立联系，但应始终保持政治和经济上的绝对独立，并充分尊重和维护墨西哥合众国及其政府机构的完整与主权。

第九项 在选举司法制度允许的范围内对其合法利益作出辩护。

第十项 根据宪法、地方法规以及其他适用法律法规的规定，向联邦选举委员会各机构或地方公共机构委派代表。

第十一项 同全国性政治团体签署联合参选协议。

第十二项　宪法和法律赋予的其他权利。

第二十四条

第一款　下列人员不得作为全国性政党派驻联邦选举委员会所设机构的代表：

第一项　联邦司法机关的法官或司法人员。

第二项　某一联邦单位司法机关的法官或司法人员。

第三项　选举法院的法官或秘书。

第四项　任何武装部队或警察部队的现役人员。

第五项　联邦或地方公共部门的官员。

第二十五条

第一款　政党的义务包括：

第一项　按照民主国家的原则，在合法渠道内开展活动，调整党组织和党员的行为，尊重其他政党的政治参与自由和公民的权利。

第二项　禁止使用暴力及开展任何以破坏社会秩序、影响公民享受权利、阻碍政府机构正常工作为目标或可能导致相应情况的行为。

第三项　保持相应法律所要求的政党组建及注册登记应拥有的最少成员数量。

第四项　使用已登记过的名称、党徽和颜色，它们不能与已有政党所使用的名称、党徽和颜色相同或相似。

第五项　执行其关于党员纳新的规范，遵守其关于候选人推选的规章中规定的程序。

第六项　维持党内法定机构的有效运行。

第七项　每个内部机构都有自己的办公地点。

第八项　至少每季度编辑一份宣传出版物，每半年一份理论性出版物。

第九项　拒绝任何来自外国人或宗教人士的经济、政治或宣传等支持，拒绝任何来自宗教协会和组织、教会或法律禁止对政党进行资助的个人的支持。

第十项　在参选选区以及广播电台和电视频道的相应时段发布和宣传竞

选纲领。

第十一项　允许联邦选举委员会或地方公共机构的相关部门依据宪法第四十一条规定开展的审计和检查工作，提供上述机构要求的关于收入和支出的文件材料。

第十二项　自政党内部达成修改协议之日算起的十日内，向联邦选举委员会或地方公共机构报备对其基本文件所作的修改。直到联邦选举委员会总委员会宣布这些修改符合宪法和法律规定，相应修改才能正式生效。决议应在相关文件提交之后三十个自然日内发布。依据适用的各项规定对领导机构成员和办公地点进行变更时也应执行同样的程序。

第十三项　行为和行动不得依赖或从属于外国政党、个人或法人、国际组织或机构以及任何宗教人士。

第十四项　得到的资助只能用来完成交付给政党的任务。

第十五项　进行政治宣传或竞选宣传时，不得使用任何诋毁其他机构和政党或诽谤他人的言语。

第十六项　在宣传中不得使用宗教标识以及具有宗教色彩的言语、隐喻或理由。

第十七项　不得组织公民集体入党。

第十八项　推选联邦或地方议员候选人时，保障两性平等。

第十九项　制作和提交本法提到的各种资源的来源及使用报告。

第二十项　履行关于透明度和获取其信息的法定义务。

第二十一项　其他联邦或地方法律规定的义务。

第二十六条

第一款　政党拥有的特权包括：

第一项　根据宪法和《联邦选举制度与选举程序法》的规定，使用电台和电视台。

第二项　根据本法规定，参与相应公共资助的分配以开展活动。

第三项　享受本法和相关法律所规定的财政制度。

第四项　为履行职责所开展的必要活动享有邮政和电报资费豁免权。

第四章　政党在透明度方面的义务

第二十七条

第一款　本章规定在不妨碍关于透明度的法律法规规定的前提下对所有政党都具有强制性。

第二十八条

第一款　根据本章以及关于透明度及获取信息的法律法规的规定，任何人都享有获取政党信息的权利。保证透明度的自治机构有权了解相关事务、获取政党的公共信息并保护党员的个人信息。

第二款　根据宪法第六十条有关透明度的规定，任何人均可直接获取各政党的信息。

第三款　为减少获取政党信息的申请的数量，相关法律法规应对组织机构、格式、程序和期限作出规定。

第四款　如果被申请的信息是公开的，包括联邦选举委员会和地方公共机构或相关政党的网页信息，必须将该信息提交给申请人，并告知申请人获取信息的方式。

第五款　如果被申请的信息是非公开的，申请应通过纸介或电子媒介的方式进行。

政党应至少在其网站公布关于透明度的法律作为义务所明确的信息。

第七款　政党提交给联邦选举委员会和地方公共机构或与其相关的信息一般均应公开，只有相关法律规定的特殊情况方可保留，所有公开信息均可在联邦选举委员会和地方公共机构的网页上查询。

第二十九条

第一款　政党应在其章程中考虑到保障其成员个人信息安全的方式以及成员对信息进行访问、修改、取消及反对的权利。

第三十条

第一款　政党的公开信息包括：

第一项　政党的基本文件。

第二项　政党领导机构的职权。

第三项　由政党的领导机构批准的条例、协议以及其他一般性规定，用于规范内部生活、明确党员的义务和权利、规范政党领导人的选举以及普选候选人的推选。

第四项　政党成员名册，必须包含下列信息：党员的父姓、母姓、单名或复名、入党时间和住址。

第五项　政党的全国、州（联邦区）、市（区）、办事处和选区领导机构。

第六项　上一项所提及的领导机构成员的日常报酬和额外报酬。如果有其他人从政党获取收入，无论其在党内或党外担任何种职务，都应公开其日常报酬和额外报酬。

第七项　为购买、租赁、特许和借贷财产或服务而签订的合同或协议。

第八项　在联邦选举委员会登记注册的施政纲领和竞选纲领。

第九项　为组建统一阵线、联盟或进行合并而签署的协议，或与全国性政治团体联合参选而签署的协议。

第十项　为选举党的领导人或推选普选候选人而发布的通知。

第十一项　近五年来直到最近一个月内以任何方式给予政党的全国、州（联邦区）和市级机构的公共资助的总金额，以及因为处罚被扣除的金额。

第十二项　本法规定提交的报告，政党的财务状况，政党自身拥有、租赁所得或在任何法人名下的不动产明细，以及上述文件所需的附件、捐赠者的关系和每位捐赠者捐出的总金额。

第十三项　对其资产的审计工作结束后出具的复查结果、报告、审计、审查结果及其执行结果。

第十四项　司法机构对政党作出的司法裁决以及执行裁决的方式。

第十五项　政党内设监察机构发布的决议。

第十六项　保障党员权利的相关决议及其全面执行情况。

第十七项　政党派驻联邦选举委员会诸机构代表的姓名。

第十八项　接受政党经济支持的基金会、调研培训研究院或中心及其他相关机构的名单。

第十九项　联邦选举委员会总委员会对本条第十二项提到的报告作出并通过的意见和决议。

第二十项　本法和关于透明度的适用法律规定的其他信息。

第三十一条

第一款　根据相关法律规定，与政党内设组织机构的审议程序相关的信息、与其政治战略相对应的信息、各种调查内容以及政党成员、领导人、普选预选候选人和正式候选人的私人活动信息、个人信息和家庭信息具有保密性，为保密信息。

第二款　以下信息不得保密：竞选活动和预选活动经费的分配和开支、政党公共预算经费的开支以及没有特定目标指向的所有类型的私人捐助。

第三十二条

第一款　政党应及时通过其网站更新本章要求的公共信息，且不能违反本法和相关法律法规规定的周期性、格式和方式。

第三十三条

第一款　对未履行本章规定义务的政党要按照相关法律规定进行惩处，这不妨碍《联邦选举制度与选举程序法》中对政党规定的惩处。

第三篇　政党的内部组织

第一章　政党的内部事务

第三十四条

第一款　为保障宪法第四十一条第一部分倒数第二段规定的实施，政党内部事务指依照宪法、本法和经政党领导机构批准通过的章程和相关规章的规定，与政党组织和运行相关的程序和行为的集和。

第二款　政党的内部事务包括：

第一项　基本文件的制定和修改。一旦启动选举程序，不得开展修改工作。

第二项　为了公民可以自由且自愿地加入政党而确定的要求和机制。

第三项　内部机构成员的选举。

第四项　推选普选预选候选人和正式候选人的程序和要求。

第五项　政党为确定其政治战略和选举战略，政党内部机构及由党员组成的组织为做决定而组织开展的审议程序。

第六项　颁布履行基本文件所需的内部条例和一般性决议。

第二章　政党的基本文件

第三十五条

第一款　政党的基本文件包括：

第一项　原则宣言。

第二项　行动纲领。

第三项　章程。

第三十六条

第一款　在政党的基本文件具有宪法和法律依据的前提下，联邦选举委员会总委员会尊重政党依照自身目的而颁布使其组织得以运行的规范和程序的权利。

第二款　政党应在其各项规章得到通过后最多十日内向联邦选举委员会报告。联邦选举委员会根据法律和规章的规定验证上述规章的合法性，并做相应记录。

第三十七条

第一款　原则宣言的内容至少应包括：

第一项　遵守宪法和依照宪法制定的各类法律和制度的义务。

第二项　用以吸引追随者的具有政治、经济和社会性质的思想原则。

第三项　声明不接受任何会使政党依从或隶属于任何国际组织、国外政党或机构的条约或协议，不申请或不接受来自国外人员或宗教人士的任何形式的经济、政治或宣传性的支持，不申请或不接受来自宗教组织、团体以及本法禁止向政党提供资助的个人的任何支持。

第四项 以和平且民主的方式开展各项活动的义务。

第五项 推动机会均等和男女平等，促进政治参与义务。

第三十八条

第一款 行动纲领应明确以下方法：

第一项 实现政党的目标。

第二项 提出公共政策。

第三项 对党员进行思想和政治教育。

第四项 鼓励党员积极参与选举进程。

第三十九条

第一款 章程应明确：

第一项 政党的名称、党徽以及区别于其他政党的标志性颜色。名称与党徽不具有宗教或种族隐喻色彩。

第二项 个人自由、自愿、和平地加入政党的程序及其权利和义务。

第三项 党员的权利和义务。

第四项 政党的组织结构。

第五项 组成和更新党内机构的规范和民主程序，以及内部机构的功能、职责和义务。

第六项 提名政党候选人的规范和民主程序。

第七项 政党参选时提供声明以原则宣言和行动纲领为基础的竞选纲领的义务。

第八项 党的候选人支持和拥护党参加的竞选活动的竞选纲领的义务。

第九项 政党使用的私人资助的类型与规定。

第十项 党内司法的规范、期限、程序以及解决内部矛盾的机制，应保障党员权利，确保相应决议的正当性和合法性。

第十一项 通过党内惩处程序对触犯内部规定的党员实施的惩处措施。处分应具备最低的诉讼保障，包括：听讼和辩护的权利、关于触犯内部规范的可能性或开除党籍的原因的描述、提供作出相应决议的理由和根据。

第三章　党员的权利和义务

第四十条

第一款　政党可以根据其参与水平和责任程度在党的规章中对成员的类型和相应权利作出规定。成员的权利至少应包括：

第一项　以个人名义或通过代表参加就下列情况作出相关决议的大会、委员会议、代表大会或类似会议：审批通过党的基本文件或对基本文件的修改，选举党的领导人和普选候选人，与其他政党合并、组建联盟或阵线以及解散党。

第二项　在满足政党规章和其他相关规定所明确的要求的情况下，在党内推选普选候选人的过程中进行自荐。

第三项　在满足政党规章明确的各项要求的情况下，在党内选举党的领导人的过程中进行自荐，同时有权被任命担任党内的其他任何职务或代理。

第四项　根据关于透明度的法律的规定，申请和接收有关政党任何事务的公开信息，无论申请信息的相关事件是否有直接的司法价值。

第五项　依据党内规范，通过领导人任内提交的报告，向领导人进行问责。

第六项　要求履行党的基本文件。

第七项　接受政治培养、能力培训和相关信息培训，行使自身政治权利和选举权利。

第八项　能够参与党内司法程序，并在党内受到侵犯时，享受作为党员的权利，在实践中获得司法指导。

第九项　在联邦选举法院或地方选举法院驳斥由党内机构作出的影响自身政治选举权利的决定和决议。

第十项　依据不同情况，确认或舍弃成员身份。

第四十一条

第一款　政党的各类规章应明确党员的义务，并且义务至少应包括：

第一项 尊重和遵守党的规章和规范。

第二项 尊重和传播党的思想原则和行动纲领。

第三项 依据党内规范对政党进行资助，并在选举法律规定的期限内交付党费。

第四项 确保内部民主，践行党内规范。

第五项 履行有关选举事务的法律规定。

第六项 根据党内规范，履行由党内职能部门发布的决议。

第七项 参加符合自身身份的各类大会、代表大会和其他会议。

第八项 通过党的培训项目接受相应培训，提高自身素养和能力。

第四十二条

第一款 联邦选举委员会应核验同一个人不能同时加入多个政党，也应建立相应的名册查询机制。

第二款 如果某公民出现在多个政党的党员名册中，应依照本法第十八条进行处理。

第四章 政党的内部机构

第四十三条

第一款 政党的内部机构应至少包括：

第一项 一个作为党的最高权力机构且具有审议职能的大会或同等机构。全国性政党的此类机构由各联邦单位的代表组成，地方性政党的此类机构由各市的代表组成。

第二项 一个作为党的代表的全国性或地方性委员会或同等机构，行使监督和在适当情况下对党内其他机构的决定进行授权的职能。

第三项 一个负责管理党产和资金资源，提交季度和年度收支报告，提交预选活动报告和竞选活动报告的机构。

第四项 一个由民主方式组成的党的集体决议机构，负责组织整合党内机构以及推选普选候选人的相应程序。

第五项　一个负责保障党内司法公正的集体决议机构，该机构应独立、公正且客观。

第六项　一个负责履行宪法和相关法律要求的透明度和获取信息义务的机构。

第七项　一个负责对其党员和领导人进行公民教育和培训的机构。

第二款　除上述机构外，全国性政党还应在各联邦单位设有具有行政职能的委员会或同等机构。

第五章　整合内部机构和选举候选人的程序

第四十四条

第一款　政党整合内部机构和推选普选候选人的程序由上一条第一款第四项规定的机构负责，并依照以下基本方针进行：

第一项　政党通过其职能部门发布确定的且符合各项规章规定的会议通知。该通知至少应包含：

第一目　要选举的职位或候选人；

第二目　当选的资格要求，应包括与预选候选人或正式候选人认同并拥护党的纲领、原则和思想理论相关的要求及其他要求，并且不得违反被选的基本要求；

第三目　预选候选人或正式候选人的登记日期；

第四目　应递交的文件；

第五目　查补登记文件中可能出现的遗漏或瑕疵的时间点；

第六目　按照联邦选举委员会的规定，用于选举党的领导人和推选普选预选候选人活动的开支上限和规则；

第七目　推选办法，如果以党员投票的方式进行，应确保投票自由，且具有保密性；

第八目　选举的地点和日期；

第九目　提交关于竞选或预选活动收支的报告的日期。

第二项　上一条第一款第四项中提到的机构负责：

第一目　对预选候选人或正式候选人进行登记注册，并对其资格进行确认；

第二目　保障整个程序的公正、公平、透明度与合法性。

第四十五条

第一款　政党可以向联邦选举委员会提出申请由其依照党的规章和程序以及党的特权组织选举党的领导机构。

第二款　选举程序的组织和运行应遵循下列规定：

第一项　政党应在其规章中明确规定具有相应职能的内部组织、决定是否提出申请的依据和程序。

第二项　政党应在相应领导机构到任日的四个月前，通过本法第四十三条第二项中提到的机构向联邦选举委员会提交申请。

如果因诉讼影响而导致政党的领导机构无法在规定期限内更新，该政党可以向联邦选举委员会提出申请，在上一段提及的日期之外进行选举。

第三项　在非选举期，政党只能向联邦选举委员会申请合作。

第四项　提出申请的政党应与联邦选举委员会就参与的范围、组织和推进选举进程的条件达成一致，这些条件应符合该党党章和条例的规定。

第五项　在协议中应建立关于组织选举进程费用的机制，这些费用应包括联邦选举委员会为此发生的人员费用。费用由提出申请的政党享受的特权解决。

第六项　为推进选举进程，联邦选举委员会应与本法第四十三条第四项规定的机构商讨协调。

第七项　选举应优先依靠电子手段来接收投票。

第八项　联邦选举委员会只能在实际上无法组织其内部选举的情况下拒绝政党的相关申请。

第六章　党内司法

第四十六条

第一款　政党应建立包括用以解决党内矛盾分歧的各种不同机制在内的党内司法程序。

第二款　本法第四十三条第五项规定的政党集体决议机构，应在审理程序之前组建完成，成员数应是奇数；该机构负责党内司法，应独立、公正、合法开展行动，并遵守政党规章中规定的相应期限。

第三款　政党规章应明确规定解决关于党内事务的矛盾分歧的不同方法，为此，应预先考虑方法的合理依据、成员能够自愿遵守、有关期限和相应程序的各项手续。

第四十七条

第一款　上一条中提及的政党集体决议机构应通过多数票决制方可作出决议。

第二款　与政党的内部事务相关的所有矛盾分歧都应经政党规章里明确规定的机构解决，并且应及时解决分歧以保障党员的权利。只有党内所有辩护手段都无法解决时，党员才能向选举法院求助。

第三款　政党集体决议机构作出的决议应重视公民的政治权利，尤其是与政党自主组织原则和自主决定原则相关的权利。

第四十八条

第一款　政党的内部司法系统应具有以下特点：

第一项　解决内部矛盾的机构只有一级，以便于及时且畅通无阻地发布决议。

第二项　明确规定内部司法手段的上诉、审理和解决阶段的期限。

第三项　遵守程序要求的所有必要手续。

第四项　在党员享有的政治选举权利受到侵害的情况下，能够正式、有效、充分地恢复这些权利。

第四篇　电台和电视台的使用

第四十九条

第一款　根据宪法第四十一条的规定，联邦选举委员会负责根据《联邦选举制度与选举程序法》的有关规定管理国家选举节目的时段。

第五篇　政党资助

第一章　公共资助

第五十条

第一款　政党有权接受公共资助来开展活动。公共资助应根据宪法第四十一条第二部分以及地方法规的相关规定公正分配。

第二款　公共资助应优先于其他类型的资金支持，应用于维持政党的日常活动、选举进程的各种花销以及作为公共利益实体而进行的特定活动。

第五十一条

第一款　政党有权按照以下规定使用用于党的各项活动、组织结构、工资和薪金的公共资助，这不妨碍政党享受本法赋予的其他特权：

第一项　用于维持日常活动。

第一目　联邦选举委员会总委员会每年应决定在全国性政党间分配的资助额度，地方公共机构每年应决定在地方性政党间分配的资助额度。相应分配应按照下列标准进行：如果是全国性政党，用在联邦选举花名册上注册的公民总数（以每年七月份为截止日期）乘以联邦区现行日最低工资的百分之六十五；如果是地方性政党，用在地方选举花名册上注册的公民总数（以每年七月份为截止日期）乘以所在联邦州最低日工资的百分之六十五。

第二目　上一目算出的结果即用于各政党维持日常活动的年公共资助，

此类公共资助应根据宪法第四十一条第二部分第一项的规定进行分配。

第三目　根据每年通过的预算计划，按月发放应该用于各政党的资金数量。

第四目　政党每年应将其获得的公共资助中的至少百分之二用于开展本款第三项中规定的特定活动。

第五目　政党每年应将用于维持日常活动的公共资助的百分之三用于培训、促进和发展女性的政治领导力。

第二项　用于竞选运动。

第一目　在同时进行联邦政府或地方政府和国会参众两院或州议会选举的年份，每个全国性政党或地方性政党能够获得相当于该党当年获得的维持其日常活动的公共资助总额百分之五十的资助，用于其竞选活动。

第二目　在只进行联邦众议院或州议会选举的年份，每个全国性政党或地方性政党能够获得相当于该党当年获得的维持其日常活动的公共资助总额百分之三十的资助，用于其竞选活动。

第三目　用于竞选活动的全部资金应由政党管理，根据本法规定确定分配比例；政党应于选举活动开始之日十日前告知审计委员会，审计委员会在随后的会议上向联邦选举委员会总委员会报告，上述分配比例不得调整。

第三项　用于作为公共利益实体而开展的特定活动。

第一目　政治教育和培养、社会经济和政治调研以及全国性政党的出版发行任务都应得到公共资助。这部分资金相当于本条第一项规定的同年获得的维持日常活动资金总额的百分之三；这部分资金应根据本条第一项第二目的规定分配。

第二目　总委员会通过技术部门监督政党是否将本项提到的资助专门用于上一目中提到的活动。

第三目　各政党应得金额，根据每年通过的预算计划，按月发放。

第二款　在最近一次选举年之后才注册登记的政党，或者具有合法登记却未在国会参众两院或地方议会获得席位的政党，有权按照下列规定获得公共资助：

第一项　每个政党都可以获得本条提到的维持日程活动的资金的百分之

二；在选举年还包括本条第一款第二项规定的为竞选活动提供的资助。

第二项　用于政党作为公共利益实体开展特定活动的资助，只能得到平均分配的部分。

第三款　上一款第一项中涉及的资金，自政党注册登记生效之日起，结合年度通过的预算计划，按照年金的相应比例交付。

第五十二条

第一款　为获得地方性资金支持，全国性政党应在所在州上一次地方选举中获得百分之三的有效选票。

相应的地方法规应对符合上款要求的政党获得地方性资金支持作出规定。

第二章　私人资助

第五十三条

第一款　除了上一章中规定的公共资助，政党还可以接受其他资助，这类资助必须符合以下标准：

第一项　党员的资助。

第二项　支持者的资助。

第三项　自筹资金。

第四项　金融、基金和信托基金收益。

第五十四条

第一款　以下个人或组织在任何情况下都不能以个人名义或他人名义向政党、参加普选预选候选人或正式候选人及其候补提供或捐献钱物：

第一项　联邦或各州的政府、立法机关、司法部门和市政府，宪法和本法规定的公共资助除外。

第二项　联邦、州、市层级的公共管理部门的下属机构、单位或组织，包括官方的和半官方的，以及联邦区各政府机构。

第三项　联邦自治机构和各州的自治机构。

第四项　外国政党、个人或法人。

第五项　任何性质的国际组织。

第六项　法人。

第七项　在国外生活或工作的个人。

第二款　政党不得以活动经费名义向发展银行申请贷款。

第五十五条

第一款　政党不得接受不明身份人员的资助。

第二款　支持者资助政党的资金应从所得税中扣除，最高可达到百分之二十五。第五十六条第一款公共资助以外的资助包括以下形式：

第一项　党员提供的个人的、强制性的、常规的或额外的钱款或实物。

第二项　预选候选人和正式候选人专门为其预选活动和竞选活动个人自愿提供的钱款或实物。

第三项　在联邦选举和地方选举过程中由支持者个人自愿提供的资助，以及由居住在国内的墨西哥自然人自由且自愿地向政党提供的钱款或实物资助或捐赠。

第二款　私人资助应符合以下年度限额：

第一项　党员的资助应为给予各政党维持该年度日常活动和预选活动公共资助总金额的百分之二。

第二项　候选人以及在选举过程中支持者的资助应为最近一次总统选举费用上限的百分之十，且这部分资金要用在候选人竞选活动中。

第三项　每个政党都可以通过本法第四十三条第一款第三项中规定的机构，自由确定其成员交付的常规份额和额外份额的最大金额、最小金额和缴纳周期，以及预选候选人和正式候选人专门为预选活动和竞选活动自愿提供的资助的最大金额、最小金额和周期。

第四项　每年每位支持者资助的上限为最近一次总统选举费用上限的百分之零点五。

第三款　政党应出具收据，收据中注明捐赠者的全名、住址和选民证编号，如果可能，还应有捐赠者的联邦纳税记录。如果捐赠者以支票或银行转账的方式进行捐赠，原始账户应在捐赠者名下。捐赠资金或份额应按规定存入以该政党名义开设的银行账户中。

第四款　以实物形式进行的捐赠，应在政党和捐赠者签署的合同中予以说明。合同中要注明捐赠的资产或用具的单价以及捐赠的总额，必要情况下还要注明捐赠物品的数量；同样要附有发票，发票上注明付款方式；应符合《联邦财政法》第二十九条第七款第三项的有关规定。

第五款　政党应每月提交一份包含捐赠者姓名和资产来源的清单（如有必要），捐赠的资产必须在捐赠者名下。

第六款　捐赠的动产和不动产只能供受益政党完成目标使用。

第五十七条

第一款　政党只能在墨西哥境内的银行机构中开设账户、基金或信托基金，对流动资产进行投资以期待获取经济回报，政党应遵守下列规定：

第一项　应最晚不得迟于签订相关协议后的五日内，向联邦选举委员会总委员会报告相应账户、基金或信托基金的开设情况，并附上协议复印件，复印件由建立协议的私有银行机构开具。

第二项　相应的账户、基金或信托基金是墨西哥政府在一年内以国有货币形式处理债务的工具。

第三项　账户、基金或信托基金的银行保密或受托基金保密权利不适用于联邦选举委员会总委员会，联邦选举委员会总委员会可以随时索取其操作和运行的详细信息。

第四项　通过这一方式获取的经济回报只能用于完成政党的目标。

第三章　财务运行的核查

第五十八条

第一款　如果联邦选举委员会总委员会怀疑捐赠给政党的资金来源不合法，可以通过其技术部门向财政和公共信贷部中负责财政信息的职能部门申请财政运行报告。

如果根据现行法规认定联邦、州和市的下属单位或机构某些操作不寻常，那么应审计机构的申请，财政和公共信贷部中负责财政信息的职能部门应就这些机构在任何一次选举过程中的现金操作进行报告。

第六篇　政党财务制度

第一章　政党会计系统

第五十九条

第一款　政党应对其会计核算、会计系统操作负责，履行本法以及联邦选举委员会总委员会和审计委员会颁布的相关规定。

第六十条

第一款　政党的会计系统应具有下列特点：

第一项　是以通用技术原则为基础的记录、程序、标准和报告的集合体。通用技术原则主要用于搜集、评价、登记、分类、报告和解释那些源于财务活动且变更政党资产状况的协议、变化和事件。

第二项　明确政党、候选人和所有责任主体义务、对其花销进行分类以及明确违法行为的关于审计的规定，是对相应规范的严格解释。

第三项　承认政党同第三方根据民事和商务法规开展的活动的司法性质。

第四项　以和谐、明确、具体的方式记录预算执行、会计操作和其他经济活动。

第五项　能够反映出运用了由联邦选举委员会总委员会规定的原则、基本会计准则、具体会计准则及工具。

第六项　便于检查收入、支出、资产和债务。

第七项　从预提费用算起，自动将预算操作同会计操作整合在一起。

第八项　允许在考虑整合预算信息和会计信息的基础上进行登记记录。

第九项　对财务管理中涉及权利和义务的每项操作都有相符且有序的记录。

第十项 实时产生预算执行的财务状况以及有助于决策、透明度、基于结果的程序、评估和账户收益的其他信息。

第十一项 便于对动产和不动产清单进行登记和监控。

第二款 会计系统安装在一个设有安全装置的电脑系统中。政党要在网络上进行会计记录。联邦选举委员会可以行使监督和审计的权利，能够无限制地访问各个系统。

第三款 联邦选举委员会可以对政党和候选人提出预防性建议，旨在改善本法提到的报告的效力、效率、及时性、扎实性和真实性。

第二章 政党在财务制度方面的义务

第六十一条

第一款 对其财务制度，政党应：

第一项 通过账本、系统、会计登记记录、账务清单、特别账务、工作记录、光盘或任何其他方便政党对其资产、负债、收入、支出进行登记与审计并且可对资料进行存储的媒介物记录会计事务，总之，有助于政党估量其收支的效力、状况和效率并管理债务。

第二项 生成财务报表，财务报表应使用金融术语，并且可信、及时、易懂、定期、可比和同质。

第三项 为支持完成财务规划、资源控制、分析和审计任务，应采用最好的会计方法。

第四项 拥有会计手册和联邦选举委员会总委员会规定的其他会计工具。

第五项 保留至少五年的会计信息。

第六项 向联邦选举委员会总委员会提交。

第一目 在通知要求生效算起的七十二小时之内提交截至申请时间的财务报表。

第二目 每季度提交上一季度的协议报告，选举期间除外。

第三目 具有财务特点的信息、与执行条件和开支相关的信息、在预选活动和竞选活动期间签署的协议信息（要在签字后的三日内提交）、财产提前交付或提供相关服务的信息。上述信息可以根据联邦选举委员会相关规定通过电子方式报告。

第六十二条

第一款　联邦选举委员会总委员会将按照相关程序对上一条第六项第三目中提到的协议内容进行核实。

第二款　政党应向联邦选举委员会总委员会提交相应的通知，并附上合同的亲笔抄件，其中要包括：

第一项　政党代表、联盟代表或候选人代表的签字。

第二项　合同的目的。

第三项　所提供货物或服务的单价或总价。

第四项　能够完成操作的条件。

第五项　未履约时的惩罚方法。

第六十三条

第一款　政党、联盟或候选人的开支应符合下列要求：

第一项　有符合审计要求的收据作为依据。

第二项　如果总额超过联邦区最低日工资乘以九十，通过电子转账和署名支票的方式进行，以保证进入受益人的账目。

第三项　在会计账目中进行记录。

第四项　满足有关第三方税务减免的规定。

第五项　与收购买进相关的开支符合账目合法、诚信、效率、效力、经济、合理、节俭、透明、控制和收益的标准。

第六十四条

第一款　政党可以在预选和竞选期间选择通过技术部门履行日常活动、预选活动和竞选活动的开支，或仅支付与借助公共媒介进行宣传相关的费用。

第二款　在公共媒介的宣传指的是借用演出、邮箱、灯箱、广告牌、防雨罩、可移动或不可移动的城市公共装置、墙、全景拍照、公交车身、桥梁、栅栏、车辆或其他类似装置进行的宣传。

第三款　如果政党选择由联邦选举委员会通过技术部门履行政党在竞选期间签订的全部合同义务，那么在整个竞选期间只有技术部门能够使用支票簿。

第四款　如果政党选择由联邦选举委员会通过技术部门仅支付在公共媒介进行宣传所产生的费用，则应使用一个专门账户，其支票簿仅归属技术部门。

第五款　总委员会应制定方针政策保障支付通过技术部门顺利完成。方针政策应保证资源使用的透明度、支付及时、符合财政和余额调节方面的相关规定等。

第六十五条

第一款　联邦选举委员会将制定方针政策，保证政党、联盟和候选人的相关会计登记、运作、合同前的通知以及合同可靠性要求具有最大程度的公开性。

第七篇　其他特权

第一章　税　制

第六十六条

第一款　全国性政党无须缴纳以下税费：

第一项　为募集资金而举行的合法抽奖、展销、庆典或其他活动的相关税费；转让为行使特定职能而得到的不动产所得收益以及捐赠所得（包括钱款与物品）应缴税费；为宣传政党原则、纲领和章程而出售刊物及在宣传中使用多媒体设备和资料的相关税费；其他现行法令所规定的税费。

第六十七条

第一款　上一条的规定在以下情况中不适用：各州规定的关于不动产确权、产权分割、加固、搬迁、修缮的补充税以及房产价格变化带来的附加税；各州、市规定的关于提供公共服务的税款。

第六十八条

第一款　本法第六十六条的规定不免除政党履行税费方面的其他义务。

第二款　政党应根据现行法律规定，按照政党领导人、职员、工作人员以及相关专业人士的薪水将个人所得税上报税务部门。政党资产审计委员会负责向相关税务部门通报偷税漏税的行为。

第二章　邮政和电报资费豁免

第六十九条

第一款　全国性政党在国内开展必要活动时拥有邮政和电报资费豁免权。

第七十条

第一款　免付邮资应遵守以下规定：

第一项　联邦选举委员会总委员会应在联邦选举委员会的全年预算中确定全国性政党在邮政方面的支出费用。在非选举年，这部分费用应相当于用于政党日常活动公共资助的百分之二；在选举年，应相当于百分之四。

第二项　豁免的邮政资费应在全国性政党中平均分配。

第三项　联邦选举委员会应通知墨西哥国家邮政局每个全国性政党每年可免付的邮资额度，并在预算范围内分季度支付限额内的资费。在任何情况下，联邦选举委员会都不能将邮资直接提供给政党。相应年度剩余经费应回到国库作为预算资金。

第四项　只有每个政党的领导委员会才能享受邮政资费豁免权。政党驻总委员会代表应及时向联邦选举委员会报告每年这笔款项在上述委员会中的分配情况。

第五项　政党应为每个领导委员会向政党特权行政领导机关和地方及选区的行政委员会派驻两名代表负责其日常通信、宣传材料以及定期出版物的寄送事务。相应行政领导机关应将代表名单交给国家邮政局，并为其办理必要手续。

第六项　全国委员会可向全国各地寄送书信、宣传材料和定期出版物。

州、选区、市委员会可向党的全国委员会或在所属辖区范围内寄送材料。

第七项　国家邮政局应告知联邦选举委员会每个政党办理邮寄的办公地点，并确保办公地点具备相关的必备条件。每个委员会派驻行政领导机关的代表应开具邮寄发票，并签署相关文件。

第八项　政党应在书信中清楚标明发信人身份。

第九项　联邦选举委员会应与国家邮政局签署必要协议，确保本条规定得以施行；国家邮政局应在协议规定的期限内报告每个政党对邮资的使用情况以及发现的任何不正当行为。

第十项　政党应及时向行政领导机关报告对代表的更换，由行政领导机关通知国家邮政局。

第七十一条

第一款　只有国内电报才能享受资费豁免权，并须遵守以下规定：

第一项　只有政党的全国委员会享有电报资费豁免权。

第二项　全国委员会向全国各地发电报都可以免付资费。

第三项　电报资费豁免权由各个全国委员会授权的两名代表使用。代表的姓名和签字应在政党特权行政领导机关进行登记，政党特权行政领导机关将其报给相应的公共机构。

第四项　电报只用于紧急情况，电报内容应遵守相关规定。

第五项　为了宣传目的或个人事务发送的电报以及同城电汇信息不享受资费豁免权。

第二款　联邦选举委员会应在其年度预算中列出本条规定中提及的要付给相应公共机构的必要经费。

第八篇　政党审计

第一章　对政党日常活动的审计

第七十二条

第一款　政党应记录日常活动的收入和支出。

第二款　以下各项支出为日常开销：

第一项　政党用于争取市民参与民主生活、传播政治文化以及提高女性政治领导力的支出。

第二项　（最高法院在违宪诉讼中判决本项无效，于 2014 年 9 月 10 日宣布，2015 年 8 月 13 日在《联邦官方日报》上公布）

第三项　党内推举候选人过程中产生的开支，金额不得超过全年日常活动开支的百分之二。

第四项　人员的工资和薪水、动产与不动产的租金、办公用品、电费、燃料费、差旅费及其他类似费用。

第五项　只能传播党的标志的机构宣传和巩固民主的各种活动，其中没有出现暗示任何政治立场的语句。

第六项　（最高法院在违宪诉讼中判决本项无效，于 2014 年 9 月 10 日宣布，2015 年 8 月 13 日在《联邦官方日报》上公布）

第三款　（最高法院在违宪诉讼中判决本款无效，于 2014 年 9 月 10 日宣布，2015 年 8 月 13 日在《联邦官方日报》上公布）

第七十三条　为培训、提高和发展女性政治领导力，政党可将资源用于以下项目：

第一项　旨在向市民宣传女性政治领导力的发展、进步及相关话题的调查研究。

第二项　编写、出版及发行书籍、杂志、小册子或以其他任何形式宣传男女平等。

第三项　召开工作会谈和会议、组织讲习班和活动以及制订计划来宣传促进女性参与政治生活的相关内容。

第四项　对相关活动的进展进行宣传。

第五项　组织和推广相关活动的必要开支。

第七十四条

第一款　政党应在报告中记录作为公共利益实体所开展的特定活动，主要包括以下几项：

第一项　政治教育及能力培养，即在市民中组织各类旨在促进政治参与、公民价值观以及尊重人权的活动。

第二项　进行社会经济、政治研究。

第三项　通过任何媒介制作、出版和发行关于政党、党员及支持者利益的信息。

第四项　组织和传播相关活动的必要开支。

第二章　选举过程中对政党的审计

第七十五条

第一款　应审计委员会的要求，总委员会应根据政党发出的通告的性质，在预选活动之前确定将被视为预选费用的类型。

第七十六条

第一款　以下开支可被视为选举开支：

第一项　宣传开支，包括墙面宣传栏、条幅、传单、标语牌、音响设备、在租来的场地举办政治活动、进行实用宣传以及其他类似活动所需费用。

第二项　竞选活动进行中的开支，包括临时人员的工资和薪水、动产与不动产的临时租金、人员和物资的交通运输费、差旅费以及其他类似费用。

第三项　在日报、杂志和其他纸媒上做宣传的开支，包括为获得选票付费在这些纸媒上刊登报道、广告及类似事务的花销。在所有情况下，政党、候选人和刊物都应清楚地确认是宣传还是付费报道。

第四项　为广播和电视制作电文的开支，包括享受专业服务、使用技术设备、录音和制作场所所需的费用以及过程中的其他开支。

第五项　政党向公众介绍自己的候选人和进行相关宣传所需的费用。

第六项　向公众展示、推进以及讨论候选人的计划、行动及竞选纲领所需的费用。

第七项　在从预选结束到选举活动正式开始前的这段时间里，宣传任一候选人或政党的形象、名字或执政纲领所需的费用。

第八项　总委员会应审计委员会的要求在竞选活动开始前确定的费用。

第二款　政党处理日常事务、完成规定的义务、巩固领导机构和组织所需的费用不属于竞选开支。

第三款　所有用于竞选活动的商品或服务必须以在联邦或地方选举中获得选票为直接目的。（最高法院在违宪诉讼中判决此款原后半句无效，于 2014 年 9 月 10 日宣布，2015 年 8 月 13 日在《联邦官方日报》上公布）

第三章　政党收支报告

第七十七条

第一款　本法第四十三条第三项提到的政党内部机构负责管理政党资产、一般资源、预选活动和选举活动，以及提交本章所提到的报告。该机构的构成方式及特点由各政党自由决定。

第二款　联邦选举委员会总委员会负责审查各政党提交的关于一般资源的来源、用途以及选举活动的报告，同时负责检查对政党资源利用以及财政状况的审查情况。审计委员会负责整理关于政党所提交报告的综合意见和决议草案，并提交给总委员会。

第七十八条

第一款　政党应按照以下指导原则提交季度报告和日常开支报告：

第一项　财政年度中的季度结算报告。

第一目　最迟在该季度结束之后的三十日内提交。

第二目　报告应包含政党该季度的日常收入和支出情况。

第三目　举行联邦选举的年份将暂停履行本项规定的义务。

第四目　委员会通过技术部门对报告进行审查时，如果发现异常、错误或疏漏，将通知政党予以更正或进行说明。报告是有关职能部门进行年度审查的前提条件。

第二项　日常开支年度报告：

第一目　最迟在每年十二月结束后的六十日内提交。

第二目　报告中应写出政党全年的总收入和日常开支。

第三目　提交年度报告时要附带一份注明政党资产、负债、固定资产的资产状况综合报表和一份关于政党名下不动产的详细报告。

第四目　本项中提到的报告应经过政党指定的外部审计员的授权和签字。

第二款　全国性政治团体应在本条第一款第一项第一目要求的期限内根据适用条例中规定的要求提交年度收入与支出报告。

第七十九条

第一款　政党应按照以下要求提交预选活动报告和竞选活动报告：

第一项　预选活动报告：

第一目　政党应就其推选每名民选公职预选候选人提交报告，针对每种类型的预选活动对候选人进行登记，报告中应明确资金来源、数量以及开支情况。

第二目　预选候选人和正式候选人对完成预选活动报告和竞选活动报告负有连带责任。为此，将分别分析违规行为。

第三目　报告最迟要在预选活动结束后的十日内提交。

第四目　政党在党内组织预选候选人推选过程中产生的开支应记录在当年的年度报告中。

第五目　如果预选活动期间摆放的宣传品，尤其是那些包含党内推选获胜者形象、姓名或别称的宣传品，在活动或候选人提名结束后依然留在公众视线内，将被视为使用的是竞选开支，这笔花销应在相应的报告中写明。

第二项　竞选活动报告：

第一目　政党应对每次竞选过程中的各项活动进行报告，并注明政党和候选人在相应范围内的开支。

第二目　候选人对上一目中提到的开支报告的完成负有连带责任。

第三目　从竞选活动开始算起，政党每三十日要向技术部门提交一份收入与开支报告，期限是每个阶段结束后的三日内。

第八十条

第一款　提交和审核报告的程序应遵守以下要求：

第一项　财政年度的季度结算报告：

第一目　提交季度报告后，如果技术部门在审核中发现异常、错误或疏漏，将通知政党予以更正或进行说明。

第二目　在任何情况下，季度报告的性质都只是向有关部门报告信息。

第二项　年度报告：

第一目　年度报告一经提交，技术部门将在六十日内完成审核，并随时有权要求本法第四十三条第三项提到的政党机构提交证明报告内容真实性的必要材料。

第二目　如果技术部门对报告进行审核时发现错误或疏漏，会通知政党，政党可以在接到通知后的十日内提交其认为适宜的说明或更正方案。

第三目　如果政党的说明或更正能够解决发现的问题，技术部门应予以告知，并责成其于五日内完成更正。前述期限不可延长。技术部门应在制定下一目提及的综合意见的最后期限前告知结果。

第四目　本项第一目中提到的期限或者更正错误的期限结束后，技术部门应在二十日内给出综合意见及决议方案以供审计委员会考虑。

第五目　审计委员会应在十日内通过技术部门提交的方案。

第六目　上一目中提到的期限结束后，审计委员会应在七十二小时内将方案提交给总委员会，总委员会在十日内对此进行讨论和批准。

第三项　预选活动报告：

第一目　关于预选活动开支的报告一经提交，技术部门应在十五日内完成审核。

第二目　如果技术部门发现错误或疏漏，将告知政党并责成其在接到通知后的七日内提交其认为适宜的说明或更正方案。

第三目　上一目中提到的期限结束后，技术部门应在十日内给出综合意见及相应决议方案以供审计委员会考虑。

第四目　审计委员会应在六日内通过技术部门提交的方案。

第五目　上一目中提到的期限结束后，审计委员会应在七十二小时内将方案提交给总委员会，总委员会在六日内对此进行讨论和批准。

第四项　竞选活动报告：

第一目　技术部门会在选举活动过程中对各政党竞选资源的使用情况进行审核和审计。

第二目　竞选活动报告一经提交，技术部门应在十日内对证明文件和提交的账目进行审核。

第三目　如果技术部门在证明文件或账目中发现错误或疏漏，将告知政党并责成其在接到通知后的五日内提交其认为适宜的说明或更正方案。

第四目　报告审核结束后，技术部门应在十日内给出综合意见及相应决议方案供审计委员会考虑。

第五目　技术部门提交综合意见及相应决议方案后，审计委员会应在六日内对方案进行投票并提交给总委员会。

第六目　综合意见及相应决议方案一经通过，审计委员会主席应将计划提交给总委员会，总委员会应在六日内完成对方案的投票。前述期限不可延长。

第八十一条

第一款　技术部门提交的意见和决议方案应至少包括以下几个方面：

第一项　对政党提交报告的审核结果和结论。

第二项　根据情况列出在报告中发现的错误和不规范之处。

第三项　指出政党在收到通知后提交的说明和更正方案。

第八十二条

第一款　政党可以按照有关法律规定对总委员会通过的综合意见和决议方案向联邦选举法院提起上诉。在这种情况下，联邦选举委员会的总委员会应：

第一项　向法庭提交技术部门的综合意见和相对应的报告。

第二项　起诉期满或法院公布相应决议后，将综合意见和总委员会通过的决议或诉讼中提出的决议做一份概要，提交给《联邦官方日报》予以公布。

第三项　在联邦选举委员会的网站上完整公布综合意见以及总委员会通过的决议或法庭作出的决议。

第八十三条

第一款　竞选活动的一般经费应根据以下规定按比例分配给各项活动：

第一项　竞选活动的一般经费指的是用于竞选活动，以及政党或联盟为推选出的所有民选公职候选人在选民中争取选票而进行宣传的费用，只要不明确指出具体候选人或活动类型即可。

第二项　在没有明确指出具体候选人或活动类型的情况下，用于传播政党或联盟的公共政策或提案的费用。

第三项　公开或传播对政党、联盟或其候选人、竞选纲领内容具有指向性的标志或标语口号。

第二款　推选两名或两名以上候选人参加选举时，竞选经费应按照以下方式进行分配：

第一项　在推选出一名共和国总统候选人和一名参议员候选人的情况下，将经费的百分之四十分给总统候选人，百分之六十分给参议员候选人。

第二项　在推选出一名共和国总统候选人和一名联邦众议员候选人的情况下，将经费的百分之六十分给总统候选人，百分之四十分给众议员候选人。

第三项　在推选出一名共和国总统候选人、一名参议员候选人和一名联邦众议员候选人的情况下，将经费的百分之二十分给总统候选人，百分之五十分给参议员候选人，百分之三十分给众议员候选人。

第四项　在推选出一名共和国总统候选人、一名参议员候选人、一名联邦众议员候选人的同时还要参加地方选举的情况下，将经费的百分之十五分给总统候选人，百分之三十五分给参议员候选人，百分之二十五分给众议员候选人，百分之二十五用于地方竞选。

第五项　在推选出一名共和国总统候选人的同时还参加地方选举的情况下，将经费的百分之四十分给总统候选人，百分之六十用于地方竞选。

第六项　在推选出一名共和国总统候选人、一名参议员候选人的同时还参加地方选举的情况下，将经费的百分之二十分给总统候选人，百分之六十分给参议员候选人，百分之二十分给参加地方选举的候选人。

第七项　在推选出一名共和国总统候选人、一名联邦众议员候选人和一名地方选举候选人的情况下，将经费的百分之四十分给总统候选人，百分之三十五分给众议员候选人，百分之二十五分给参加地方选举的候选人。

第八项　在推选出一名参议员候选人和一名联邦众议员候选人的情况下，将经费的百分之七十分给参议员候选人，百分之三十分给众议员候选人。

第九项　在推选出一名参议员候选人、一名联邦众议员候选人和一名地方选举候选人的情况下，将经费的百分之五十分给参议员候选人，百分之三十分给众议员候选人，百分之二十分给参加地方选举的候选人。

第十项　在推选出一名参议员候选人和一名地方选举候选人的情况下，将经费的百分之七十五分给参议员候选人，百分之二十五分给参加地方选举的候选人。

第十一项　在推选出一名联邦众议员候选人和一名地方选举候选人的情况下，将经费平分给两名候选人。

第十二项　在联邦选举中，如果在同一区域推选出超过两名候选人同时参加众议员选举或参议员选举，则经费分配比例根据相应的活动而定。这条原则同样适用于地方选举。

第三款　以下情况被以为是对候选人有益的费用支出：

第一项　提及由政党或联盟推选的候选人的名字。

第二项　宣传候选人的形象。

第三项　以上文提过的方式为竞选争取选票。

第四项《审计条例》应补充发展以上规定，并明确关于本条提到的开支进行登记与核实的规范。

第八十四条

第一款　全国选举委员会主席、选举委员和行政秘书有权随时向审计委员会索要全国性政党和地方性政党的日常开支报告。

第二款　关于预选活动报告和竞选活动报告，审计委员会应每隔二十五日在闭门会议上向选举委员提交一份报告，汇报核查进展。

第九篇　阵线、联盟与政党合并

第八十五条

第一款　为了实现非选举性质的政治和社会目标，政党可以通过特定统一的行动和策略组成阵线。

第二款　在满足本法有关要求的条件下，为了达到竞选目的，政党可以组成联盟，共同推选候选人参加联邦选举。

第三款　两个或多个政党可以合并成一个政党，或者共同形成一个新政党。

第四款　新登记的政党在其登记后的第一次联邦选举或地方选举结束之前不能与其他政党组成阵线、联盟或进行合并。

第五款　各州应在地方宪法中对为推选候选人而参与或联合政党的其他形式作出规定。

第六款　只要在其章程中有所规定并得到相关职能机构的批准，政党间组成联盟的协议、进行协作或参与的决议便正式生效，除非双方另有协议。

第一章　阵　线

第八十六条

第一款　组成阵线应签署协议，协议中要写明：

第一项　阵线持续时间。

第二项　组成阵线的动因。

第三项　协议各方要达成的目标。

第四项　各政党同意的共同享有本法规定的特权的形式。

第二款　组成阵线的协议应提交给联邦选举委员会。如果符合法律要求，处理过程将在十个工作日之内完成，并在《联邦官方日报》上予以公布，使其生效。

第三款　组成阵线的全国性政党将保留各自的法人资格、登记及身份。

第二章　政党联盟

第八十七条

第一款　全国性政党可以组成联盟，参加墨西哥合众国的总统大选以及按照相对多数原则进行的参议员和众议员的选举。

第二款　全国性政党和地方性政党可以组成联盟，参加州长、按照相对多数原则进行的地方立法机关众议员、市政府领导以及联邦区按照相对多数原则进行的立法议会议员和政治行政机构负责人的选举。

第三款　在政党联盟推选出候选人的情况下，组成联盟的各政党不能提名自己的候选人。

第四款　在政党联盟已经对候选人进行登记的情况下，任何政党都不能登记同样的人选作为自己的候选人。

第五款　在政党已经对候选人进行登记的情况下，任何政党联盟都不能提名同样的人选作为自己的候选人。

第六款　任何政党都不能对其他政党的候选人进行登记。政党按照本章规定组成联盟时，这条禁令不适用，或者参见本法第八十五条第五款规定。

第七款　以竞选为目的组成联盟的政党应按照本章的规定签署协议并进行登记。

第八款　联盟协议应由两个或两个以上的政党签署。

第九款　政党在同一次联邦选举或地方选举中只能加入一个联盟。

第十款　政党不能利用联盟协议对选票进行分配或转让。

第十一款　参议员和众议员的选举结果揭晓并且结果被宣布有效后，政党联盟自动结束。当选的参议员或众议员候选人按照联盟协议规定属于相应的政党或议会党团。

第十二款　选票上应印有组成联盟的各个政党的标志，这一点不受选举类型和政党联盟协议的约束；选票分政党来计算，总数算作联盟候选人的得票数。

第十三款　政党联盟中标记了多个选项的选票将被视为对所提名候选人有效，并将被算作一张选票。（最高法院在违宪诉讼中判决本款原后半句规定无效，于2014年9月10日宣布，2015年8月13日在《联邦官方日报》上公布）

第十四款　在任何情况下，结盟的每个政党都应登记自己参加的按照比例代表制进行的众议员和参议员选举的候选人名单。

第十五款　所有的政党联盟没有差别。每个政党只能加入一个联盟。在任何类型的选举中，联盟对其政党起到的作用都是一样的。

第八十八条

第一款　政党可组成完全联盟、部分联盟和弹性联盟。

第二款　完全联盟是指组成联盟的各政党在同一次联邦或地方选举中，全部候选人都遵循同一竞选纲领。

第三款　如果两个或两个以上的政党结成完全联盟参加参议员或众议员选举，那么也必须联合起来参加墨西哥合众国总统选举。如果两个或两个以上的政党结成完全联盟参加地方议员或立法议会议员的选举，也必须联合起来参加州长或政府首脑的选举。

第四款　如果完全联盟在注册后，没有按照上一款的规定或没有在本法规定的期限内对参加竞选的候选人进行登记，那么在总统、州长或政府首脑的选举中，联盟及候选人登记都自动无效。

第五款　部分联盟是指组成联盟的政党在同一次联邦或地方选举中，至少百分之五十的候选人遵循同一竞选纲领。

第六款　弹性联盟是指组成联盟的各政党在同一次联邦或地方选举中，

至少百分之二十五的候选人遵循同一竞选纲领。

第八十九条

第一款　在任何情况下，计划组成联盟的政党必须符合以下要求才能对联盟进行登记：

第一项　证明联盟得到各政党章程中规定的全国领导机构的批准，这些机构也明确同意竞选纲领以及联盟或其中一个政党的执政纲领。

第二项　如果参加总统竞选，应证明各政党相应职能机构通过了候选人的提名和登记。

第三项　如果参加按照相对多数制进行的参议员和众议员选举，应证明各政党相应职能机构同意以政党联盟身份对候选人进行提名和登记。

第四项　如果参加依照比例代表制进行的参议员和众议员选举，联盟中的每个政党应独立登记其候选人名单。

第九十条

第一款　除参与的选举外，联盟中的各政党保留各自派驻在联邦选举委员会中的机构以及邮政机构的代表。

第九十一条

第一款　联盟协议应包括：

第一项　组成联盟的政党。

第二项　联盟要参加的联邦选举或地方选举。

第三项　各政党推选联盟候选人的程序。

第四项　应附上竞选纲领，如果参加总统选举，还要附上总统候选人的执政纲领以及写明“政党相应职能机构已通过”的文件。

第五项　注明联盟登记的每名候选人所属的政党，以及在当选的情况下候选人所属的议会党团或政党。

第六项　在根据相关法律进行申诉的情况下能够代表联盟的人。

第二款　在联盟协议中应表明，各政党会根据联盟类型遵守为不同选举规定的开支上限，就像单独一个政党一样。同样，还应写出每个政党在竞选活动中投入的总金额以及在相应报告中的汇报方式。

第三款　完全联盟、部分联盟和弹性联盟均有权按照《联邦选举制度与选举流程法》的规定出现在广播和电视中。

第四款　在任何情况下，广播和电视中关于联盟候选人的信息应确认其资格并明确对信息负责的政党。

第五款　宪法第四十一条第三部分第一项第二段中的规定在任何时间和环境下都适用于选举联盟，无论其地域范围或选举类型如何。

第九十二条

第一款　联盟协议的注册申请应视情况提交给联邦选举委员会或地方公共机构总委员会主席，根据所参加的选举还需附上其他相关文件，提交时间不得迟于预选活动开始前的三十日。如果总委员会主席不在，协议可以根据所参加的选举提交给联邦选举委员会或地方公共机构的行政秘书。

第二款　联邦选举委员会或地方公共机构总委员会主席应汇总文件并向总委员会进行报告。

第三款　联邦选举委员会或地方公共机构总委员会应最迟在收到协议后的十日内处理完毕。

第四款　一旦联盟协议完成登记，联邦选举委员会或地方公共机构应根据联盟所参加的选举类型将消息公布在《联邦官方日报》或地方的官方媒体上。

第三章　政党合并

第九十三条

第一款　政党合并只能在两个或两个以上全国性政党或地方性政党间进行。

第二款　决定进行合并的全国性政党应签署协议。协议中应明确规定新政党的特征，其中哪个政党保留自己的法人资格和登记，哪个或哪些政党被合并。合并协议应经各政党全国大会或同等会议批准。

第三款　新政党登记有效日期按照合并诸党中最早登记的政党的登记日期算。

第四款　新政党的权利与特权将根据各政党在最近一次按照比例代表制原则进行的联邦议员、地方议员或立法议会议员选举中获得的选票总百分比进行确认和分配。

第五款　合并协议应提交给联邦选举委员会或地方公共机构的总委员会主席，根据本法第九十三条第二款的规定进行审查后再提交给总委员会予以审议。

第六款　联邦选举委员会或地方公共机构总委员会应在收到协议后的三十日内裁定新政党的登记生效事宜，生效后应在《联邦官方日报》上予以公布。

第七款　如果合并的政党要参加选举，合并协议最晚要在选举日的一年前提交给联邦选举委员会或地方公共机构总委员会主席。

第十篇　撤销政党登记

第一章　撤销登记

第九十四条

第一款　撤销政党登记的原因包括：

第一项　不参与任何常规选举。

第二项　如果是全国性政党，在最近一次参议员、众议员或总统选举中没有获得至少百分之三的有效票；如果是地方性政党，在最近一次州长、地方立法机关议员、市政府领导、政府首脑、立法议会议员以及联邦区内各政治行政机构负责人的选举中没有获得至少百分之三的有效票。

第三项　在加入政党联盟的情况下，如果是全国性政党，在参议员、众议员或总统选举中没有获得至少百分之三的有效票；如果是地方性政党，在州长、地方立法机关代表、市政府领导、政府首脑、立法议会议员以及联邦区内各政治行政机构负责人的选举中没有获得至少百分之三的有效票。

第四项　停止履行获得登记所需的要求。

第五项　联邦选举委员会或地方公共机构总委员会裁定政党没有严格系统地履行选举法规规定的职责义务。

第六项　根据政党章程规定，经党员同意宣布解散。

第七项　与其他政党合并。

第九十五条

第一款　如果出现第九十四条第一款第一项到第三项提到的情况，联邦选举委员会行政委员会应根据各委员会提供的计算结果、有效证词和选举法院的裁决发出声明，并在《联邦官方日报》上予以公布。

第二款　如果出现第二十二条第九款第四项到第七项以及第九十四条第一款第五项到第七项提到的情况，联邦选举委员会总委员会对某政党或政治团体撤销登记的裁决将公布在《联邦官方日报》上。如果出现第二十二条第九款第五项和第六项以及第九十四条第一款第四项和第五项提到的情况，应先听取相关政党或政治团体的辩护词，否则不能裁决撤销其登记。

第三款　地方性政党或政治团体撤销登记的声明应由地方公共机构的总委员会签发，要说明撤销登记的原因，声明在所在州的公报或官方日报上予以公布。

第四款　政党登记被撤销不影响候选人此前在按照相对多数原则进行的竞选中取得的胜利。

第五款　如果全国性政党因为没能在最近一次常规联邦竞选中获得足够选票而被撤销登记，可以在各州选择注册成为地方性政党，条件是在最近一次州内选举中获得了至少百分之三的有效选票，并且在至少一半市和选区中提名过候选人，除此之外，还要满足本法第十条第二款第三项对政党最少成员数的要求并加以证明。

第九十六条

第一款　被撤销登记的政党将被取消并失去本法或相关地方法律规定的所有权利和特权。

第二款　被撤销登记的政党将失去法人资格，但是在相关程序和资产清算结束之前，政党的领导人和候选人必须履行本法规定的审计方面的责任。

第二章　政党资产清算

第九十七条

第一款　按照宪法第四十一条第二部分最后一段的规定，联邦选举委员会应作出必要规定，对被撤销登记的全国性政党的剩余资产进行清算并收归联邦政府所有。该程序应遵守以下规定以及联邦选举委员会总委员会制定的一般规定：

第一项　如果联邦选举委员会设在各选区的委员会通过计算发现某全国性政党没有获得本法第九十四条第一款第二项规定的最低得票百分比，审计委员会应立即任命一位检查员，负责直接审计该政党的资产使用情况。本规定同样适用于因本法规定的其他原因被联邦选举委员会总委员会撤销登记的情况。

第二项　对检查员的任命应立即通过该政党在总委员会的代表进行传达；如果代表不在，应通知到政党登记的办事处；在极端情况下，通知由法庭传达。

第三项　自接到任命开始，检查员具有最广泛的权力，以对本款第一项提及的政党的资产进行管理和控制，因此政党的所有开支必须经由检查员明确批准，且不得对政党的动产与不动产进行出让、征税或捐赠。

第四项　一旦行政委员会按照本法第九十五条的规定通报撤销政党登记，或者总委员会履行其职责，宣布并在《联邦官方日报》上公布其关于因本法规定的原因撤销某全国性政党登记的决议，任命的检查员应：

第一目　发出对政党资产进行清算的通知。如果是全国性政党，该通知应公布在《联邦官方日报》上；如果是地方性政党，则公布在相应州的公报或日报上。

第二目　确定要接受清算的政党的干部的工作职责、财政职责以及与供应人或债权人之间的事务。

第三目　确定可以用于完成以上职责的资产价值总额。

第四目　按照相关法律规定，安排出必要资源用来保护政党工作人员及维护其利益。此后，完成相应的财政职责。如果还有可利用的资源，则根据相关法律规定，用来完成政党的其他义务以及与供应人或债权人签署的合法文件材料中规定的事务。

第五目　在对以上事务所需开支进行估算后，根据剩余资产的结算账目作出一份报告；该报告应提请选举职能机关审批。该报告一经通过，检查员应立即安排出必要资源按照上文提到的顺序完成所有事务。

第六目　如果资产还有剩余，全国性政党的剩余资产全部进入国库，地方性政党的剩余资产全部进入所在州的金库。

第七目　任何时候都必须确保接受清算的政党具有宪法和法律规定的保障权益，可以通过司法程序对国家或地方当局的决定提起诉讼。

附　则

第一，本法在《联邦官方日报》上公布后的翌日生效。

第二，本法生效前发生的事件按照当时的法律规定来处理，这不妨碍在适用案件中应用本法附则中规定的期限。

第三，墨西哥国会、地方议会以及联邦区的立法议会应在 2014 年 6 月 30 日之前制定出相应的选举司法框架。

第四，联邦选举委员会应在 2014 年 6 月 30 日之前制定出必要法令以确保本法规定顺利实施。

第五，各政党应在 2014 年 9 月 30 日之前对其基本文件和其他内部规章进行修订，使之适应本法和其他适用法律的规定。

第六，如果政党在本法生效时没有设置本法或其他法律规定的某个内部机构，应在 2014 年 9 月 30 日之前对组织结构进行调整，并安排好新机构的负责人，以确保本法规定顺利实施。

第七，政党的权利应依法得到保障。

第八，如果政党在本法生效前提交了申请，要求联邦选举委员会组织其内部选举，无须遵守本法第四十五条第二款第二项规定的期限。于 2014 年提交的申请应提前一个月交由联邦选举委员会审批。

第九，不符合本法的规定一律予以废除。

墨西哥最高法院的判决内容

由公民运动党、劳动党和民主革命党因反对国会和总统而提起的第 22/2014 号、第 26/2014 号、第 28/2014 号、第 30/2014 号违宪诉讼合并审理，判决于 2014 年 9 月 9 日公布。

第一，由公民运动党提起的第 22/2014 号违宪诉讼合情合理，部分具有依据。

第二，由公民运动党提起的第 30/2014 号违宪诉讼合情合理，但毫无依据。

第三，分别由劳动党和民主革命党提起的第 26/2014 号和第 28/2014 号两次违宪诉讼，部分合理且部分具有依据。

第四，根据本判决书的第四条依据，分别由劳动党和民主革命党提起的关于《联邦司法机关组织法》第二百零九条第三十一项部分的第 26/2014 号和第 28/2014 号两次违宪诉讼停止审理。

第五，承认签发《联邦选举制度与选举流程法》的相关法律程序合法；对《选举事务上诉方式体系法》《联邦司法机关组织法》《公务员行政责任联邦法》的若干条款进行修订及补充，并于 2014 年 5 月 23 日在《联邦官方日报》上予以公布；对提到的法令进行的修订和补充根据本判决书的第五条依据来完成。

第六，根据本判决书的第二十一条依据，证明《联邦选举制度与选举流程法》第二十八条第二款第一项、第二项以及第三项中“通过比例代表制给获得选举规范规定的保持登记所需最低选票比例的政党分配一名众议员”这一部分无效。

第七，根据本判决书中若干依据，宣布《政党法》的下列条款无效：其一，根据第二十一条依据，第九条第一款第三项中的第一目和第二目；其二，根据第二十四条依据，第七十二条第二款第二项和第六项以及该条第三款；其三，根据第二十六条依据，第八十七条第十三款中的“不能作为代表比例分配或其他特权的依据予以考虑”这句话无效。

第八，根据本判决书中若干依据，宣布《政党法》的下列条款中的部分陈述无效：其一，根据第二十一条依据，第九条第一款第三项第三目的“给达到选举法中规定的保留注册登记资格所必须取得的得票比例的政党通过比例代表制分配一个议席后，使用该方案”这部分无效；其二，根据第二十四条依据，第七十六条第三款中“除了与竞选体系相关的被视为日常开支的费用”这部分无效。

第九，根据第十八条依据，宣布《联邦选举制度与选举流程法》第二百零九条第五款的“包含政党、联盟或候选人的政治或选举宣传的……”这部分陈述无效。

第十，承认除上文第六至第九提到的内容外的条款均有效，但需对若干条款进行如下说明：其一，根据本判决书中的第十三条依据，《联邦选举制度与选举流程法》第二百一十八条第六款第二项，必须召集所有候选人才能进行辩论；其二，根据第二十五条依据，《政党法》第八十五条第五款中的“……地方宪法中……”应包括联邦区政府章程，它与地方宪法为同等级别；其三，根据第四十六条依据，《选举事务上诉方式体系法》第十三条第一款第四项：在没有代表进行干预的情况下，不阻止独立候选人自行运用资源。

第十一，根据本判决书中的第十四条依据，拒绝受理分别由劳动党和民主革命党提起的关于《联邦选举制度与选举流程法》第四十四条第一款第二十一项以及第三百二十条第一款第四、五、十、十一项的第26/2014号和第28/2014号两次违宪诉讼。

第十二，本次判决中关于无效条款的内容在向国会通报后生效。

（王磊、李想　译，靳呈伟　校）

尼加拉瓜政党法[①]

第一章　本法宗旨

第一条　本法旨在规范全体公民行使组建政党、加入政党的权利，建立规范政党创建、批准、运行、中止和撤销的规则。本法是公法。

第二章　政　党

第二条　政党是意识形态相近的尼加拉瓜公民组成的组织，旨在谋取政治权力，实施符合国家发展需要的纲领。政党是公法机构。

第三条　只有作为政党而得到认可的合法组织，才能享有本法和国家其他法律规定的权利和保障，履行本法和国家其他法律规定的义务。

第四条　政党可以在国内自由创建，不受任何意识形态的限制。禁止企图复辟索摩查主义或支持建立类似政治制度的组织或政党的存在。

---

① 根据尼加拉瓜1980年第1312号法令译出。

第三章　政党的原则和目标

第五条　政党一方面受自身原则和目标的约束，另一方面应当遵守《共和国基本法》《尼加拉瓜人民权利与保障法》以及桑地诺人民革命的包括反帝国主义在内的基本原则和深刻的人民民主特点。

第四章　政党的权利与义务

第六条　政党的权利有：

其一，传播意识形态原则、政治纲领、章程和原则宣言。

其二，任何时候都可以在全国范围内进行政治宣传和争取拥护者；在竞选期间通过力所能及的方式，根据政党的经济状况租用媒体；尊重言论自由的权利。所有宣传均应符合现行法律和本法的规定。

其三，开展政党内部会议和公开发表言论。

其四，批评公共管理的不足之处，提出建设性解决方案。

其五，为实现一般性目标，与其他政党组建联盟，与其他政党共同参与特别活动。

其六，向政党全国代表大会委任代表。

其七，申请加入国民大会。

其八，参与选举并向民选职务提名本党候选人。

其九，拥有自己的财产。

其十，在全国范围内拥有住所和办事处。

其十一，根据本法规定，为政党的运转募集必要资金。

第七条　政党的义务如下：

其一，遵守国家法律法规。

其二，遵守政党国家委员会的决议。

其三，推动和支持爱国团结，实现国家复兴和发展任务。

其四，促进巩固我国人民在政治、经济和社会领域取得的成就。

其五，捍卫革命，反对一切国内外建立压迫和剥削尼加拉瓜人民的制度的企图。

其六，为保卫国家自由和独立而奋斗，捍卫国家主权和尼加拉瓜人民的自决权。

其七，推动和促进政治、经济和社会方面的人权。

其八，负责在与其他政党组成的联盟框架下开展的活动，以及与其他政党开展的特别活动。

第八条　根据《共和国基本法》及其修正案，加入国民大会的政党必须向该委员会任命常任代表。

第五章　政党全国代表大会和政党国家委员会

第九条　政党全国代表大会和政党国家委员会，简称分别是 A.N.P.P. 和 C.N.P.P.，是承接国家下放权力、负责执行本法的机构。

第十条　政党全国代表大会是咨询机构，其构成如下：

其一，每个政党任命的一名代表。

其二，民族复兴政府任命的一名代表。

大会的成员应有各自的候补人员。

政党全国代表大会每年举行两次例会。如遇特殊情况，由政党国家委员会召集，或者由大会三分之二的成员申请召开。

第十一条　政党全国代表大会的职责有：

其一，分析政党国家委员会向大会提交的年度报告或其他任何报告，并提出建议。

其二，就政党国家委员会向大会征询意见的事项发表看法。

其三，从大会内选举各政党驻政党国家委员会的正式代表和候补代表，最大限度地保证委员会中不同意识形态的代表性。

其四，制定内部条例。

第十二条　政党全国代表大会成员被选出的三十日后，最高法院院长应组织其承诺忠于法律的仪式。

第十三条　政党全国代表大会成员的任职时间是从被任命起直到国内第一次领导人选举为止。

民族复兴政府和每个政党有权适时解除其代表的职务。

第十四条　政党全国代表大会例会和特别会议的法定人数应为成员总数的一半以上；决议的通过须获得一半以上与会成员同意。

第十五条　政党国家委员会构成如下：

其一，从政党全国代表大会内部选出的四名代表。

其二，民族复兴政府向政党全国代表大会任命的成员，由该成员担任政党国家委员会主席。

其三，国民大会任命的三名成员。

政党国家委员会的代表应有各自的候补代表。

政党国家委员会应每十五日举行会议或者由主席决定。参会的法定人数应当为成员总数的一半以上，决议的通过须得到与会成员多数同意。

如果出现投票相等的情况，委员会主席拥有双重投票权。

第十六条　政党国家委员会的职责如下：

其一，保障本法及其条例的履行，并推动有效落实。

其二，解决与本法及其条例有关的所有问题，特别是授权、撤销、中止，使得决议的通过与否都以政党的实际行动作为依据。

其三，采取必要措施，落实决议。

其四，制定政党国家委员会条例并决定委员会管理结构。

其五，召开政党全国代表大会会议。

其六，向政党全国代表大会提交年度报告。

其七，本法及其条例规定的其他职责。

第十七条　政党国家委员会主席的职责如下：

其一，主持政党全国代表大会和政党国家委员会。

其二，召开政党国家委员会会议。

其三，依法代表政党国家委员会和政党全国代表大会。

其四，落实政党国家委员会的决议。

其五，任命政党国家委员会执行秘书，该人选同时担任政党全国代表大会执行秘书。

其六，任命管理人员。

如果主席一职暂时或确定空缺，将由候补主席代为行使职责。如果主席一职确定空缺，候补主席将代行职责直至民族复兴政府任命新的正式人选。

第十八条　对政党国家委员会的最终决议不满的，可以向最高法院要求重新审查和上诉；根据本规定，政党在起诉和解决申诉过程中享有与自然人相同的权利、保障和保护。

第六章　政党的创建

第十九条　想组建政党者应当获得政党国家委员会的授权，以便开展相关的创建活动，并满足本法规定的条件，才能申请法人资格。

政党国家委员会的授权应详细说明被授权的活动，该授权的有效期不得超过九十日。

第二十条　成立政党应经过公证，届时应有一名政党国家委员会的代表在场。公证应包含下列内容：

其一，签署人的姓名和身份。

其二，政党采用的名称和标志。

其三，根据国家法律开展活动的承诺。

其四，已经提交政党政治原则的证明。

其五，运行机构及其职能；全国领导机构成员的姓名，至少九个省级临时领导机构成员的姓名，法定代表人。

其六，任命政党领导人的内部选举方式和任职时间的确定。

第七章　政党的授权

第二十一条　政党通过政党国家委员会的决议获得授权和法人资格。有关人员应向该委员会提交依据本法规定的要求所作出的申请。

第二十二条　为了获得授权，政党须满足下列条件：

其一，基于其认为合适的理由作出的申请。

其二，政党成立的公证文件的证明。

其三，政党的政治纲领。

其四，政党的原则和章程。

其五，政党的财产。

其六，本法及其条例规定的其他条件。

第二十三条　政党国家委员会接到申请后，将检验其是否符合本法的要求；该委员会将在第三日作出决定，对未满足条件的，要求其加以补充，或者宣布申请是否被接受。如果申请符合条件，该委员会将在官方公报上发布通知，以便在通知发布的第三日，在国内合法建立政党。总检察长办公室是该程序中的相关方。

第二十四条　如果申请遭到反对，政党国家委员会将在十五日内公开审理情况以接受检验，并公开所有反对意见。到期后，政党国家委员会将在第三日宣布是否批准申请。

如有异议，政党国家委员会将在之后的五日内解决。

第二十五条　在收到通知的五日内，可向最高法院提出本法第十八条规定的重新审查要求；根据现行申诉法规定的程序，提出本法第十八条规定的申诉。有利决议作出的三十日后，如果没有其他上诉，将在官方公报上发布决议。

至此，提出申请的政党将拥有法人资格，享有本法赋予已成立的政党的权利。

第八章　政党的中止和撤销

第二十六条　政党的中止是指禁止其在某一段时间内运行。撤销是指解散政党。

第二十七条　未能履行本法第七条规定的义务的政党，其运行将被中止。另外，加入政党国家委员会的政党，将因下列事由被中止：

其一，正式退出国家委员会。

其二，国家委员会总章程第五条第一款规定的事由。

第二十八条　政党被撤销的事由：

其一，重复不履行本法第七条规定的义务，或者在国家紧急状态时违反法律。

其二，参与破坏公共秩序的活动，扰乱民族复兴政府机构的稳定，不妨碍其应承担的刑事责任。

其三，政党自动解散或与其他政党合并。

第二十九条　政党的中止或撤销由政党国家委员会决定。

程序可以应总检察长办公室或政党全国代表大会任一成员的要求开始。

第三十条　收到政党中止或撤销的申请后，政党国家委员会应在申请提交后的七日内宣布是否接受该申请。决议应通知申请提交者，以便其在第三日发表意见。

这一期限结束后，进行为期十五日的公示，公示期结束后，将在五日内加以解决。

第三十一条　对政党国家委员会作出的中止或撤销政党的决议不满的，可以根据本法第十八条的规定，向最高法院要求重新审查或提出上诉。上诉的期限和方式与本法第二十五条的规定相同。

政党国家委员会作出中止或撤销某一政党的决议，将导致该党运行的立即中止。

第三十二条　如果政党被撤销，其财产上缴国家，用于社会福利领域。

第三十三条　如果政党被撤销，不得使用同一名称、标志或相同成员组成的领导机构组建新政党。

第九章　一般性规定

第三十四条　对政党的有关事项，本法未作出相关规定的，应适用普通法的规定。

第三十五条　由国民大会为本法制定条例。

第十章　过渡性规定

第三十六条　本法一经生效，根据《共和国基本法》及相应改革，目前已加入国民大会的政党将获得法人资格。

为了进行注册，这些政党应当向政党国家委员会提交下列材料：

其一，党的原则。

其二，党的章程。

其三，党的政治纲领。

其四，全国和省级领导机构。

其五，党的财产。

第三十七条　至少在本法生效的一年前向民族复兴政府提交申请、加入国民大会的政治组织，将一如既往地运行，并且在本法颁布的一个月后，根据本法第三十六条的规定，向政党国家委员会提交申请。

直至政党获得政党国家委员会的授权时，本规定才能适用于各个政党。

第三十八条　本法通过后的九十日内，国民大会应当讨论并通过相应条例。这一期限可由国民大会延长。

第三十九条　本法在官方公报上发布后，民族复兴政府和本法承认的政党应当指定参与政党全国代表大会的正式代表和候补代表。由这些代表确定政党全国代表大会成立的日期、时间、地点，并根据本法第十二条的规定，就任职务。

政党全国代表大会成立后，国民大会和政党全国代表大会须在一个月内选出自己的代表。

第四十条　本法生效、相应条例颁布后，政党国家委员会有权执行本法，解决据此提交的事项，遵守法律的一般原则和具备合理判断的条例。

第十一章　本法的有效性

第四十一条　本法自发布于官方公报时起生效。

（于蔷　译，靳呈伟　校）

萨尔瓦多政党法[①]

萨尔瓦多共和国议会第307号法令，鉴于：

其一，宪法第八十五条规定政体是共和政体、民主政体和代议政体，政治制度是多元的，并借助政党来体现。政党是治理过程中代表民众的唯一工具。同样，只有一个官方政党与民主制度和宪法规定的政体形式在规范上是不兼容的。

其二，宪法第六、七条规定，只要不危害公共秩序，不损害他人道德、荣誉、私人生活，所有人能自由表达和传播其思想，有权自由结社，有权出于任何合法目标和平集会，禁止具有政治、宗教或行业色彩的武装团体存在。

其三，宪法第七十二、七十三条明确了公民的政治权利和义务，即行使选举权、结社以组建政党、加入已有政党、在满足要求的情况下申报公职以及遵守和确保国家宪法得到遵守并依法为国家服务。

其四，宪法第二百零八条规定，最高选举法庭是负责选举事务的最高职能机构。第二百一十条明确将政治债务作为资助参选政党的一种机制，以提高政党的自由度和独立性。

其五，国家已批准《消除对妇女一切形式歧视公约》，将公约第一条及任何以削减或废除承认妇女真正同男性平等享有或行使权利为目标或结果的区别、排斥或限制视为对妇女的歧视。

其六，从1983年颁布宪法、1992年签署和平协议的历史阶段至今，业

① 根据萨尔瓦多2017年第307号法令译出。

已成功开展了总统、各类众议员选举，在这些民主经历中，政党面临现行法律尚未涵盖的诸多新的、多样的社会现实，因此，有必要颁布一部专门规范新的社会历史背景下的政党的法律，以保持、民主化、现代化和发展其作为政治制度基本工具的功能。

第一篇　初步规定

单　章

目标

第一条　本法旨在在宪法确定的代议制民主规范和原则框架内，规范政党的制度性、政党与公民的关系及政党与其他实体的关系。

适用范围

第二条　本法规范政党的下列相关方面：

第一款　职能机构。

第二款　组建、注册登记和消亡方面的要求。

第三款　政党及其成员的权力和义务。

第四款　透明和账目方面的义务。

第五款　内部民主运作。

第六款　公民加入某一政党。

第七款　职能机构和民选公职候选人的选举。

第八款　联盟和合并。

第九款　财务。

第十款　对媒介的使用。

第十一款　本法决定的其他方面。

职能机构

第三条　负责执行本法的最高机构为最高选举法庭。

本法文本中，最高选举法庭可以简称为“高法”。

定义

第四条　政党是男女公民自愿组成的团体，是旨在在现行宪法框架内参与和行使政治权力的法人。作为政治制度多元的基本机构，其目标是合法和民主参与公共事务和治理，参与宪法规定的选举进程。

“政党”的称呼应属于那些已经满足法律要求并在高法获得政党注册登记的团体，只有它们享有本法规定的特权和权利。

职能和目标

第五条　政党的职能和目标如下：

第一款　捍卫民主和多元制度，使其有效运转，推动形成一种国家法律和国家批准的国际条约所蕴含的和平、自由和尊重人权的文化。

第二款　根据其关于国家的观念，形成思想、纲领和反映其发展主张的计划方案。

第三款　为国家民主治理作贡献，根据其观念提升关于国家现实情况的分析。

第四款　代表公民意愿，引导公共舆论。

第五款　教育和推动民众政治参与，致力于形成一种民主、社会和平的市民文化，以培养民众承担公共职责的能力。

第六款　参与高法召集的选举进程，推选民选公职候选人。

第七款　宪法、相关法律以及党内相应规章框架内规定的与代表职能兼容的其他职能。

第二篇　组建和注册

第一章　组建程序

组建

第六条　政党的组建应通过公证，由至少一百名能行使政治权利且不属于其他既有或正在组建政党的公民发起。

没有人可以被迫组建、加入或留在一个政党。

建党公证应包含：

其一，其观念、理想、原则和目标；

其二，成员庄重承诺根据宪法和其他适用法律开展活动；

其三，每个签名者的姓名、年龄、性别、职业或行业、唯一身份证明文件号码和纳税识别号码；

其四，领导机构及其成员之间的关系；

其五，党的名称、整体描述的标志、颜色（如果有）、缩写和口号；

其六，党的合法办公地；

其七，章程；

其八，合法代表的任命；

其九，临时领导机构名单。

申请拉支持者

第七条　临时领导机构成员或创始人应在组建政党公证获批后三十日内，通过其任命的特别代表向高法申请获得开展拉支持者活动的授权，以聚集政党注册所需要的支持人数。

此申请应附有上一条提到的公证证明和应得到授权的必要文件。

如果上一段的规定得到适当形式的遵守，高法应在申请提交后的最晚十日内授权其开展拉支持者活动，颁布其申请的授权书，归还其提交的文件，在文件首页盖章并由高法秘书签字和注明理由，说明文件的目标、包含的页码、授权的地点和日期。其余页面应密封。

当有必要采取预防措施时，高法应给予三日办理期。高法应提供文件格式以及应随附的证明文件。

关于名称、颜色、标志、缩写和口号的禁令

第八条　政党的名称、颜色、标志、缩写和口号，应禁止使用：

第一款　与业已注册或正在组建的政党的名称相同或相似的名称。

第二款　与业已注册或正在组建的政党的名称相同或相似的标志或颜色。

第三款　自然人或法人名称，有损或暗示机构或个人名称的名称，违背道德或好风俗习惯的名称。

第四款　地理名称作为唯一限定的名称。

第五款　国家标志和商标，符号或图形与道德或好风俗习惯不一致。

拉支持者活动

第九条　组建中的政党在开展拉支持者的活动中，可以通过各种传媒进行宣传，但应遵守选举法的规定，且不得进行违背道德、良好风俗习惯和公共秩序的宣传。

如果一个正在组建中的政党未遵守上一段的规定或未满足高法的书面要求，在违法听证后，应中止其活动。应允许就中止某一正在组建中的政党活动的决议向同一法庭提起复审申诉。

签名和指纹审查

第十条　拉支持者活动应自接到相应授权通知后开始，为期九十日。正在组建的政党应在活动结束后三日内向高法提交其文件，以审查签名和指纹，并附上卡片和每一个支持者有效的唯一身份证明文件的清晰复印件。

高法应在六十日内通过选举登记或高法根据相应条例留存的登记审查和核实签名和指纹。

高法也可以要求国家自然人登记处通过其生物鉴别系统或任何其他可以使用的方式验证支持者的指纹，以完全确认这些公民的身份。在此之前，国家自然人登记处应在高法要求的期限内提供全面合作。

即使高法发现提交的签名或指纹与注册的信息存在差异，也不应中断正在组建的政党的注册进程。高法将不考虑这些签名和指纹总数是否符合注册要求，应通知相关职能机构。

高法应授权正在组建的政党提名两名代表见证相应机构对签名和指纹的审查和验证过程。

签名和指纹审查期的延长

第十一条　当执行签名和指纹的要求发现其缺失时，高法可以将上一条第二段提及的期限延长三十个工作日。当缺失信息的支持者数量少于所需人数的百分之十时，应相关正在组建政党的请求，也可延长期限。在后一种情况下，将不进行签名审查，只是进行简单计数。在新期限截止前，相关审查将得到验证。

高法应将登记支持者的文件返还该正在组建的政党，以达到法律要求的注册数量。

在正在组建的政党未从高法办公室撤回文件的情况下，本条前文提及的期限结束。在正在组建的政党虽撤回文件逾期未再提交或未达到本法关于支持者的数量要求的情况下，高法将不对其秘书长提交的报告作进一步处理，发布声明没有提交申请的决议。该决议只允许向高法提出复审申诉。

一旦完成在关于支持者的文件中的登记，应在所用的最后一页给出一个说明包含的支持者数量和使用的页码的理由。该理由应由负责上述活动的高法代表注明日期、签字并盖章，同样由该正在组建的政党的代表签字。

在组建政党的过程中，批准或拒绝注册应需要四名在任正式法官或其履职候补的赞成票。

正在组建的某一政党的名称

第十二条　某一政党在组建过程中，应使用其组建公证中的名称，后接“正在组建”字样。

第二章　注册程序

第十三条　注册一个政党的申请应是一项单一行动且随附：

其一，组建公证证明和一份副本；

其二，支持正在组建的政党申请注册的享有政治权利的公民名单，数量不少于五万，附上卡片和每个人有效的唯一身份证明的清晰复印件。这些公民不得属于另一个已经注册或正在组建的政党。

其三，三份党章；

其四，任命在高法的正式和候补法定代表；

其五，高法应在其网站发布适用于本条其二所述公民登记的一般格式。

刊登注册申请

第十四条 收到注册申请后，高法应核验满足正式要求的情况，并将其发布在高法网站上。

在提交申请后的五日内，该申请的梗概应刊登在一份全国发行的报刊上，所有信息均向公众公开，刊登费用由申请方承担。

上一段所提及的梗概应包括：

其一，政党的名称、颜色和标志；

其二，创始人和最高领导机构成员姓名；

其三，法定代表人姓名；

其四，正在组建的政党的观念、思想、原则和目标；

其五，支持政党注册的公民名单。

反对注册的权利和程序

第十五条 表明关切的自然人或法人可以向高法提起反对某一政党注册的意见。这种反对只能在全国报刊刊登梗概后的五日内提出。

提出反对的期限结束后，如果有反对意见，高法应通知正在组建的政党，开展为期八日的查证，在查证期结束后举行听证会解决问题。

提出反对的期限结束，没有反对意见，或者为期三日的申诉期结束后没有对解决异议的决议提起申诉或申诉得到解决，应予执行。

当反对意见是基于对任何签名或指纹的驳斥时，除非支持者人数减少到低于组建政党的数量要求，不应中断正在组建政党的注册进程。高法统计注册所需数量时应不考虑上述签名和指纹，还应通知相应职能部门。

裁决注册的期限

第十六条 核验过本法规定的要求，上一条所提及的期限结束，高法应在不超过三日的期限内经至少四名正式法官或其履职候补投票批准或拒绝注册。如果批准，应在注册后的五日内，发布相应决议，指令其登记，并在官方公报予以刊登，费用由该党一次性支付。高法应在其网站发布政党的章程，注明记载的注册日期。

法人资格

第十七条　在政党登记处获得注册，赋予政党以法人资格。

只有获得有效注册的政党能推选民选公职候选人并享有本法规定的特权和权利。

政党职能机构的注册

第十八条　政党最高领导机构成员、法定代表的任命及其权力的授予从其明确接受任命或这些人员履行职责或行使这种权力起生效。

这些行为或任何对上一段所提及人员或其权力的撤销、辞职、调整或替换应在高法进行登记，说明其姓名、有效的唯一身份证明文件和纳税识别号码。

上述登记应借助包含政党职能机构采用的有效协议在内的文件的相关部分的复印件实现。

行使职责或在任何其他国家机构派驻代表不需要额外注册。

除非政党的章程另有规定，政党的法定代表享有选举法规定的一般和特别权力。

注册的暂时中止

第十九条　总统、议会、市一个任期结束前八个月至每个相应选举官方结果公布，高法不应准许注册新政党的申请。

政党登记处

第二十条　高法领导的政党登记处，具有公共性质，上一条规定的期限外，永久开放。

政党的登记证应包括如下内容：

其一，政党名称；

其二，政党标志；

其三，办公地；

其四，注册日期；

其五，创始人姓名；

其六，领导人、法定代表和驻高法代表姓名；

其七，章程及其改革。

第三篇　权利、义务和在透明事务方面的禁忌与责任

第一章　权利和要求

权利

第二十一条　政党的权利包括：

第一款　根据宪法、选举法和其他适用法律规定，推选共和国总统、副总统，众议员，中美洲议会议员以及市委员会选举候选人。

第二款　根据其关于国家的观念，形成其思想、纲领和反映其发展主张的计划方案。

第三款　根据宪法和选举法规定，直接行使监督选举的谋划、组织、选举登记的公开和更新，以及准备和推进选举进程的权利。

第四款　享有选举法赋予的开展拉支持者的政治和选举活动的自由。

第五款　根据本法相关条款接受公共资助和私人资助。

第六款　明确党内推选参选高法召集的选举的候选人的程序。

第七款　为参加由高法召集的选举而组建联盟。联盟应由每个参与政党的章程规定的全党最高机构批准。

第八款　根据本法相应条款与其他政党合并。

第九款　根据适用法律任命派驻高法、选举监督委员会、国家自然人登记处及临时选举机构的代表。

第十款　通过合法方式成为为实现其宗旨所需的资产的所有者、持有者和管理者。

第十一款　与国外组织或政党建立关系，在所有情况下均保持自身政治、经济的绝对独立，不受限制地尊重共和国的完整和主权。

第十二款　法律授予的其他权利。

义务

第二十二条　政党义务如下：

第一款　根据民主原则、宪法和相关法律规定组织、运行和活动。

第二款　履行指明其关于选举党的领导机构的规章和推选民选公职候选人的机制的规范和程序。

第三款　推动捍卫共和制、民主制和代议制。

第四款　向高法报备根据本法规定对其章程、原则、行动目标或行动纲领的任何调整。

第五款　倡导一种和平文化、正义价值和享有宪法保障的公民权利。

第六款　对自身资产和所获公共和私人资助的使用进行正式会计核算，并根据章程在管理期内进行内部审计。

第七款　履行本法规定的关于透明度和信息获取事务的义务。

第八款　在其章程中明确推动妇女和青年参与党的领导机构和民选公职候选人的程序。

第九款　宣传在政党登记时确定的名称、标志和颜色。

第十款　确保其章程中明确的组织机构有效运转。

第十一款　根据章程和条例注册党员，定期更新。

第十二款　本法规定的其他义务。

禁令

第二十三条　禁止政党：

第一款　促成总统连任。

第二款　隶属于任何宗教组织的神职人员、武装部队现役军官或国家警察。

第三款　在其出版物和竞选宣传中使用国家符号。

第四款　诉诸暴力以达成政治目的。

第五款　妨碍国家机构正常运作。

第六款　损害政党候选人及其家人的荣誉、个人隐私和形象。

第二章　透明度

官方信息

第二十四条　政党有义务通过电子或物理手段向民众提供下列官方信息：

第一款　建党官方公证、章程以及其他政党认为适宜的。

第二款　全国、省和市领导机构。

第三款　公告和公共定位。

第四款　每次选举提出的竞选纲领和施政纲领。

第五款　根据其章程和本法有效执行的联盟或合并协议。

第六款　公共资助和私人资助。

第七款　派驻高法、选举监督委员会和国家自然人登记处的代表姓名。

第八款　政党认为相关的其他信息。

请求的信息

第二十四条甲　政党有义务通过电子或物理手段向提出申请的民众提供以下信息：

第一款　向政党提供实物或现金捐赠的自然人或法人的名称以及相应捐赠的数额，在同一财政年度内捐赠总额超过工业部门五个月最低薪金的情况，捐赠总额超过十七个月最低薪金的情况。

第二款　关于通过公共资助和私人捐赠获得的资金的使用和去向的报告。

本章及第四篇第四章涉及私人资助的规定将强制适用于独立候选人。

机密信息

第二十五条　党员、党的领导人、党推选的预选候选人和民选公职候选人本人或家庭成员具有私人性质的活动应被视为秘密信息。

包含党员、党的领导人、党推选的预选候选人和民选公职候选人个人数据的信息，除党推选的预选候选人和民选公职候选人名单外，只能包括全名和其他授权的个人数据。

捐赠者、党员、党的领导人、党推选的预选候选人和民选公职候选人信息的个人敏感数据，包括信仰、宗教、种族、政治履历或意识形态、工会隶属、性偏好、身心健康情况、道德水平、家庭状况以及其他具有类似性质的隐秘信息或可能影响名誉、个人和家庭、个人形象或工作环境的信息。

对于民选公职候选人，只有涉及其种族、性偏好、道德水平和家庭状况的信息才被视为秘密信息。

保留信息

第二十六条　与政党内设机构决策进程、政治战略、竞选活动以及其开展的所有类型民意测验的内容相关的信息应被视为保留信息。

与高法正在组织开展政党参与其中的任何种类的进程相关的信息，直到相关进程有了明确结果前，应被视为保留信息。

获取信息的单位

第二十六条甲　为接收和管理获取信息的申请，每个政党应有一个获取信息或透明度的单位，该单位应置于政党总部，应在接收申请后最多十日提供相应信息。

其管理员基本职责如下：

其一，接收获取信息的申请并提供相应程序；

其二，辅助个人提交申请；

其三，执行查找和提供所申请信息的必要内部程序并告知个人；

其四，登记获取信息的申请及办理结果和成本；

其五，制定相应通知；

其六，处理获取在指定期限内接收的信息的申请；

其七，建立确保更有效管理获取信息的申请的内部程序；

其八，处理那些事先需要捐赠自然人或法人同意的情况。

免费

第二十六条乙　信息的申请和获取应以免费原则为准，鉴于此，应允许免除获取信息的费用。

如果信息复制和邮寄的费用由申请人支付，价格不应高于使用的材料费和邮寄费。政党应有复制和邮寄费用信息表。电子发送材料不得有任何费用。

在是磁性或电子复制的情况下，如果相关方提供了储存信息的媒介，复制应免费。

程序

第二十六条丙　任何公民可以到政党负责接收申请和提供信息的单位，提交至少包括申请人唯一身份证明文件号和复印件、所需信息的确切描述和接收通知的位置或电子邮件等内容的书面申请。

该单位管理员应进行办理，并在最多十个工作日内将申请信息提供给申请人。

当涉及秘密信息或保留信息时，管理员应了解情况。

如果申请人不满意，可以向高法上诉，高法应最多在十五个工作日内决定因信息为秘密或保留信息而驳回申请是否合情合理。

政党有义务根据审计法庭要求提供与其公共资助相关的信息，根据高法和财政部要求提供与其公共资助和私人资助相关的信息，在每个财政年度末尾，不必经捐赠者同意，随时根据正在开展一项调查的职能部门的要求提供相关信息。

责任

第二十六条丁　利用保留或秘密信息以任何形式影响相应信息相关人的公民，应根据法律规定的民事或刑事程序承担责任；同样，知道信息为保留信息或秘密信息但仍加以披露的公民应根据法律规定的民事或刑事程序承担责任。

适用的惩处制度

第二十七条　除非得到信息牵涉人的书面或同等方式的同意，政党不得传播、散布或商业化包含证实有管理信息系统中的敏感个人数据的信息。

不履行本篇规定的义务将受到本法相关条款规定的惩处。

第四篇　内部民主

第一章　政党内部事务

界定

第二十八条　根据本法及其领导机构批准的章程和条例，政党内部事务是与其组织和运行相关的行动和程序的总和。

政党内部事务

第二十九条　政党内部事务如下：

第一款　制定和修改其基本文件。

第二款　明确公民自愿自由入党的要求和机制。

第三款　推选民选公职预候选人和候选人以及党的领导和职能机构成员的要求。

第四款　推选民选公职预候选人和候选人以及党的领导和职能机构成员的程序。

第五款　明确其政治和竞选战略的协商流程，领导机构决策流程。

第六款　领导层更替。

第七款　内部规章的制定和修改。

争议的解决

第三十条　与政党内部事务相关的所有争议应由其章程规定的相应职能机构负责，应及时解决以保障党员权利。

只有当内部保障机制用尽时，党员才有权求助高法。

第二章　章　程

强制性

第三十一条　章程是政党注册的必要条件。它应明确政党内部体制，规范党员和党的组织机构的权利、义务以及与纪律体制相关事宜。政党的所有组织机构有义务根据其相应职责执行章程。

内容

第三十二条　政党章程应公开，应至少包括：

第一款　政党名称和标志。

第二款　原则、目标和关于国家的观念。

第三款　内部组织架构描述。

第四款　有效内部决策要求。

第五款　入党和退党要求和机制。

第六款　党员权利和义务。

第七款　纪律规范、惩处、程序和申诉。

第八款　财务制度。

第九款　法律代表任命规章。

第十款　关于政党解散的规定。

政党应至少设有一个用以所有党员代表协商的机构。

应创设保障伦理和内部选举程序的内部机构。

章程应规定选举形式、周期、负责选举的机构的职责和任期。

关于施予某一党员的惩处的申诉应由至少两个党内机构裁决。纪律惩处程序应遵守正当程序规则。

所有党员有权根据章程规定选举或被选举为党的领导职位和民选公职候选人。

章程修订

第三十三条　只有应符合章程规定的数量比例的党员和党的最高协商机构倡议，政党章程才能根据自身规定的程序作出修订。修订程序应保障：

第一款　拟定修订方案。

第二款　根据其登记的方式向党员发放修订方案。

第三款　在地区机构开展关于修订方案的磋商和讨论，应做好已完成工作的记录。

第四款　处理通过讨论获得的成果并纳入最终方案，说明异议。

第五款　最终方案应提交政党最高领导机构审批。

章程修订的批准应至少获一半加一数量的最高机构成员同意。

章程修订应在获批后十日内通过政党相应职能机构的记录证明知会高法，以供其登记并刊布在官方日报，无须更多程序，也不需要审查。

高法可以要求章程获批前完成的程序。

关于领导层更替的报告

第三十四条　政党有义务在其领导机构成员、法定代表更替完成后的十日内通过职能机构的相应会议记录知会高法。

第三章　入党和退党

入党和退党权

第三十五条　所有拥有投票权并在选举登记中注册的公民均可自愿自由地根据其章程或条例规定加入一个政党。

任何宗教的神职人员、武装部队现役人员、国家警察不得入党。

没有人可以被迫加入或留在一个政党。

入党后个人权利应得到尊重，宣称接受章程、政党基本文件、行动纲领和竞选纲领可以作为入党的基本条件。

公民留在某一政党是自愿的，可以在任何时候无理由退党。

第四章　党员权利

权利

第三十六条　政党成员具有如下权利：

第一款　根据规定的程序选举和被选。

第二款　参加党的活动，加入党内机构或代表机构。

第三款　及时真实地了解党的领导和管理机构运行、党的领导人和担任公职的党员所作的决策、党的经济和财务状况，以充分理解党的决定。

第四款　在所在党组织言论和参与自由。

第五款　如果认为党采纳的协议和决定违背了党的基本文件、宪法、法律、章程或侵犯了个人权利，有权向党内机构和高法提出批评、揭发和驳斥。

第六款　获取正在进行的惩处程序的文件，以为根据适用程序进行辩护提供相关证据手段。

第七款　参加选举进程。

第八款　确保个人数据和敏感个人数据的保留，如果数据正在处理，及时得到直接或通过代表告知；党为维持注册登记进行的必要复制；当登记的数据不合理或不准确时，得到相应纠正或删除；当信息得到申请或传送时，知晓相应信息申请人、申请的动因。

第九款　信息所属人或其代表对个人数据的获取是专有的，但这不妨碍高法因审计工作而获取这些信息，同时应始终采取必要保障措施。

第五章　党的领导干部及公职候选人选举

内部选举

第三十七条　为选举党的领导干部和推选公职候选人，政党应举行内部选举。党内选举根据本法、党章和条例确定的规范，采取由在所在辖区相应名册注册的党员自由、直接、平等和无记名投票的方式。

选举委员会

第三十七条甲　为组织、领导、监督党内选举，党的最高领导机构应组建一个常设选举委员会，选举委员会成员不得由党的领导干部候选人、公职候选人担任，也不得归其管辖，如果委员会任何委员请求，应予以替换。

选举委员会应为负责选举事务的最高党内机构。

选举召集

第三十七条乙　为推选民选公职候选人，选举委员会应在高法召集相应选举前六个月召集党内选举。

选举委员会应在领导干部根据党章任期届满前召集党的领导干部选举。

选举委员会通知选举时应明确候选人注册时限。

层级

第三十七条丙　党的领导干部选举和民选公职候选人选举应包括全国、省和市三个层级。

民选公职候选人应：

其一，全国层级，党员推选共和国总统、副总统和中美洲议会议员；

其二，省级，属于省的党员推选议会议员及相应候补的候选人；

其三，市级，属于市的党员推选市长、咨议员和市政会议成员候选人。

党的领导干部选举应根据党章规定的架构和职位管理。

作为候选人参加党内选举的要求

第三十七条丁　申请参加党内选举的党员应满足宪法、选举法和党章规定的相应层级的候选人的条件。

党员想作为候选人参与党内选举，应向选举委员会提出申请，注册候选章程规定的某一党内职位或某一民选公职。

政党的章程应考虑那些在党员看来没有利益的正在组织的任何层级的党的领导干部职位的选举。选举委员会应向党的最高领导机构报告这些情况。

政党的最高领导机构应在最多五个工作日内通知选举委员会相应选举的新时限。

申请注册

第三十七条戊　作为民选公职或党的领导干部职位候选人的注册申请应由本人向选举委员会提交原件和复印件，应至少包括：

其一，说明要申报的职位；

其二，有效的唯一身份证明文件且带照片的放大版复印件；

其三，所在的党组织；

其四，宣誓不处于宪法和选举法规定的不适合选举状态、公共财政和市政信誉良好、已缴纳养老金的声明；

其五，政党章程规定的其他要求。

获选为候选人的有义务提交市政偿付、收入税偿付以及共和国审计法庭发放的证明，仅用于选举前一个月注册民选公职候选人，直到注册成功或明确被拒绝前都有效，不妨碍选举法第一百六十六条的规定。

政党选举委员会应密封复印件并返还相关候选人。

选票设计

第三十七条己　政党应使用选票，每个层级选举的投票箱分开。

选票应包含的内容，除了说明选举类型、候选人姓名和照片外，还应有供选民标记的空间。

投票形式

第三十七条庚　投票时，选民应通过有效的唯一身份文件证明自身。

有效投票的形式应取决于所进行的选举的类型，应在每个政党的相应章程中得到规定。

唯一候选人

第三十七条辛　在候选人未超过一人的情况下，应通过编制或个人，明确党的领导职位的类型或民选公职候选人，接受党员的选举，至少需要发出的选票的一半加一的票数。

当选人公告

第三十七条壬　选举结束，选举委员会应以下列方式公告民选公职候选人当选者：

第一款　总统和副总统候选人，应获简单多数票。

第二款　每个政党的议院和中美洲议会议员候选人应将每个候选人得票相加，计算总数，由高到低排列：获得多数票的排第一位，得票数次多的排名第二，依次类推。

第三款　市长候选人应根据相应市简单多少票。

第四款　咨议院代表候选人根据相应条例的规定。

申诉

第三十七条癸　民选公职候选人选举一旦结束，被推选参加党内选举而未当选的党员，有二十四小时时间向选举委员会申诉复查或撤销选举结果。

在通过书面形式提起的申诉中，应说明所有情节，作为申请复查或撤销选举结果基础的案情和动因，另外应提供相关证据。

在提交申诉并验证是否满足受理申诉的要求后的二十四小时，应允许参与选举并对上述进程感兴趣的党员谈论，应在二十四小时内予以审理。

在提出证据期限结束后的二十四小时，应宣传相应判决，对此，不允许任何其他申诉。

选举结果通知

第三十七条甲子　推选民选公职候选人的党内选举应至少在召集民选公职选举两个月前举行。无论是推选党的领导干部还是民选公职候选人的党内选举，一旦完成，选举委员会应宣布相应获选人，并向党的最高领导机构登记。

替换

第三十七条乙丑　一旦举行党内选举，不得替换民选公职候选人提名，除非在获选人不符合宪法、选举法规定条件的情况下，经候选人书面放弃或因不可抗力，才可以替换获得多数票的候选人。

直到选举日前一日，政党或政党联盟可以以新候选人替换业已注册的候选人，替换应始终出于在高法注册的候选人死亡、身体或法律方面丧失能力等原因。替代者应为党内选举中得票仅次于被替代者的候选人。

在没有规定的情况下，应根据每个政党自己的选举条例和本法第八十五条解决。

不遵守前文规定，权利将无效。如果议会和中美洲议会选举选票尚未印制，应替换照片；如果选票已经印制，对被替代候选人的偏好对替代候选人也有效。

性别比例

第三十八条　政党编制议院、中美洲议会和市议会议员选举名单时，应至少有百分之三十的女性。

每个政党或联盟提交全国、省和市名单注册时，该比例应应用于每个全国、省和市名单。每个名单应作为一个整体，包括正式候选人和替补。

市议会议员候选人名单中女性占比百分之三十也应体现在政党或联盟根

据党内选举结果提交的候选人名单中，以及在因未获得简单多数而根据选举法第一百六十五条规定指定候选人先后顺序情况下的名单中。

高法应在政党或联盟提交名单那一刻通过选举法庭核查其是否履行本条规定。

每个政党应在其条例中明确在党内选举进程中确保性别比例的机制。

第五篇　联盟、合并和撤销

第一章　联　盟

商定联盟的权利

第三十九条　注册政党能商定全国、省或市级联盟，以在任何选举中提交共同候选人。

在由政党代表根据各自党章和选举法规定签署的相应联盟协议中应注明联盟条件。

除非通过选举产生了宪法第二百零八条规定的权利，当高法宣布促使结成联盟的选举的结果时，联盟将终止。

如果出现上述情况，联盟将持续到议会完成高法法官选举。

在由政党代表根据党章规定签署的相应联盟协议中应注明条件。

联盟标志

第四十条　决定组建联盟的政党应根据选举法规定商定使用唯一标志或每个政党的独立形式。

联盟获得的选票为参加联盟的每个政党获得的有效票之和。

注册要求

第四十一条　联盟协定应包括：联盟目标；候选人分配；是采用一个唯一标识还是使用每个政党的独立标志；有效票的分配形式，以实施国家资助制度；高法候选人的委派形式。

附加文件

第四十二条　为使所有联盟协定生效，参盟政党的书面申请应载入由高法管理的专门文件。注册申请应随附以下文件：

其一，签署的联盟协定的公证证明材料；

其二，参盟政党达成的协议的证明。

提交和裁决期限

第四十三条　联盟协定的注册将在选举开展前的一百二十日（该日前的二十四时）截止，逾期不予受理。

联盟协定的注册申请应在其递交后的三日内由高法裁决。如果没有裁决，该协定视为成功注册。在此种情况下，经授权，高法应下令将其刊发在两份全国发行的报纸上，证明应扩展至相关方。

如果注册申请包含可以纠正的错误，高法应通知联盟在接到通知后的三日内予以更正。如果有更正，联盟应在随后的二十四小时内登记。联盟注册后，高法应当事人请求在选举法规定的期限内就联盟推举的共同候选人的注册进行裁决。

第二章　合　并

合并

第四十四条　当两个或更多政党整合成一个新党，或一个既有政党吸纳一个或更多政党时，为合并。

当两个或更多政党决定合并时，政党法定代表应根据授权协议和各自党章的相应规定达成书面协议。所有这些均应记录在公证中并在高法登记，以生效。

第四十五条　合并协议应说明：

其一，如果组建一个名称和标志都不同于合并政党的新党，应取消合并政党的注册登记，进行新的注册登记，注册时应附合并申请、新党章程、领导机构及其成员名单以及法定代表人姓名；

其二，如果维持其中一个政党的注册登记，它应吸纳其他政党，承担被合并政党的责任和权利，取消其他政党的注册登记。

合并政党的注册登记程序为本法相应部分的内容。

处于撤销进程中的政党无权合并。

注册申请

第四十六条　合并的注册申请应由政党法定代表人向高法提交，并附上以下文件：

其一，每个政党同意合并的公证文件；

其二，合并的公开纸质证明。

为使合并协议具有所有法律效力，应履行本法第二篇关于注册登记的所有程序。当合并政党采用任何处于合并进程中政党的章程、原则、目标、行动纲领、标志和其他有效条件时，无须提交新的，合并注册将全权运转，取消被合并政党的法人资格。

第三章　撤　销

撤销的原因

第四十七条　撤销某一政党的注册登记的原因：

其一，根据章程自愿解散；

其二，政党合并生效；

其三，参加议会选举未获得五万有效选票；

其四，连续两次未参加选举，除非选举在同一年进行；

其五，使用印刷、新闻机构、广播、电视或其他国家职能机构管理的传播媒介进行宣传，本法和选举法关于政党特权规定的除外；

其六，帮助选举营私舞弊或为获益而接受选举中的营私舞弊；

其七，政党组建联盟，共用唯一标志参加议会和中美洲议会选举，未获得相应比例的有效票：由两个政党组建的联盟得票须十万；三个政党组建的联盟得票须十五万；超过三个政党，每多一个政党多五万选票。

任何情况下都不得撤销在议会拥有至少一名议员的政党。

撤销程序

第四十八条　因上一条第三、四、七种原因的撤销，其程序应由法院最晚在宣布选举结果（由法院发布的唯一选举结果证明）后三十日内启动。

资产清算程序

第四十九条　当某一政党的注册登记因本法规定的任何原因而撤销时，其法人资格仅因限期履行尚未完成的义务而保持有效。被撤销的政党，应在十五个工作日内，任命一名或两名清算员。清算员拥有收集账目、清算资产以清偿劳动、财政、行政义务以及与供应商或债权人的债务等排他性职责。如在上述期限内未按要求做，清算员将由高法任命。

为此，作为第一步，清算员应与政党财务负责人合作完成一份包含资产和负债结算账目的报告。

清算一旦完成，如果有账目或承诺待支付而资产不足，政党全国最高领导机构成员应按比例分配直至偿清。

相反，如果清算结束有结余，应移交政党选择的公益机构。

为执行上一项规定，使用政党名称时应加上“正在清算”字样。

第六篇　政党的资产和资金

第一章　资产和筹资方式

资产

第五十条　政党的资产由党员贡献、接收的捐赠和遗产、动产和不动产收益、债券及国家补助等构成。

资金

第五十一条　政党筹资制度包括如下方式：公共资助、私人资助。

公共资助是基于共和国宪法第二百一十条获得的国家资助。

政党可以以任何名义接受现金或实物形式的合法经济捐赠，并组织开展集体筹款活动。

捐赠者给政党的捐赠可以根据相应法律规定从所得税中扣除。

政党不得向国家银行申请信贷以资助其开展活动。除了通过集会或在公共场合募集款项，政党也不得接受不明身份人士的捐赠。

与公共资助有关的资金应通过银行转账的方式汇入政党各自账户。

第二章　公共资助

政治债务

第五十二条　根据共和国宪法第二百一十条，参加选举的政党或政党联盟有权接受国家一定数额的资助，其数额根据在共和国总统和副总统选举、中美洲议会选举、国家议会选举以及市政选举中获得的有效票确定。

根据上一段所提及的选举选票支付的款项应为上一次同类选举支付的款项数额加上经中央储备银行确认的累计通货膨胀率。

参加第二轮总统选举的政党有权获得根据在该选举中所得有效票计算的资助，额度相当于第一轮选举所付额度的百分之五十。

获取政治债务

第五十三条　所有参与相应选举的政党或政党联盟均有权根据在选举中的得票按比例获得上一条提及的资助。

选举结果证明

第五十四条　为获得相应捐赠，相关政党或联盟提供一份由高法发布的相应选举结果的证明文件即可。证明文件应包括与每个政党相对应的有效票的总数。

预支政治债务

第五十五条　每个参选政党或政党联盟有权预支根据其参与的上一次同类选举所获选票确定的资助的百分之七十。

参选政党或政党联盟有权获得的预支资助及其根据选票确定的数额应在召集选举期间决定，可在选举开始后次日申请，并在申请后最迟三日生效。

每个政党的剩余政治债务应在选举结果宣布后最迟三十日内交付。

国家资助或政治债务的支付或预支不产生任何税费。

新政党政治债务的预支

第五十六条　第一次参加某一类型选举的政党或政党联盟将收到五万美元作为预支政治债务。

预支的担保

第五十七条　预支政治债务应有充足的担保以保证将下一条提及的差额偿还国库。

预支款的偿还

第五十八条　政党应在自公布相关选举结果起九十日的期限内将所接受的预支款与选举后清算结果相对应的数额（如果该数额少于上一次的数额）之间的差额偿还国库。

如候选人注册期已结束，接受了预支款但未注册候选人的政党应最多十五日退还全部预支款。

政党联盟的政治债务

第五十九条　两个或多个政党形成一个合法注册联盟的政治债务，应适用以下规则：

其一，组成联盟的每个政党应各自维护其权利，履行其义务，受到规定的惩处（如有）；

其二，参盟政党有权获得的所有预支或付款应通过每个政党的法定代表进行；

其三，联盟获得的有效票应根据联盟协议确定的比例在各参盟党之间分配。

第三章　使用公共传播媒介

免费使用

第六十条　在选举法规定的竞选活动终止前五日，政党有权根据本法规定免费使用国有广播和电视的选举频道。

选举频道

第六十一条　每个国有广播电视台都应安排一个临时播放时间以播放参选政党或政党联盟的竞选主张，应在十九点至二十二点间播放，每天三十分钟。

可用播放时间的一半应平均分配给拥有注册候选人的所有政党。另一半则根据选举时每个政党在议会中的议员数量按比例分配。首次参加某一选举的政党获得的播放时间相当于议员最少的政党获得的播放时间。

高法根据此处规定的标准决定每个政党在每种媒介的相应时间。

那些分配给政党但其未使用的时间，应用于选举教育。

非选举时期对传媒的使用

第六十二条　在议会中至少拥有一席的政党有权免费使用国有广播和电视信息频道，十九点到二十二点之间的时段，每个媒介每月六十分钟，根据政党在上一次议会选举中的得票数按比例分配。在该时段，政党可以就国家现实、议会提案、活动及其他适宜问题表达自己的立场。

高法应证明每个政党获得的选票比例，供每个媒介根据规定标准分配时段使用。

第四章　私人资助

私人资助

第六十三条　政党能根据本法规定的条件和要求接受自然人或法人提供的限度内的私人资助，比如：

其一，党员党费和现金贡献；

其二，筹款活动的成果、基金收益、来自资产的合法收益；

其三，信贷；

其四，捐赠、遗产或遗嘱份额；

其五，获得的现金或实物捐赠。

金额和登记

第六十四条　私人资助只能归于政党。

所有捐赠应个体化并在收到时通过政党发行的凭证进行登记。如果为匿名捐赠，则不得接受。

所有政党筹款活动均应接受监管，以确保透明和公开。司库应记录政党的筹款活动。

平常期的捐赠

第六十五条　政党可以在同一财政年度内接受自然人或法人的经济捐赠，最高不超过高法批准的上一年度预算的百分之二。

选举年前一年的捐赠

第六十六条　在任何选举年的前一年，政党可以在同一财政年度内接受自然人或法人的经济捐赠，最高不超过高法批准的上一次同类选举特别预算的百分之三。

选举年的前一年应理解为组织开展任何类型选举年度之前的一年。

受禁的资助来源

第六十七条　政党不得接受来自以下来源的资助：

其一，任何具有公法性质的实体、国有企业或国家参股的企业；

其二，任何宗教机构；

其三，国外政党或管理机关；

其四，行业协会；

其五，因腐败罪或触犯《反洗钱法》《反有组织犯罪法》任何一项规定而服刑的自然人。

其他禁律

第六十八条　私人资助应遵循以下规则：

其一，禁止企业利用其员工向上级捐赠；

其二，与赌博活动有关的自然人和法人不得捐赠，即使其已合法注册并履行纳税义务；

其三，给政党捐赠者应完成其在捐赠前一年的纳税义务。

第七篇　违法和惩处制度

第一章　分类和惩处

违法类型

第六十九条　对本法的违反分为轻度和重度。

轻度违法

第七十条　以下构成轻度违法：

其一，在名称中省略“正在组建”或“正在清算”字样；

其二，不向高法报备对党章及其他需要注册的法令的修改；

其三，使用不同于政党注册时确定的名称、标志、颜色；

其四，在出版物和竞选宣传中使用国家符号。

重度违法

第七十一条　以下构成重度违法：

其一，在根据其章程运行期间不履行提交正式账目及进行内部审计的义务；

其二，不履行本法规定的关于透明度和获取信息事务的义务；

其三，接纳宗教组织的神职人员、武装部队现役军官、国家警察为党员，一旦在本法规定的程序中证实违法，此类党员关系无效；

其四，损害政党候选人及其家人的荣誉、个人隐私和形象；

其五，未保障本法规定的性别平等；

其六，未遵守本法规定的关于私人资助的限额；

其七，未在本法规定的期限内归还预支政治债务；

其八，接受本法禁止的捐赠。

关于轻度违法的惩处

第七十二条　构成任何轻度违法行为的政党将被罚以相当于十至十五个月商业和服务业届时最低月工资的罚款，并须在最多十五日内纠正违法行为。

关于重度违法的惩处

第七十三条　构成任何重度违法行为的政党将被罚以相当于十五至五十五个月商业和服务业届时最低月工资的罚款，并须在最多十五日内纠正违法行为。

第二章　惩处程序

程序启动

第七十四条　本法规定的惩处程序应由高法应选举检察官、合法注册政党及其党员或选举监督委员会检举而依职权启动。

正当程序

第七十五条　在根据本法开展的所有惩处程序中，应尊重基本权利以及宪法规定的正当程序和公共权利。

高法在任何惩处进程中作出的决议均应在决议作出后的四十八小时内公布。

文书

第七十六条　所有惩处程序应形成一份包含决议和与案件有关的文件在内的文书。当事人及其律师有权查阅该文书。

检举内容

第七十七条　检举应包括：

其一，检举人身份及检举要求；

其二，违法的政党；

其三，对构成违法行为的描述；

其四，提供证据；

其五，被违反的选举法律规定；

其六，指定通知检举人和被检举人的地点；

其七，具体诉求。

如果检举人未提供相关证据，应提及其内容和所处位置，请求高法取证并纳入程序。

受理检举

第七十八条　提出检举后，高法应在三日内同意或宣布不受理检举或对检举人进行初审。在后一种情况下，应给予最多三日的办理时间。

如果高法认为有关联，可在同一决议中命令收集文件或其他证据，并将其纳入程序。

确定审理

第七十九条　接受检举后，高法在同一决议中确定口头审理的日期和时间。

审理程序和举行

第八十条　高法应在确定目标、检举人证据清单后启动审理，由检举人、被检举政党先后发言。相关方应提出并提供其认为合适的证据。

依据

第八十一条　高法应说明其作出的决议所依据的证据和法律，指出所提供的证据的价值以及决定惩处程度的标准。

延期判决

第八十二条　如果因要裁决的事实的性质，高法不能在审理结束时作出决议，高法可以举行新的审理会以宣布相应判决。该判决应最迟在三个工作日内得到安排。

复审

第八十三条　关于高法发布的决议，只能在相应通知发布后的三日内提出复审上诉。复审上诉应由高法在不超过十个工作日的期限内解决。

第八篇　最终、临时和替换条款

期限

第八十四条　除非另有说明，本法规定的期限应理解为以工作日表示。

不可预见的情况

第八十五条　本法未预见的情况，应适用选举法、相关普通法以及政党章程、规章等的规定。

政党的调适

第八十六条　自本法生效之日起，在由高法管理的政党登记处注册登记的政党有十八个月期限根据本法规定调整其章程和制度，并发布必要规章。

规章

第八十七条　自本法生效之日起的十个日历月，高法有权在本法规定的范围内发布其认为有助于实施本法的规章。

第八十八条　临时规定。自本法生效之日起，本法第三十七条第二项作为具有临时特征的举措，对五次议会议员选举和四次中美洲议会选举有效。

第八十九条　废止选举法第一百五十条至一百九十五条和第二百九十四条。

有效期

第九十条　本法在官方公报刊发后八日后生效。

（靳呈伟　译校）

危地马拉选举与政党法[①]

国民制宪会议考虑到危地马拉共和国新政治宪法要求对相关法律进行修改，使其规定符合以下基本准则：

选举与政党法应根据危地马拉共和国新政治宪法，包含并发展所有与行使结社的公民权利、参加组织的政治权利和选举机构运行的权利等相关的原则。

政治理念的演变要求根据现实的发展进行法律的处理，这种情况应该受到所有关于选举和政党的法律的关注和规制。

因此：

履行国民制宪会议内部制度法特别规定的职责，遵守人民的委托，制定、批准并颁布以下法令：

第一编　公民身份和投票

唯一篇章　总　则

第一条　法律的内容。本法规制与政治权利的行使和政府职能机构、选举机构、政治组织的权责以及选举制度和选举程序相关的事项。

① 根据危地马拉 1985 年选举与政党法译出。

第二条　公民身份。公民是指所有年满十八周岁的危地马拉人。

第三条（由第74-87号法令第一条和第10-04号法令第一条修订）公民权利和义务。公民固有的权利和义务有：

a. 尊重并维护危地马拉共和国政治宪法。

b. 在公民登记处注册登记，获得个人身份证件，方可行使并履行本条款涉及的权利和义务。

c. 选举和被选举。

d. 进行投票。

e. 得到公共职务。

f. 关注选举的自由和效力以及选举过程的透明性。

g. 维护轮流执政原则以及共和国总统、副总统不可连任的原则。

h. 在受到指派时履行相应的选举职责。

第四条　公民权利的停止。当出现以下情况时，暂停公民权利：

a. 在刑事诉讼中最终被判有罪。

b. 被司法宣告停止公民权利。

第五条　恢复行使公民权利。当出现以下情况时，恢复被停止的公民权利：

a. 履行被判处的刑罚。

b. 被大赦或豁免。

c. 法院改变对其停止公民权利的决定。

第六条　公民身份的丧失和恢复。危地马拉国籍的丧失，意味着公民身份的丧失。危地马拉国籍一旦得到恢复，公民身份也得以恢复。

第七条（由第10-04号法令第二条修订）公民身份的证明。公民资格由公民登记处颁发的文件、居民身份证上的记录或者通过替代上述证明的身份文件加以证明。

第八条（由第74-87号法令第二条修订）注册登记。在公民登记处注册登记是行使政治权利所必不可少的。没有一个公民可以事先不完成相应的要求就参加选举或被选举。没有注册的人应办理所有必要手续进行注册登记。

注册登记应以免费的形式进行。

第九条（由第74-87号法令第三条修订） 必要前提。为了在具体的选举或会议中行使本法提及的政治权利，应在相关事件之前不少于三个月作为公民进行注册登记。

第十条 通知的义务。相关职能机构有义务在五日期限内通知公民登记处处理以下情况的决议：

a. 公民身份的丧失和恢复。

b. 公民权利的暂停和恢复。

c. 公民登记处在五日期限内命令进行登记。

第十一条（由第10-04号法令第三条修订） 取消公民身份注册。公民登记员或者代理其工作的人，有义务在年满十八岁的人员去世起八日内，通知公民登记处其死亡事项，后者应在上述公告基础上，进行相应登记，取消其公民身份注册。违反本条规定的人将因为不履行义务而根据刑法规定受到惩罚，并且不妨碍相应纪律处分，对此，最高选举法院总检察员应调查事实，提出相应检举。在这种情况下，公民登记处的代表或协助代理可以通过官方获取必要信息，并告知公民登记处在选举名册上取消相关注册登记。

第十二条（由第74-87号法令第四条修订） 投票。投票是公民固有的权利和义务，是普遍的、秘密的、唯一的、个人的，不能委托给他人。

第十三条（由第74-87号法令第五条修订） 投票自由。公民享有投票的绝对自由，没有人能直接或间接强迫其投票，或者通过特定的候选人、人员名单或者政党进行投票，也不能在协商程序下以及宪法第一百七十三条规定的情况下，在特定目的下声明支持。

第十四条（根据第74-87号法令第六条删除）

第十五条（由第10-04号法令第四条修订） 禁止。以下情况不能行使投票权利：

a. 在国家军队或者警察机构中服役的公民，以及被任命到任何有军队属性的委员会或者开展相关工作的公民。

b. 被暂停行使公民权利或者丢失公民身份的人员。

为了履行上述规定，为将上述人员从选举名册上去除，相关职能机构应在每个选举进程的注册环节结束前向公民登记处递送相关名册。

第二编 政治组织

第一篇

唯一章 总 则

第十六条（由第 10-04 号法令第五条修订） 政治组织。

以下均为政治组织：

a. 政党以及为组建政党而成立的委员会。

b. 公民选举委员会。

c. 以政治为目的的组织。

第十七条（由第 10-04 号法令第六条修订） 组织自由。政治组织的组建是自由的，其运行应符合本法规定。

公民可以自由根据自身意愿和相关政治组织的规定加入政治组织。禁止加入多个政党。可以出于以下情况自愿脱离一个政党：

第一，声明：想要脱离政党的人，应该向政党或公民登记处递交其辞呈。

第二，未明说的：注册加入另一个政党。在这种情况下，公民登记处将官方着手实行变更。

第二篇 政 党

第一章 总 则

第十八条（由第 10-04 号法令第七条修订） 政党。除了现行法律指出的情况，合法组建并在公民登记处注册的政党是公权机构，是具有法人代表和无限期规定的机构，构成国家政治制度的民主属性。

第十九条（由第 10-04 号法令第八条修订） 政党存在和运作的要求。为使一个政党能够合法存在并运作，有以下要求：

a. 其成员人数最少需要达到最近一次大选中选举名册上注册的公民总人数的百分之三十，成员必须完全享有政治权利并在公民登记处注册登记，且至少有一半会读写。

b. 得到公证处公证，并满足本法的其他要求。

c. 满足其常设机构成员的注册要求并维持这些机构的存在及运转。

d. 在公民登记处进行注册并保持注册有效。

第二章 权利义务

第二十条（由第 10-04 号法令第九条修订） 政党的权利。政党享有以下权利：

a. 推荐民选公职候选人。

b. 根据法律规定，借助委派的监督人员监督选举活动。

c.（由第 74-87 号法令第七条修订）在选举通知发布后八日内，及时向最高选举法院指定其全国监督员和委派代表，上述人员有权参加最高选举法院举办的会议并在选举进程的任何时候对全国范围内的选举委员会和选票接收委员会进行监督。

d. 向最高选举法院或者选举检察员告发其发现的任何异常情况，并要求调查违反选举与政党法规范和原则的行为。

e. 在选举进程中开展监督工作时可以免付邮资和电报费用。这一权利仅在选举通知发布后的次日起至选举活动结束后的一个月之内实行，应受到相应规章约束，应明确政党的哪些代理人可以在危地马拉共和国国土内享受邮资和电报费用免付，以及这些人在滥用这一权利时应承担的责任。

当国家没有直接提供这些服务时，应将这些服务的金额让已经使用这些服务的政党承担。

f. 经事先书面申请，可以免费使用市政大厅和其他合适的市政机构来举行会议，每三个月举办一次会议。

g. 只要其意图不违背该目标，可以使用公共交通或者其他公用财产设施内的柱子安置选举广告。

第二十一条（由第10-04号法令第十条修订） 辞职。政治组织和选举活动的经费。对政治组织为其日常活动和竞选活动而收到的公共资助及私人资金的监管由最高选举法院负责。相关规章将规定监管机制。

只要政党在大选中获得不少于总有效投票的百分之五，国家将按照每张法律有效支持票获得两中美洲比索的比例为其提供资助。除获得百分之五选票支持的条件外，至少获得共和国国会一个议员席位的政党也可同样获得资助。计算将在共和国总统、副总统第一轮选举选票统计的基础上进行。资助的支付将在相应总统任期内完成，分四年，每年七月支付相同数额。对于竞选联盟，资助将根据联盟协定进行分配。

全国执行委员会有义务分发收到的公共资助，按照委员会同意的比例，将其分配到省级和市级执行委员会。

除了上述内容，政治组织和选举活动的经费还应由以下规定规制：

a. 禁止政治组织接受来自外国政府、外国个人或外国法人的任何性质的捐赠。以培训为目的的来自学术机构或者基金会的捐赠除外，这些捐赠应在收到后的三十日内，以情况报告的形式向最高选举法院汇报。

b. 对参加大选的候选人的捐赠应通过政治组织的相应渠道进行。上述捐赠在任何情况下都不能匿名进行。

c. 政治组织应该对所收到的捐赠进行会计登记。上述登记应该公开。

d. 政治组织的财产应该根据会计记账进行全面登记，所持证券不能构成财产组成部分。

e. 竞选花费的最高上限是截至选举前一年的十二月三十一日，每个登记的选民一中美洲比索。对于公民委员会，该计算将在参加选举的城市的登记公民数的基础上进行。

为计算竞选资金上限而与登记选民人数相乘的乘数，可以由最高选举法院召集获得合法注册的政党的秘书长开会讨论修改。最高选举法院应该在发布选举通知后十五日内召集这一会议。

f. 任何个人或法人都不能捐赠超过竞选花费上限的百分之十。

g. 不履行规制政治组织资金的规范，将根据法律受到行政或刑法惩处，直至最终取消相关组织的法人资格。

第二十二条（由第 10-04 号法令第十一条修订） 政党义务。政党有以下义务：

a. 在其会议开始后的十五日内，向公民登记处提交会议的所有记录证明。

b. 在其建党文书和章程作出修改后的十五日内，向公民登记处注册登记所有修改，并报告其常设机构构成出现的变化。

c. 在为政党自己准备并由公民登记处授权的附加页上，登记其成员，并向公民登记处提交一份忠实于上述附加页的复印件。只能将那些通过公民登记处证明过的名单上注明的人员认作其成员。

d. 根据法律及其坚持的原则，开展吸引支持者、意识形态培养、人力培训以及参与选举进程等活动。

e. 推动不同社会部门的公民参与国家政治生活。为此，政党可以推动女性和其他部门加入其民选公职候选人名单。

f. 加强对党员的公民民主教育和培训。

g. 最高选举法院或者其职能机构在为判决其法律职责而认为必要时，政党应提交其文件材料用于审核。

h. 推动开展关于国家面临的问题的分析研究。

i. 与相应职能机构合作，监督选举进程，保证选举进程根据法律推进。

j. 放弃接受来自国家或者国家机构的未经法律明确允许的经济援助、优惠待遇或者特别支持。

k. 一旦获得合法注册，向公民登记处申请，使其政治组织部批准关于所有内设机构的纪要文书。

l. 向最高选举法院或者总检察员检举所了解到的任何异常情况，并要求调查违反选举与政党法规范和原则的行为。

m. 为履行其职责，根据法律开展必要活动。

第二十三条（由第 10–04 号法令第五条修订） 成员名单。成员名单应该是个人或者集体的形式。在后一种情况下，不能超过十个成员。向公民登记处提交的成员名单应该在十五日内进行核实。如果集体名单中的一名或以上成员没有能够注册，将不影响其他成员入党的权利。相关规章应就此事项作出规定。

第三章　政党的组织机构

第二十四条（由第 10–04 号法令第十三条修订） 组织架构。

政党应该至少包括以下机构：

a. 全国性机构：

（1）全国大会；

（2）全国执行委员会；

（3）财政监察机构；

（4）名誉法庭。

b. 省级机构：

（1）省级大会；

（2）省级执行委员会。

c. 市级机构：

（1）市级大会；

（2）市级执行委员会。

可以根据其章程，建立咨询、执行和监察机构。

a 中的全国执行委员会、财政监察机构和名誉法庭应在全国大会上选举产生。

第二十五条（由第 10–04 号法令第十四条修订） 全国大会及其构成。全国大会是政党最高机构，由全国每个有有效党组织的市的两名代表组成

（有发言权和投票权）。这些代表将由全国大会所召集的市级大会选举产生。上述代表应是市级大会的成员。如果事先没有发布相应通知，不能向一个全国大会委派代表。代表的委任应由相关组织的市级公证处的秘书或者由相关市级大会秘书进行。

除第七十六条的规定外，全国大会必须每两年召开一次会议，会议的召开应事先通知。

第二十六条（由第10-04号法令第十五条修订） 全国大会的职权。以下是全国大会的职权：

a. 批准或否决全国执行委员会提交的报告。

b. 根据政党的章程和原则宣言确定政党的总体政治路线，明确应采取的举措。

c. 考虑政党的财务监察机构的意见，以及全国执行委员会应该向其提交的经济报告。

d. 在其相关会议中选举全国执行委员会委员以及其他符合法律和党章规定的全国机构的成员。

e. 选举并宣布政党参加共和国总统和副总统竞选的候选人。

f. 商定修改建党文书或党章。

g. 批准或否决关于政党联盟、合并的协议。

h. 选举并宣布那些无有效政党组织的地区的议员候选人，选举并宣布全国议会以及中美洲议会的议员候选人；

i. 为了执行委员会和其他全国机构的选举，以及为了民选公职候选人的选举以及公布，全国大会应协调一致，使上述选举通过所有成员的直接选举进行。在上述情况下，将根据现行法律、章程的规定或全国大会本身固有的规章来进行。

j. 解决任何向其提交的事务和问题。

第二十七条（由第10-4号法令第十六条修订） 大会的调整。全国大会的合宪法性和运行将由以下规范来规制：

a. 召集：全国执行委员会主动决议或应拥有有效政党组织的地区的至少

一半加一个地区执行委员会申请召集全国大会会议。通知应是书面形式，应至少提前三十日发给所有市执行委员会，并在发行量最大的日报上刊登。调整章程或文书，应在通知中说明。

b.（由第74-87号法令第八条修订）委任状：市级代表的委任状应由市级执行委员会的文书秘书或者相应市级大会的秘书颁发。

c. 法定人数：为使全国大会能作出决议，需要一半以上的有效市级组织委任至少一名代表。

d. 投票：每个被委任的代表都有投票权。

e. 多数制：决议应根据党章所规定的多数原则作出，就是说不能少于全国大会注册和委任的代表的绝对多数。为了就第二十六条e、f和g项的事项作出决议，需要全国大会注册和委任的代表的至少百分之七十投票支持。

f. 代理：代表应亲自参加全国大会会议并在其中以个体形式行使本条所赋予的权利，不接受代理。

g. 主席：全国大会应由党章规定的人员主持。全国执行委员会的成员应参加会议并有发言权和投票权。

h.（由第74-87号法令第八条修订）记录：全国执行委员会的文书秘书，或者替其履行职责的人，将担任全国大会秘书。会议的记录应由担任会议主席、秘书的人员，全国执行委员会成员以及想要签字的市代表签字。全国执行委员会的文书秘书，或者全国大会选出的替代人员，应在全国大会每次会议召开之后十五日内，向公民登记处发送一份相关记录的证明复印件。全国大会的记录，在缺少公民登记处授权的记录文书的情况下，可以通过公证人进行授权。在此情况下，应该由公民登记处的一位代表参加会议，此人将签署记录，并向此人提交上述复印件。一旦记录文书抵达，公证过的记录应该尽快被抄写在记录文书中。

i. 决议的强制性：政党及其组织机构和成员必须执行全国大会作出的决议。

j. 上诉：可以根据法律规定的内容反驳全国大会的决议，只有在法律就相关事务作出规定的情况下才能对其提出上诉。

k. 在应该召开全国大会的时限里，如果没有召开会议的话，拥有有效政党组织的地区的大多数执行委员会可以向公民登记处求助，只是为了提醒全国执行委员会在九十日内召集并召开会议，否则将施以本法规定的处罚。

第二十八条（由第 10-04 号法令第十七条修订） 执行委员会的选举。全国执行委员会的秘书长和其他成员的选举，应根据申请竞选秘书长和秘书长助理的候选人名单进行，名单不得少于三人。如果竞选名单中没有人得到绝对多数票，应在得票最多的两人中再次进行选举。

每个政党都应在明确秘书长和秘书长助理人选后，在其章程中写入本法第二百零三条中规定的少数民族代表的比例。

第二十九条（由第 10-04 号法令第十八条修订） 全国执行委员会的职权。除了本法详细指明的职责，全国执行委员会还承担：

a. 监督省执行委员会和市执行委员会行使职责，以及其根据党章规定的形式和全国大会通过的路线方针组织和领导活动。

b. 必须每两年召集一次全国大会，在由全国执行委员会或者法律上规定的省执行委员会决定的情况下召集特别大会。

c. 召集省大会和市大会，准备会议日程计划，该日程计划应该提前告知相应的省或市秘书长，并监督上述会议的进展。

d. 在政党没有有效组织机构的省或市，指派党的市政职务候选人。

e. 指派党驻最高选举法院的检察官和其他代表。

f. 向全国大会推荐市代表委任书评定委员会成员。

g. 为改善党的运行、实现党的目标和原则而建立必要机构，指派其成员。

h. 任命并罢免党的官员以及其他行政管理人员。

i. 政党章程里提到的其他职权。

第三十条（由第 10-04 号法令第十九条修订） 全国执行委员会的会议。全国执行委员会的会议受以下规范规制：

a. 召集：如果委员会已经通过关于其常规会议召开的成员、日期、时间和地点的决议，那就没有必要另行通知。如果没有相应决议，以及为了召开特别会议，应由秘书长或者委员会三名成员起草一份通知，并提前提交给委员会的每一位成员；可以通过电报或者其他方式向登记过的地址发送通知。如果委员会所有成员都出席并且同意召开会议，那么会议将合法召开，不需要另行通知。

b. 法定人数：为了召开会议，要求执行委员会的大部分成员都出席会议。

c. 多数制：决议应经大多数与会成员的同意。每位成员有一票，在平局情况下，秘书长有两票的投票权。

d. 主席：政党的秘书长将主持委员会会议。如果秘书长不能主持，将由秘书长助理代为主持；如果秘书长助理不能主持，将由党章规定的人选主持。

e. 记录：文书秘书将在相应文书中记录委员会的每次会议。记录应由秘书长、文书秘书和其他应该签字的委员会成员签字。

f. 候补：如果全国执行委员会成员中有人临时或长期缺席，除秘书长之外，应其候补与会。

第三十一条（由第 10-04 号法令第二十条修订） 全国执行委员会委员。全国执行委员会是政党的常设领导机构；有执行全国大会的决议、领导全国范围内党的活动的职责。应由最少九名、最多二十名经全国大会选出的正式成员组成，任期两年。

除一名秘书长和最多四名秘书长助理外，执行委员会应拥有一名文书秘书，该文书秘书由执行委员会成员担任，在执行委员会召开的第一次会议中选出。党章可以规定执行委员会成员担任其他职务，或者在成员中分配领导政党活动的不同具体职能。

第三十二条（由第 10-04 号法令第二十一条修订） 秘书长。秘书长是政党的法律代表。任期两年，除非全国大会选举时规定期限更短，可以根据党章再次连任。

在任何情况下，其职责将延伸到正式将其职务移交给法律上应该替换他的人员的那日。

秘书长必须尊重和服从执行委员会的安排和决定，如果拒绝的话，执行委员会的任何成员都可以携带有这些安排或者决定的会议记录要求相应职能机构行使这些决议。

第三十三条（由第10-04号法令第二十二条修订） 秘书长的职权。除了本法和章程规定的内容，秘书长还有以下职权：

a. 主持全国执行委员会的会议。

b. 在政党日常管理的所有活动和合同中行使政党法律代表的职权。政党章程将决定在何种情况下行使上述代表权，需要全国执行委员会的授权。

c. 实施并要求全国大会和全国执行委员会的决议得以实施。

d. 成为政党全国领导机构和省市机构的沟通桥梁。

e. 作为咨询和执行机构的当然成员参加其会议，有发言权和投票权。

f. 指派党驻省选举委员会的检察员。

g. 通过政治组织部门通知公民登记处其中心办公地点的改变。

政党章程可以授权秘书长以书面形式委派其他全国执行委员会委员任党的具体事务法律代表。

第三十四条（由第10-04号法令第二十三条修订） 秘书长缺席。在秘书长临时或永久缺席的情况下，其职能和职权应由全国执行委员会指派的秘书长助理执行。（第74-87号法令第九条添加）

为行使政党法律代表的职能，应预先在公民登记处政治组织部门注册。

第三十五条（由第10-04号法令第二十四条修订） 省大会的组成。省大会应由政党在其辖区拥有有效政党组织的每个省属市的至少两名有发言权和投票权的代表组成，这些代表应由为每个省级大会而事先通知召开的市大会选举产生。省大会必须每年召开一次。此外，还可以根据党章召集非强制性省大会。因为未履行法律规定的要求而失去有效性的市组织，即使在此之前已召集会议，在计算全国大会和省大会的法定人数时也不应被考虑在内。

第三十六条（由第10-04号法令第二十五条修订） 省大会的职权。省大会有以下职权：

a. 为在省内执行全国大会和全国执行委员会的决议而采取必要措施。

b. 选举相应的省执行委员会成员，适用本法第二十八条的规范。

c. 推选相应省众议员候选人。

d. 根据本法第二十七条a项向全国执行委员会申请召开全国大会。

e. 协调省内运作的政党机构的活动。

f. 本法或者党章规定的其他职权。

第三十七条（由第 10-04 号法令第二十六条修订） 省大会规章。省大会的构成和运作受以下规范规制。

a. 召集。省大会由省执行委员会主动倡议或应至少三分之一省属市执行委员会申请而决议召集。全国执行委员会同样可以召集省大会。大会召集方应通过其掌握的传媒工具公开会议的地点、日期和时间，以便该省党员知悉相关情况。此外，公民登记处的代表和副代表应至少比会议召开日期提前八日，在其办公室和政党地址张贴会议通知。

b.（由第 74-87 号法令第十条修订） 委任状。市代表的委任状应由市执行委员会文书秘书颁发，或者由相应市大会指定的人员颁发。

c. 法定人数。为使省大会能够建立并作出决议，需要一半以上拥有有效政党组织的市至少派遣一名代表。

d. 多数制。除本法或者章程中事先有特别规定，决议应经省大会注册登记和委任的代表的绝对多数支持通过。

e. 补充。前面几项没有明确规定的，应适用本法第二十七条包含的规定。

第三十八条（由第 10-04 号法令第二十七条修订） 省执行委员会。省执行委员会是每个政党的常设机构，承担指导该省的政党活动以及执行全国大会、全国执行委员会或者省大会通过的决议。由至少十三名正式委员组成，省大会还可以每两年选举三位替补委员。

选举省执行委员会委员，应适用本法第二十八条的规定。

第三十九条 省执行委员会职权。省执行委员会有以下职权。

a. 监督市执行委员会的运作，使其根据党的路线方针开展活动。

b. 组织并领导省内政党活动。

c. 召集省和市大会，准备会议日程计划并予以监督。

d. 评估各市在省大会的代表的委任状。

e. 为相关政党组织更好运行、实现政党原则和目的而在省内组织必要的委员会，并指派其成员。

f. 持续向全国执行委员会报告活动情况。

g. 为省内所有市的政党组织的发展和壮大而努力。

h. 本法和党章规定的其他职责。

第四十条　省执行委员会会议。省执行委员会会议由本法关于全国执行委员会会议的相关规定规制。

第四十一条（由第 10-04 号法令第二十八条修订） 省执行委员会的选举。选举秘书长和省执行委员会的其他成员，应根据本法第二十八条规定进行。在任何情况下，应该选举一位省秘书长、一位省秘书长助理和一位省文书秘书。

第四十二条　省执行委员会的职责。省执行委员会委员根据党章和全国大会决议承担特定职责。

第四十三条（由第 10-04 号法令第二十九条修订） 省秘书长。省秘书长在该省范围内代表党，执行党的全国机构或省机构的决议。任职两年后，可以根据党章连任。

如果省秘书长缺席，将由省秘书长助理代替。省秘书长必须服从省执行委员会的安排和决定，如果拒绝服从，省执行委员会的任意一位成员可以携带有这些决议、安排或者决定的会议记录要求相应职能机构行使这些决议。

第四十四条　省秘书长的职权。省秘书长拥有本法第三十三条 a、c、d 和 e 项中规定的职权（在该省范围内），以及向市选举委员会和选票接收委员会派遣检察官的职权。

第四十五条（由第 10-04 号法令第三十条修订） 省大会和省执行委员会规章。在没有明确规定的情况下，规制全国大会和全国执行委员会的规范适用于省大会和省执行委员会。

第四十六条（由第 10-04 号法令第三十一条修订） 市大会及其构成。市大会由所有包含在存于公民登记处的党员名单中的党员组成，这些成员应为相应市的居民。市大会应每年开会一次，也可根据党章自愿召开。市执行委员会的选举自动适用本法第二十八条的规定。

第四十七条（由第 10-04 号法令第三十二条修订） 市大会的职权。以下属于市大会的职权：

a. 为在市里执行全国机构和省机构决议采取必要措施。

b. 在全国大会召开之前，在其召开的会议上选举市执行委员会的成员。市执行委员会委员将在两年任期内行使职责，并且可以连选连任。

c. 推选党参加市民选公职选举的候选人。

d. 向省执行委员会申请召开省大会。

e. 选出参加全国大会和省大会的各两名正式代表和两名候补代表。

f. 法律和党章规定的其他职权。

第四十八条（由第 10-04 号法令第三十三条修订） 市大会规章。市大会的构成和运行，由以下规范规制：

a. 召集。市大会由市执行委员会主动倡议或应至少三分之一市大会委员申请而决议召集。通过自身倡议中采取的决议或者至少得到议会三分之一组成人员申请的情况下召开会议。全国执行委员会或者相应省执行委员会同样可以召集市大会。

b. 公布。市执行委员会应通过其所掌握的传媒工具公布召开市大会的信息，指明会议召开的地点、日期和时间，以便该市的所有党员都知悉该事宜。另外，应至少在会议召开日期前提前八日在公民登记处办公室和政党办公场所张贴会议通知。

c. 法定人数。为使大会能够建立并作出决议，需要市大会一半以上成员出席会议。如果在指定的地点、日期和时间没有召集到需要的成员数量，将等待一个小时，只要人数达到至少市大会成员的百分之十，会议将在已经召集到的成员中举行；或者如果比例更低的话，只要达到五名成员即可举行。

d. 多数制。除了本法或者党章中特别提前指出的规定，决议将由绝大多数与会市大会代表支持通过。

e. 补充。前面几项没有明确规定的，应适用本法第三十七条包含的规定。

第四十九条（由第 10-04 号法令第三十四条修订） 政党组织。

为使政党组织存在，至少需要：

a. 在市一级。政党拥有至少四十名属于该市居民的成员，已经在市大会选出市执行委员会，其所有成员均履职。

b. 在省一级。政党在该省三个以上市拥有党组织，已经在省大会选出省执行委员会，其所有成员均履职。

c. 全国范围。政党最少在国内十二个省、五十个市拥有党组织，全国执行委员会成员已经在全国大会选出，并且履职。

政党必须通过秘书长告知公民登记处其所有常设机构的组成情况。（根据第 74–87 号法令第十一条附加下一段内容）

没有党组织的省，不得召开省大会。党组织拥有不超过十五名党员的市，不得召开市大会。

第五十条（由第 74–87 号法令第十二条和第 10–04 号法令第三十五条修订） 市执行委员会的组成和运行。在政党拥有有效党组织的每个市，市执行委员会由党章规定的成员组成，人数不能少于十三人；在任何情况下，均应有一名市秘书长、一名市秘书长助理、一名文书秘书和三名候补人员。市执行委员会和其组成人员的职责应由党章和全国大会决议规定。

市执行委员会的选举应根据本法第二十八条的规定进行。

市秘书长为执行全国、省以及市组织机构的决议，在该市范围内代表党。任职两年，可以连选连任。

在任何情况下，市秘书长将履行职责直至完全将其移交给符合法律规定的替代者。

第四章　政党组建委员会

第五十一条（由第 10–04 号法令第三十六条修订） 委员会的组建。任何一个聚集了超过组建政党所要求的最少公民人数（即百分之二）的组织，只要这些公民会读写，都可以根据本法组成一个建党委员会。

在起始阶段，该组织应选出一个建党委员会的临时领导机构，最少由九人组成，选举过程应记录在公证后的纪要内，该纪要将被送到公民登记处用于政党登记注册。上述临时领导机构的职责在于准备并完善为使委员会的组建公证书获批而必需的所有文件。该公证书应在临时领导机构注册后三个月内被授权，否则将取消文件的手续和档案。

第五十二条（由第 10-04 号法令第三十七条修订） 委员会的正式化。建党委员会将在公开的公证书中得到确认，该公证书应满足以下要求：

a.（由第 74-87 号法令第十三条修订）囊括大部分发起人，这些人应出示注明其户口登记册编号的个人身份文件。

b. 标识要组建的政党的名字、徽章或者标志。

c. 规制要组建的政党的原则宣言，宣言应至少包括：

其一，尊重、遵守共和国法律的义务。

其二，清晰并完整地阐述维持政党的意识形态基础，以及想要实现的经济、政治、社会和文化准则。

其三，发誓以和平方式、通过民主途径开展活动，并在多元主义精神下尊重其他政治组织的权利。

其四，发誓尊重所有民主话语，尤其是尊重在根据法律和党章内部选举产生党的组织机构成员和自由、民主选举参加民选公职候选人的过程中形成的话语。

d. 要组建的政党章程方案。

e. 建党委员会临时领导机构的构成，需确定组成人员的名字和职务；所有都应符合本法律第三十一条的规定。

f. 明确表示打算组建一个政党。

g. 指派特别法律代表，以办理建党委员会注册手续。

h. 其临时办工场所地址。

第五十三条　补充。本法规制政党全国执行委员会秘书长的规定适用于建党委员会临时领导机构。

第五十四条（由第 10-04 号法令第三十八条修订） 注册申请。建党委员会的注册，应在组建公证书发布后三十日内，通过书面形式向公民登记处提交申请，应附上该公证书作为证明材料。

如果没有提供上述公证明材料，程序应视为终止。

第五十五条　公民登记处负责人的决议。如果公证书满足所有法律要求且注册申请按时提交，公民登记处负责人应在八日期限内作出有利裁决并安排对委员会的注册。

第五十六条（由第 10-04 号法律第三十九条修订）　拒绝、上诉。如果对政治组织有意见，公民登记处负责人应判定建党委员会的组建公证书不符合法律规范，在上一条提及的同等期限内作出拒绝注册的合理决议，并详细指出公证书中的缺陷，明确三十日的期限供其提交经过扩充、修改的证明材料，材料应说明已经解决了相应缺陷。

如果申请方在拒绝决议或者驳回上诉请求的通知下达后三十日内，根据情况向公民登记处提交一份根据登记处负责人或者最高选举法院要求的形式修改、说明或者扩充的建党委员会公证书证明材料，公民登记处应重新审视申请要求，并在八日期限内发布新的决议。

签署拒绝决议或者申请方超过上一段提到的期限未提交经过修改、说明或者扩充的公证书证明材料，公民登记处负责人将命令搁置程序。

第五十七条　法人资格。仅以建党为目的的建党委员会获得注册，应赋予其法人资格。该委员会不能认定为政党，也没有政党权利。

第五十八条（由第 10-04 号法令第四十条修订）　注册生效。建党委员会的注册有效期两年，该期限不可延长，且出现以下情况时会终止：

a. 达到两年期限，除非已提供组建政党的公证书。

b. 不履行关于选举事务的法律。

c. 发起人的数量因任何原因少于本法规定的最小值。为了确定这一数目，不仅应考虑新发起人的支出，也应考虑其收入。

d. 最终以政党形式获得注册。

第五十九条（由第 10-04 号法令第四十一条修订）　成员名单。所有建党委员会一旦在公民登记处注册，将有权应要求向其提供符合数量规定的可信的成员名单。

成员名单仅为政党注册所需，可以以个人或者集体的形式提交，在后一种形式下，空白签名不能超过十个。

相应的，每个委员会应指派一名负责人，获取每位想要加入政党的公民的信息并验证其真实性。成员名单应包括每位成员完整的姓和名、个人身份证号码和公民注册号码以及亲笔签名（在公民为文盲的情况下，按指纹）。

同样，应该清楚地指明，签名者加入委员会是为了组建政党，该政党一旦在登记处获得注册登记，应将这些人接纳为党员。

在此意义上，每个成员名单应在开头写明被指派的负责人的声明，里面应包括公证人公证过的签名。

对于上述情况，免除印花税和公证费等费用。

第六十条（由第10-04号法令第五条修订） 提交成员名单、异常情况。建党委员会可以向公民登记处提交根据上一条要求而填写并获得法律通过的成员名单，即使仅代表法定的最少成员数量部分。登记处一旦收到成员名单，应向委员会提交该名单的复印件，并且印上收到的标记，登记处负责人应在收到名单当日起十五日期限内，下令登记处常设下属机构立即提交关于成员名单信息真实性和准确性的报告。

如果检查发现提交的名单中有错误或者异常数据，该事宜应立即告知选举监察员和最高选举法院，让他们针对责任人采取相关措施，或者要求扩充、说明或者修改异常数据。

第六十一条　组建公证书的修改。一个政党成立之前的委员会的组建公证书，在政党成立所凭借的公证文书确定之前，可以在任何时候进行修改，并且根据本法第五十二条规定的要求进行填写。

第六十二条（由第10-04号法令第四十三条修订） 最终文件。一旦建党委员会提交的成员名单得到公民登记处审核通过，根据本法第六十条规定，只要所有会读写的成员达到本法第十九条a项规定的建党最少人数要求，公民登记处应告知相关委员会并要求其在本法第五十八条规定的有效期内，提交必要材料，并且申请政党的注册登记。上述决议应通知委员会的法律代表。

第五章　政党的注册登记

第六十三条　建党公证书。在完成本法第二编第四章规定的手续和要求后，可以通过应具备以下条件的公开公证书建党：

a. 建党委员会临时领导机构所有组成人员名单，应有每个人的身份证号码。

b. 建党委员会在公民登记处注册时的相关数据。

c. 统领政党的原则宣言。

d. 除了在公民登记处进行的常设组织的注册外，关于政党拥有本法第一条 a 项以及第四十九条涉及的成员数目和政党组织的证明。

e. 政党的名字、标志或象征。

f. 政党章程。

g. 由建党委员会临时领导机构成员组建全国临时执行委员会，并明确其将担任的职务。公证书应包括已经承担职务的相关领导。

h. 明确政党总部所在地。

第六十四条　组建公证书的修改。在政党注册前，其建党公证书可以在全国临时执行委员会大多数成员同意的情况下修改。

第六十五条（由第 10-04 号法令第四十四条修订）章程。政党章程应至少包括以下内容：

a. 政党名称，关于特有标志或象征以及统领党的意识形态原则的描述。

b. 入党程序，党员权利和义务。

c. 政党组织机构的组成形式、职权、职能和功能。除了本法第二十四条提到的，所有政党均应拥有一个财务监管机构和一个荣誉法庭。

d. 法律代表。

e. 政党组织机构记录的准确性，以及公民登记处授权的对文书进行管理的责任。

f. 适用于党员的惩罚。

g. 应召开全国大会、省大会和市大会的日期。

第六十六条　名称和标志、禁止。政党的名称和标志或者象征应与其他正处于组建过程中的政党所使用的名字和标志或者象征相区别。建党委员会的注册，给予该委员会以使用政党名称、标志或象征的优先权。政党的名称、标志或象征禁止使用象征国家的鸟类（格查尔）、国旗以及货币。

第六十七条（由第 10-04 号法令第四十五条修订） 注册申请。政党注册申请应在本法第五十八条规定的有效期内以书面形式向公民登记处提交。申请应附以下材料：

a. 组建公证书证明。

b. 全国临时执行委员会成员名单。

c. 关于省大会和市大会首次会议及其选出的执行委员会和参加全国大会首次会议的代表注册的决议的复印件。可以通过在政党注册前的任何时候召开的市大会和省大会的记录证明政党组织机构是否满足最低数量要求。一旦政党注册成功，本段涉及的省大会和市大会选出的省执行委员会和市执行委员会在法律规定的周期内成为常设机构。

第六十八条　申请审核。一旦收到申请，如果满足法律要求，应在八日期限内作出决议并安排予以公开。如果不满足法律要求，应在同样期限内，作出有依据的裁决，指出申请以及文件上的不足。可以对此决议进行上诉。

第六十九条　公开。针对上一条要求的公开，公民登记处负责人应发布一条包含政党组建公证书概要以及政党常设机构成员名单的法令，成员名单应含有个人身份证号码。“应以官方的、免费的形式在官方日报进行公开”。（本条最后一句由第 74-87 号法令第四条修订）

第七十条（由第 10-04 号法令第四十六条修订） 对注册的反对。如果一个已经注册的政党或者建党委员会认为本法或者共和国政治宪法授予的权利会受到直接影响，可以对一个政党的注册提出反对。

反对意见应在上一条提到的公开日期起八日内通过书面形式提交，签名人应经过合法认证并证明其资格。

反对意见申请书应有公证员的签名，应清楚地写明文件里的缺陷或毛病以及所违反的法律规范，并且附上所有相关的证据。申请书和附加的证明材料应递交双份。公民登记处应在申请书递交后的十五日内召集相关申请注册政党的法人代表。

第七十一条　对反对的回应。为回应其注册的反对，政党应提交其权力范围内的文件证明材料，并且展示其认为合理的法律依据。此外，在反对是因为提交的文件里的缺陷或毛病而提出的情况下，政党可以在回应中附上修改、扩充、说明或者改正了所指出的缺陷或毛病的文件。

第七十二条（由第 10-04 号法令第四十七条修订）　最终决议。一旦到了听证期限，不管政党有没有回应，公民登记处负责人应在八日期限内公布相关决议。可以对这一决议提出上诉。

宣称反对意见有依据的决议签署后，应给予被质疑的政党七十日期限，使其弥补或者改正被指出的错误。如果反对意见是无理的，公民登记处负责人应继续推进手续，发布对该案例的核查情况，诉讼费由相关方承担。

第七十三条（由第 74-87 号法令第十五条修订）　上诉。对上一条规定的最终决议，可以根据本法第一百九十条向最高选举法院提出上诉。

第七十四条　注册。宣布一个政党的注册是有依据的最终决议签署后，公文应提交至政治组织部，以便其完成其相应手续。

第七十五条（由第 74-87 号法令第十六条修订）　公开。政治组织部完成注册手续后，公民登记处应在官方日报免费公布有关该政党已经注册的通知。

第六章　合　并

第七十六条（由第 74-87 号法令第十七条和第 10-04 号法令第四十八条修订）　政党第一届全国大会。全国临时执行委员会应在政党注册日期起三个月内召开第一次全国大会。

该大会将在通知下达后两个月内举行。大会应：

a. 批准建党公证书中包含的原则宣言。

b. 通过或者修改党章。

c. 审议全国临时执行委员会报告。

d. 选出第一届全国执行委员会。

e. 处理日程安排中其职权范围内的其他事项。如果第一届全国大会没有在本条规定的时间内举行，或者会议上没有解决本条 a、b、c、d 项里提到的事项，政党将暂停活动，直到改正此类疏忽，并且在第九十二条中提到的最大期限内向公民登记处提交相关纪要的证明文件，这不妨碍其他处罚。

第七十七条　合并权。两个或以上政党可以进行合并，其中一方可以吸纳其他政党，或者为了合并而创建一个新政党。

第七十八条　批准合并。合并应事先经每个政党的全国大会批准通过，支持票应超过每届全国大会注册和委认代表的百分之七十。在同一会议上，应以同样的多数比例批准通过合并的基础、指派签署相应公共契约的特别代表。

第七十九条　合并公共契约。政党合并公共契约除了公证法中规定的关于此类公证的要求外，还应包含以下内容：

a. 如果是吸纳原有政党：

其一，对支撑政党存续的原则宣言的批准或调整。

其二，对政党章程的批准或调整。

其三，对于该党承担被吸纳政党的资产和债务的声明。

其四，与合并有关的其他协定。

b. 如果是为了建立新政党，本法第六十三条和第六十五条规定的与新政党相关的所有要求。

第八十条（由第 10-04 号法令第四十九条修订） 合并手续。合并公共契约签署后十五日内，其正式副本应连同所有要合并的政党的全国大会的纪要复印件提交给公民登记处。如果提交的文件符合法律规范，公民登记处负责人应：

a.（由第 74-87 号法令第十八条修订） 在官方公报上公布合并通知，仅官方公布一次，以免费形式公布。

b. 如果在本条 a 项中提及的公布日期结束后十五日内未收到反对意见：

其一，应登记合并协议。

其二，应取消参加合并的政党的注册登记资格。

其三，应进行合并公共契约所牵涉的其他注册或者登记。

在通过吸纳形式进行合并的情况下，应只取消被吸收的政党的注册资格，这些政党的组织机构将构成合并后政党的一部分。在合并后创建一个新政党的情况下，应取消所有参加合并的政党，除本条第一段涉及的文件外，应向公民登记处提交新政党常设机构的组成人员名单。公民登记处负责人在下令公布合并通知之前，应根据本法第六十八条评定建党文书是否符合法律。

第八十一条（由第 10-04 号法令第五十条修订） 反对合并。未履行本法第七十八条规定，合并公共契约全部或者部分无效，可以对政党合并提出反对。

反对意见将按照本法第二编第二篇第五章规定的形式走手续，进行决议。

第七章　联　盟

第八十二条（由第 10-04 号法令第五十一条修订） 结盟权。政党，就像公民选举委员会一样，可以通过彼此缔结的符合法律的条约结盟。不允许一个政党与一个公民委员会之间结盟。

第八十三条　联盟的等级。允许全国、省级或者市级的结盟。每个政党根据要参加的选举由相应层级的大会批准同意结盟事宜。省级和市级的联盟在产生效应之前，应由相关政党的全国执行委员会确定。

第八十四条　法人资格保留。组成联盟的政党将保留其法人资格。

第八十五条　联盟协议。联盟协议应以书面形式递交公民登记处或者其任一办事处，在协议通过日期后十五日内进行注册。伴随注册申请，应提交确定联盟的相关大会（全国执行委员会）的会议相关纪要的复印件。协议所需要修改应以同样方式进行。

第八十六条　协议结果。合法登记的联盟协议要求各政党列在相应选票的同一表格或区域。总统选举中，联盟所获得的总票数应在各政党进行分配，以确定本法第九十三条 b 项提到的每个政党所获得的比例。

第八十七条　委员会联盟。公民选举委员会可以成为联盟的组成部分，但仅在市级可行。

第八章　惩　罚

第八十八条　惩罚。最高选举法院或公民登记处总负责人，可以就政党违反规制组建和运行的法律规范，对政党采取以下惩罚措施：

a. 告诫。

b. 罚款。

c. 暂停权利。

d. 取缔。

第八十九条（由第10-04号法令第五十二条修订）告诫。在政党不履行或者不遵守最高选举法院的某项决议或法令时，进行私下或者公开告诫。告诫将以书面形式进行，并说明进行告诫的原因。

第九十条（由第74-87号法令第十九条以及第10-04号法令第五十三条修订）罚款。将在以下情况下对政党进行罚款：

a. 未在三十日期限内向公民登记处提交经过证明的全国、省或市大会纪要文件副本以注册。

b. 在受到告诫后，仍然没有履行最高选举法院的某项决议或法令。

c. 没有及时提交政党合并所需要材料。所有参与合并的政党共同承担因本项中的原因而导致的罚款。

d. 没有在相关公证书颁布后三十日内提交对其注册所需的建党文书或党章的任何修改。

e. 以本法未提及的方式提交纪要，所有此类情况均无效。

f. 未在政党核心办公地点即全国执行委员会所在地址变更后十五日内告知公民登记处相关变更。

罚款应在通知其受到罚款的要求或者决议的日期起十五日内，在最高选举法院缴纳。所要求缴纳的罚款总数应根据所犯错误的严重程度决定，从一百格查尔到一千格查尔不等，可通过法律上诉进行驳回。支付罚款不能免除履行义务。

第九十一条　罚款的去向。最高选举法院或者公民登记处所进行的罚款，构成最高选举法院的额外收入，将作为特有资金用于改善或者扩大其服务。

第九十二条　暂停权利。在以下情况下，暂停一个政党的权利：

a. 当公民登记处判定其成员数少于本法第十九条 a 项规定的数目时。

b.（由第 74-87 号法令第二十条修订）当公民登记处判定其没有本法第四十九条 c 项要求的政党组织时。

c. 如果政党没有支付本法第九十条规定的罚款。

暂停其权利应最多持续六个月。如果在此期间，政党改正了引致暂停权利的原因，该惩罚应取消。在暂停权利期间，政党不能享受本法第二十条规定的权利，也不能参加任何选举。该党的法人资格继续有效，以完成改正引致暂停的原因所需要的活动。不能在召集大选后及大选完成前暂停一个政党的权利。

第九十三条（由第 10-04 号法令第五十四条修订）　取消政党。在以下情况下取消一个政党：

a. 如果在选举进程中，因为其自身行为或者与选举官员达成的协议，造成了改变投票真实结果或者职务分配的舞弊现象，损害了民众在大选中表达的意愿，则取消行为不妨碍卷入该事件的人员应承担的刑事责任。

b. 如果在大选中没有获得有效选票的至少百分之五，除非已经在共和国国会中获得代表席位。如果政党作为联盟成员参加选举，将根据本法第八十六条规定的方式确定所获得选票的比例。

c. 如果超过本法第九十二条规定的六个月期限，受到惩罚的政党仍然没有向公民登记处提交对该条款中提到的暂停权利的原因进行改正的确凿证据。

d. 如果参加试图推动担任共和国总统一职的人员进行连选连任从而损害更替原则，或者延长宪法确定的共和国总统任期的行动。

第九十四条（由第 10-04 号法令第五条修订） 暂停权利或者取消政党的声明。只有公民登记处可以宣布暂停一个政党的权利或者取消该政党。

在裁决前，公民登记处应在三十日的期限内召集被处罚的政党进行听证，告知其引发暂停或者取消决定的行为。

听证时，政党应携带所有相关辩护证明文件。如果申诉，公民登记处应根据《民商法典》中的规范在三十日期限内启动核查程序，受理受罚政党所提供的材料。

听证或证明期限逾期，公民登记处应在十日内作出裁决。

第九十五条（由第 10-04 号法令第五条修订） 决议和禁止。一旦作出取消某一政党的决议，公民登记处应着手落实所有其注册中相关的记录。被取消的政党的名字以及象征或者标志，在十年之内不得被任何政治组织使用或注册登记。暂停一个政党的权利或取消一个政党的决议，应在十五日内刊登在官方公报以及其他两份发行量较大的报纸上。

第九十六条 惩罚记录。对政党的所有惩罚应进行相应登记。

第三篇 公民选举委员会

第一章 总 则

第九十七条 概念。公民选举委员会是推选组成市政机构的地方民选公职候选人的临时性政治组织。

第九十八条 委员职能。公民选举委员会履行在市政选举过程中代表民意的职能。

第九十九条（由第 10-04 号法令第五条修订） 公民选举委员会成立条件。为使一个公民委员会得以成立并合法运转，要求：

a. 在成立时拥有至少以下数量的成员：

（1）在人口数量不超过五千的城市，一百名成员。

（2）在人口数量介于五千零一至一万之间的城市，二百名成员。

（3）在人口数量介于一万零一至二万之间的城市，四百名成员。

（4）在人口数量介于二万零一至五万之间的城市，六百名成员。

（5）在人口数量介于五万零一至七万五千之间的城市，一千名成员。

（6）在人口数量介于七万五千零一至十万之间的城市，一千二百五十名成员。

（7）在人口数量超过十万的城市，一千五百名成员。

人口计算应以最近一次普选时使用的选民登记册为基准。

第一百条（由第 10-04 号法令第五十八条修订） 法人资格。所有成立符合规定并在政治组织部以及公民登记处省办事处或市办事处登记的公民选举委员会拥有法人资格，以实现上上一条规定的目标。

第一百零一条（由第 10-04 号法令第五十九条修订） 组织运行补充规范。若没有关于公民选举委员会的相关明确规定，规制政党组织、财务、审计及运行规范适用于公民选举委员会。

第二章　权利与义务

第一百零二条（由第 10-04 号法令第五条修订） 委员会权利。

公民选举委员会享有以下权利：

a. 选举组成市政机构的地方民选公职候选人。

b. 通过委派的检察官对其参与的选举过程中的所有活动进行监督。

c. 向总监察员检举知晓的任何异常情况并要求对任何违反选举和政治组织法规和原则的行为进行调查。

d. 法律赋予的其他权利。

第一百零三条（由第 10-04 号法令第六十一条修订） 委员会义务。公民选举委员会有以下义务：

a. 根据情况在政治组织部或公民登记处相应办事处进行登记。

b. 在政治组织或公民登记处相应办事处登记领导机构成员及其秘书长、

主席或相应职位的人。

c. 履行法律强制的其他义务。

第三章 组建与注册

第一百零四条（由第10-04法令第六十二条修订）组建文书。一个公民选举委员会的成立应记录于由符合法律数量要求的成员签名的文书中，该文书应提交政治组织部及公民登记处相应办事处。

第一百零五条（由第10-04法令第六十三条修订）组建文书条件。公民选举委员会组建文书应满足以下条件：

a. 符合法定数量要求的成员到会，委员会领导机构成员以及被推选的候选人均应标明身份。

b. 委员会领导机构应由至少十五位正式成员和三位候补成员组成，秘书长、秘书长助理、文书秘书及司库从正式成员中选出。

c. 委员会的名称、标识、徽章，均应符合本法第六十六条的规定。

d. 委员会推选的候选人的姓名，应指明其参选的职位和在名册中的排序。

e. 候选人对选举提名的接受。

f. 与会人员的手写或数码印刷签名。

第一百零六条（由第10-04号法令第六十四条修订）申请办理。若根据法律规定提交了所要求的所有文件，政治组织部、公民登记处省或市办事处应：

a. 对委员会进行注册。

b. 对委员会的领导机构成员进行注册。

c. 对被推举的候选人进行注册。

d. 开具注册证书或证明。

e. 将应由办事处提交的文书录入政治组织部档案。

第一百零七条（由第10-04号法令第六十五条修订）扩充或修改。若所提交的文件不符合法律规定，政治组织部长官、办事处代理人应立即在四十八小时内通过书面形式将这一情况详细告知相关方。修订过的文书应以最快方式寄至公民登记处以便其在二十四小时内进行相关处理。

第一百零八条（由第10-04号法令第六十六条修订） 委员会成立与注册时限。一个公民委员会应在公布的选举日期至少六十日前完成成立与注册。在选举通知下达前不能成立公民委员会。

第一百零九条 公民委员会领导机构。公民委员会领导机构作为合议机关进行运转，具体负责：

a. 依照成立文书与原则宣言确定公民委员会的总体政治路线，并指出发展政治路线的相应方式。

b. 协调支持团体的活动。

c. 创建委员会分会，确定其相应职权并指派给其成员。

d. 组织领导公民委员会的活动。

e. 向选举机构指派公民委员会的检察官及其他代表。

f. 法律或成立文书规定的其他职责。

第一百一十条（由第10-04号法令第六十七条修订） 公民委员会代表。委员会的合法代表为秘书长、主席或相应职位的人。当其缺席时，按秘书长助理、文书秘书、司库的顺序代行职权。

第四章 惩 处

第一百一十一条 补充规范。若公民选举委员会违反了关于其成立及运转的法律规范，公民登记处可依据本法第八十八条规定对公民选举委员会进行惩处。

第一百一十二条 处罚。可依据本法第九十条b、c、e和f项的规定对公民选举委员会进行罚款。

第一百一十三条（由第74-87号法令第二十一条、第10-04号法令第六十八条修订） 委员会取消。公民登记处通过司法机构法规定的附带事项程序对公民选举委员会的取消进行裁决，但采证时限减少至一半。公民选举委员会可通过法律规定的方式进行上诉，且在任何情况下应于裁决公布的三日内进行。

第五章　解　散

第一百一十四条（由第 10-04 号法令第六十九条修订）公民选举委员会的解散。一旦公民选举委员会参与的选举职位最终明确归属，无须任何声明或裁决，公民选举委员会自动解散。

但委员会领导机构成员对已经获得并管理的资金的职责仍然存在。

第四篇　政治协会

单一章节　协会权利

第一百一十五条　概念。以政治文化和教育为宗旨的协会是有确定时限的组织，并非政党或公民选举委员会，其根本目标是认识、研究和分析全国性问题。

第一百一十六条（由第 74-87 号法令第二十二条、第 10-04 号法令第七十条修订）章程与注册。上一条所述协会应遵守民法第十五条中第三、十八、二十四、二十五、二十六及二十七项的规定。公民登记处在听取总检察署意见后，负责协会的授权、章程批准和注册。

第一百一十七条（由第 10-04 号法令第七十一条修订）公布。在章程获得批准后的八日内，公民登记处出资将协议刊发在官方公报上，且在任何情况下都应免费刊发。达此要求后，该组织应在相应部门进行实体注册。

第一百一十八条　章程修改。所有对协会章程或协会常设机关的组建进行的修改，均应于其后的十五日内在公民登记处进行注册。

第一百一十九条　惩处。根据需要，对政党的惩处制度同样适用于政治协会。

第一百二十条（由第 74-87 号法令第二十三条修订） 权利。本章所述协会可通过任何媒体出版政治性出版物。在任何情况下，协会领导人对这些出版物的内容负责。

第三编 选举权力机构和机关

第一篇 最高选举法院

第一章 构成和职权

第一百二十一条 概念。最高选举法院是选举事务的最高权力机构。它是独立的因而不隶属于任何国家机构。本法规定其组织、运转和职权。

第一百二十二条（由第 35-90 号法令第一条、第 10-04 号法令第七十二条修订） 预算。每年用于最高选举法院运转以及选举支出的拨款不应低于一般公共预算收入的百分之零点五。

在进行选举或民调的年份，上述拨款额应根据需要进行上调以便满足选举过程支出，此上调额度的估算事先由最高选举法院批准并说明理由。

此额度应计入国家收支总预算并于上述选举或民调通知颁布的下一个月内拨给最高选举法院。

最高选举法院若逾期未拥有此资金，应采取必要应急措施以便相应选举得以完成。措施包括向拥有未来预算额度保障的系统银行申请贷款，或寻求不危及国家财政或最高选举法院运转独立性的直接外部援助。

第一百二十三条（由第 10-04 号法令第七十三条修订） 构成。最高选举法院应由五位正式法官和五位候补法官构成，法官由共和国议会从提名委员会建议的四十位候选人中选出，需获得全体成员三分之二赞同票。任期六年。

第一百二十四条（由第 74-87 号法令第二十四条修订） 资质。最高选举法院成员应拥有与最高法院法官相同的资质，享有相同的豁免权及特殊权利，并拥有相同的职责，可以连选连任。最高选举法院的正式成员仅在与选举相关的事项中履职，此限制不影响候补成员。正式成员也不能成为政党、政党教育支持委员会及任何其他政治组织的顾问、代理或这些机构的领导人。

第一百二十五条（由第10-04号法令第七十四条修订）职权与义务。最高选举法院有以下职权和义务：

a. 确保宪法以及保证公民结社和政治参与权利的法律、法令得到严格施行。

b. 召集、组织选举；通过向公民公布选举声明的方式宣布选举结果及其有效性，或在一定情况下的部分或整体无效性，并判定普选职位归属。

c. 对其知晓的关于公民登记处的上诉或民调诉讼进行最终裁决。

d. 遵守有关政治组织及选举程序的法律规定并使其得以施行，并颁布使这些规范生效的法令。

e. 裁决关于政治组织注册、惩处或解散的上诉。

f. 最终裁决关于政党和公民选举委员会合并、联盟的所有事项。

g. 任命省、市级选举委员会成员并出于合理理由撤销任一成员职务，以保障委员会的正常运转。

h. 保障恰当、适时组建计票委员会。

i. 对任何关于其职权范围内事务的正式起诉或检举进行调查和裁决。

j. 将其职权范围内的违法行为或错误知会相应职能部门。

k. 求助武装力量以保证选举进程的正常进行，借调应及时、恰当。

l. 处理公民或政治组织向其提交的与其职权范围内的事务相关的要求和咨询。

m. 依法裁决应解决的诉讼。

n. 检查和鉴定选举资料。

o. 任命、撤职和惩处其负责的公务员和职员。

p. 颁布其自身和其他选举机构的内部法规。

q. 制定并执行其年度预算，遵守共和国政治宪法此方面规定。

r. 汇编并刊发与选举事务有关的法规。

s. 在选举结束后的六个月内刊发选举过程及其结果的报告。

t.（由第 74-87 号法令第二十五条附加）依据司法机构法实施关于选举事务和政治注册与运转的相关法规。

u. 设计并开展公民选举培训、能力掌握项目以及常设户籍登记活动。

v. 最终裁决所有虽然本法未明确规定但在其职权范围内的案例。

第一百二十六条（由第 10-04 号法令第七十五条修订） 最高选举法院主席选举。最高选举法院应选出其主席，应对成员法官进行排序。

第一百二十七条（由第 10-04 号法令第七十六条修订） 缺席和空额。当主席暂时或永久缺席时，其位置应按顺序被相应成员替代。

当正式法官暂时或永久缺席时，按照指定顺序召集候补法官。

若为永久缺席，则被召集的候补法官作为正式法官直至相应任期结束。

共和国议会应从适时为其提供的名单中选出新的候补法官。（议会第 51-87 号法令附加以下内容）“当出于任何原因选举提名委员会本应制作的名单不存在或已用完且没有候补法官能够被召集时，应依照本法第一百三十九条和第一百四十一条进行操作，但在这种情况下，选举提名委员会应在议会通知后的十五日内成立。在这十五日内，该委员会应制作出候补法官候选名单，被选出者完成原最高选举法院法官的任职期限。”

第一百二十八条　会议。最高选举法院应定期开会履行职责。必要时也可召开特殊会议，特殊会议应由主席或大多数法官召集。

第一百二十九条　法定人数。最高选举法院召开会议需所有成员与会。

第一百三十条（由第 74-87 号法令第二十六条、第 10-04 号法令第七十七条修订） 会议隐私权。最高选举法院的会议不对外公开，但选举期间，各政党的全国检察官有权参加，有发言权但没有投票权。

非选举期间，最高选举法院应至少每个月召开一次会议，各政党按规定委派的代表可以与会，他们有发言权但没有投票权。

通过申请且获最高选举法院认可时，与所讨论事务相关的人员可参加相应会议。

在不违反上述规定的情况下，最高选举法院的诉讼及其分支机构处理的文书是公开的。

第一百三十一条　决定。最高选举法院应通过绝对多数票作出决议、形成协议，但无法达成绝对多数票时，应按照顺序召集候补法官直至获得此绝对多数票。

第一百三十二条　决议和协议。最高选举法院作出的决议和协议应由全体法官成员签字。若有人与大多数持不同意见，应说明理由，并记入相应文书。（由第 74-87 法令第二十七条附加）纯手续方面的决议以及属于第一百四十二条职权范围内的决议由主席和秘书签字。

第一百三十三条（由第 10-04 号法令第七十八条删除）

第一百三十四条（由第 10-04 号法令第七十九条删除）

第一百三十五条（由第 10-04 号法令第八十条修订）申请和制度。所有向最高选举法院及其分支机构提交的书面申请和制度办理应使用普通纸张，无须专业辅助或特殊要求。

第二章　选举提名委员会

第一百三十六条　选举提名委员会的构成。选举提名委员会应通过以下方式由五位成员构成：

a. 危地马拉圣卡洛斯大学校长为主席。

b. 一位私立大学负责人代表。

c. 一位在大会当选的危地马拉律师学会代表。

d. 危地马拉圣卡洛斯大学司法与社会学系系主任。

e. 一位所有私立大学司法与社会学系系主任代表。

每位正式成员均应有一位候补，候补应通过与正式成员相同的方式选出。危地马拉圣卡洛斯大学校长和该大学司法与社会学系系主任的候补除外，其候补分别由危地马拉圣卡洛斯大学学校最高委员会和司法与社会学系领导机构选出。

选举提名委员会成员的职务是义务性且无偿的。

第一百三十七条　成为选举提名委员会成员的资质。选举提名委员会的成员应满足以下要求：

a. 出生即为危地马拉人。

b. 在大学或现有协会任职。

c. 拥有政治权利。

第一百三十八条（由第 10-04 号法令第八十一条修订） 成为选举提名委员会成员的阻碍。不得成为选举提名委员会成员的有：

a. 国家机关及其自治或驻地方实体的公务员。此禁令不适用于危地马拉圣卡洛斯大学校长及该大学司法与社会学系系主任。

b. 总检察长、国家公诉专署检察长、宪法法院法官和人权检察官。

c. 政治组织设机构成员。

d. 与政治组织常设机构成员法律上有亲缘关系的亲属。

e. 最高选举法院及其分支机构的法官、公务员或职员，以及在法律上与其有亲缘关系的亲属。

f. 任何宗教的神职人员。

若上述人员加入选举提名委员会，应立即将新任职务知会相应机构。

第一百三十九条　选举提名委员会设立日期。选举提名委员会应由共和国议会于最高选举法院法官任期到期六十日前设立。若既定设立之时并没有至少三分之二的成员到场，共和国议会：

a. 为与会者授权。

b. 暂停设立选举提名委员会。

c. 通过最快的方式要求相关人员委派候补人员。

d. 为选举提名委员会的设立指定新的法院。

第一百四十条　设立。当达到本法第一百四十一条 d 项规定的法定人数时，共和国议会应设立选举提名委员会。在自设立日期起的三十日内，选举提名委员会应履行所述条款中规定的职责。

第一百四十一条（由第 10-04 号法令第八十二条修订） 运行规范。选举提名委员会的运行应遵守以下规范：

a. 选举提名委员会职责之一为每六年制定一份包含四十位最高选举法院法官候选人的书面名单，共和国议会应根据本案第一百二十三条从这份名单中进行选举。加入选举提名委员会的律师不能出现在这份名单中。

b. 选举提名委员会秘书由该委员会内部选出。

c. 选举提名委员会在行使职权期间应定期开会，会议在共和国议会总部以不公开形式召开。

d. 表决的法定人数应至少达到其成员数量的三分之二，作出决议应获得绝对多数赞成票。

e. 最高法院应在选举提名委员会设立之日提供所有在职律师名单，他们应满足本法第一百二十四条的相关要求。

f. 委员会的决议应记入由共和国议会主席授权的文书中。纪要应由委员会所有与会会员签字。

g. 选举提名委员应在会向共和国议会提交含有最高选举法院成员候选人名单的纪要后即刻解散。

第三章　最高选举法院负责人

第一百四十二条（由第 10-04 号法令第八十三条修订） 职权。最高选举法院负责人的职权为：

a. 确定法院应处理的事务的顺序。

b. 主持会议。

c. 行使法院及其分支机构和选举机构行政长官的职责。

d. 是法院的法律代表，经全体会议同意将特别事务委任给一位正式法官。

第四章　最高选举法院秘书长

第一百四十三条（由第 74-87 号法令第二十八条、第 10-04 号法令第八十四条修订）资质。最高选举法院应有秘书长，秘书长应具备成为上诉法庭法官所要求的资质，与其享有相同的特权、豁免权并受到相同限制。

第一百四十四条（由第10-04号法令第八十五条修订）职权。秘书长应拥有以下职权：

a. 成为最高选举法院各办公室的行政负责人。

b. 参与最高选举法院会议。

c. 起草其应负责的裁决及协议，并保障相关通知得以实施。

d. 进行记录，撰写相应纪要并签字。

e. 负责法院档案的组织和管理。

f. 延长相应委任书。

g. 并整理法律规定的出版物。

h. 成为最高选举法院财物清单，尤其是安全封条的负责人。

i. 负责行使履行最高选举法院赋予的职责。

第一百四十五条（由第74-87号法令第二十九条、第10-04号法令第八十六条修订）秘书长缺席。秘书长暂时缺席时，由法院指定的、与其拥有相同资质的人代替。

第五章　最高选举法院总监察员

第一百四十六条（由第74-87号法令第三十条、第10-04号法令第八十七条修订）资质。最高选举法院总监察员与秘书长拥有同样资质并享有相同特权、豁免权并受相同限制。

第一百四十七条（由第10-04号法令第八十八条修订）职权。总监察员拥有以下职权：

a. 对本法、其监管规定及任何其余关于政治选举的规定的严格实施进行监督。

b. 对政治机构运转及选举宣发进行监督。

c. 督查最高选举法院分支机构及办公室的良好运转。

d. 将公民或政治机构向其提交的问题反映给相应人员，并对其能力范围内的问题进行解答。

e. 对本法及颁布的法令的严格实施以及政治机构的运转进行监督。

f. 最高选举法院指定的其他职权。

g.（由第78–87号法令第三十一条补充）以违法案件、公共内阁职能受损案件的原告身份揭发选举中的过失。

第一百四十八条（由第10–04号法令第八十九条修订） 关于应有合作。所有机关、国家权力机构及其分支，包括国家自治或去中央化单位，都应在其职权范围内由指定人员负责向总监察员提供其为了行使职能而要求的合作。

第六章　审计员

第一百四十九条　资质。审计员应拥有以下资质：

a. 是危地马拉人。

b. 是拥有政治权利的公民。

c. 是同业会中的在职会计或公共审计员。

第一百五十条（由第10–04号法令第九十条修订） 职权。选举审计员拥有以下职权：

a. 在选举过程中，根据相关规定核查选举组织的活动、要素、材料和操作，以保证选举的纯洁性。

b. 核实文件及其他用于选举的要素是否符合法律要求。

c. 对与选举组织材料、文件、安全设施相关的一切进行不断审计。

d. 当材料被毁时，依据法律规定起草相关纪要。

e. 每季度向最高选举法院通报所开展的活动并提交其要求的报告。

f. 将观察到的选举过程中的任何异常通过最快方式通报给最高选举法院，并提交副本给总监察员。

g. 监察最高选举法院及其分支机构的财政和会计操作，并对与国家给政治组织提供的资助相关的方面进行普通和特别审计。

h. 将法律规定的相关报告提交给账目总审查部和内务部。

第七章　会计部

第一百五十一条　会计。会计部负责人应拥有以下资质：

a. 是危地马拉人。

b. 是拥有政治权利的公民。

c. 是专业注册会计师。

拥有本法和相关法规指定的职权。

第八章　行政分支机构

第一百五十二条（由第 10–04 号法令第九十一条修订） 建立分支机构的权利。最高选举法院可以为了更好地施行其职权而设立相应分支机构，这些机构应依法创建和管理。

第二篇　选举机构

第一章　总　则

第一百五十三条（由第 74–87 号法令第三十三条将法律第一百五十二条、第一百五十三条整合为一条） 选举机构。选举机构有：

a. 公民登记处。

b. 省级选举委员会。

c. 市级选举委员会。

d. 计票委员会。

选举委员会、计票委员会的成员行使其临时性职权过程中，有公务性质，对法律赋予其的职责有决定权和自主权。

第二章　公民登记处

第一百五十四条　公民登记处的组织架构。公民登记处在行政层面包括：

a. 办公地设于首都的总部。

b. 办公地设于各省首府的办事处。

c. 办公地设于各市首府的副办事处。

d. 为使公民登记处更好行使职权而由最高选举法院批准的办公室和代理处。

总部在全国行使职权，办事处和副办事处在其辖区行使职权。

第一百五十五条（由第 74–87 号法令第三十四条修订）公民登记处职责。公民登记处是最高选举法院的一个技术机构，具有以下职责：

a. 与公民登记相关的一切。

b. 与选民登记册相关的一切。

c. 落实与选举活动相关的决议和司法裁决。

d. 登记政治组织并监察其运转。

e. 登记竞选民选公职的公民。

f. 了解并处理与政治组织的登记、中止、取消和惩处相关的事宜。

g. 法律法规或最高选举法院规定的其他职责。

第一百五十六条（由第 10–04 号法令第九十二条修订）公民登记处总部的组成。公民登记处总部由处长、秘书及以下行政单位组成：

a. 公民登记和居民花名册制作部。

b. 政治组织部。

c. 办事处、副办事处协调单位。

第一百五十七条（由第 10–04 号法令第五条修订）公民登记处处长的职权。公民登记处处长的职权是：

a. 领导登记处开展活动。

b. 对与公民登记相关的一切进行监督检查。

c. 向最高选举法院提出依法履行义务所必需的法规、指导及其余规定草案。

d. 将相应意见反映给最高选举法院并办理其提出的意见。

e. 监督公民登记处工作人员宣誓，对其进行授权或惩处。

f. 统计相应选举数据。

g.（由第 74-87 号法令第三十六条修订） 制定公民登记处年度预算并提交给最高选举法院，以便使该预算并入最高选举法院预算。

h. 在职责范围内处理政治组织的申请。

i.（由第 74-87 号法令第三十六条修订） 依法与最高选举法院正式和候补法官参与选择公民及其提交给该法院的关于组建省、市级选举委员会的提议。

j. 监控登记处分支机构、办事处和副办事处的活动。

k. 法律法规和行政法令规定的其他职权。

第一百五十八条（由第 74–87 号法令第三十七条、第 10–04 号法令第九十四条修订） 资质和豁免权。公民登记处处长应拥有与上诉法庭法官同样的资质，享有与其相同的特权、豁免权，并受到相同的限制。

第一百五十九条（由第 10–04 号法令第九十五条修订） 禁止成为公民登记处处长。以下情况不能担任公民登记处处局长：

a. 总统、各部部长或秘书、总检察长、公诉专署总检察长、最高法院和最高选举法院法官、人权检察官、账目总审查部长官的直系亲属。

b. 有犯罪记录且在接受审理者。

c. 政治组织领导人及其直系亲属。

第一百六十条　公民登记处处长的任命及撤职。最高选举法院负责公民登记处处长的任命和革职。革职原因包括针对所有公务员的革职原因以及本法规定的原因

当登记处处长暂时缺席时，由最高选举法院指定之人临时代替。

第一百六十一条（由第 74–87 号法令第三十九条修订） 公民登记处秘书的资质及阻碍。公民登记处秘书应为危地马拉人、拥有政治权利的公民、

同业会活跃的律师和公证员。禁止条款与处长相同。

第一百六十二条　公民登记处秘书的任命及撤职。最高选举法院负责公民登记处秘书的任命和革职。革职原因与公民登记处处长革职原因相同。

第一百六十三条（由第 10–04 号法令第九十六条修订） 公民登记处秘书职权。公民登记处秘书的职权是：

a. 整理、回复和处理与登记处的纪要、信件相关的所有事务。

b. 提供最高选举法院公务员以及政党、公民选举委员会检察官所要求的配合。

c. 负责守护、保存和处理其经手的所有文书。

d. 签发公民登记处处长的所有决议、裁决和诉讼。

e. 法律法规或行政法令规定的其他职权。

第一百六十四条（由第 74–87 号法令第四十一条修订） 公民登记和居民花名册制作部。公民登记和居民花名册制作部由一位长官、一位副长官和所需人员构成。

第一百六十五条（由第 74–87 号法令第四十二条修订） 职权。公民登记和居民花名册制作部应在选民登记和选民花名册制作过程中监督数据处理中心，此外还有以下职能：

a. 在首都和危地马拉省进行公民登记，为此应提供能够容纳须登记公民的必要条件。

b. 监察需要在公民登记处的办事处和副办事处进行的市民登记。

c. 保障与选举相关的文件的起草依照最高选举法院颁布的规定和协议做到准确、恰当。

d. 与数据处理中心合作，向计票委员会和选举委员会提供相应花名册。

第一百六十六条（由第 74–87 号法令第四十三条、第 10–04 号法令第九十七条修订） 政治组织部的组成。政治组织部由一位长官和必要下属组成。该长官应拥有与公民登记处处长同样的资质并与其享有相同的法律赋予的特权、豁免权并受到相同的限制。

第一百六十七条（由第 10–04 号法令第九十八条修订） 职权。政治组织部拥有以下职权：

a. 在职权范围内监督和协调公民登记处办事处和副办事处履职。

b. 起草公民选举委员会和民选公职候选人登记文件，以便其在最高选举法院通过。

c. 批准政治组织常设机构的纪要文书。

d. 管理政治组织的注册、运转、合并、联盟、惩处和撤销记录、民选公职候选人登记记录、政党成员记录、政党常设机构成员记录及其他所需记录。

e. 本法和其他法律法规规定的其他职权。

第一百六十八条　公民登记处办事处和副办事处。公民登记处在每个省首府拥有一个办事处，在每个市首府拥有一个副办事处。

第一百六十九条（由第 10–04 号法令第九十九条修订） 省办事处职权。位于省首府的公民登记处办事处拥有以下职权：

a. 掌握辖区范围内候选人、公民选举委员会的相关登记情况。

b. 监督、协调下辖市的选举进程以及市副办事员的活动。

c. 与公民登记处的分支机构合作以便其履职。

d. 登记、任命在省、市选举委员会任职的政党或公民选举委员会检察官。

e. 登记政党在省、市层面的纪要以及常设机构。

f. 长期开展公民教育和与选举能力、选举普及相关的活动。

g. 最高选举法院赋予的其他职权。

第一百七十条（由第 74–87 号法令第四十四条、第 10–04 号法令第一百条修订） 市副办事处职权。公民登记处市副办事处拥有以下职权：

a. 掌握辖区公民选举委员会和市公职候选人的相关登记情况。

b. 监督、协调市辖区选举进程。

c. 开展一切与其市区公民户籍登记相关的活动。

d. 长期于辖区内开展公民教育，组织与提高选举能力和普及选举相关的活动。

e. 与公民登记处分支机构在其辖区内开展活动进行合作。

f. 最高选举法院赋予的其他职权。

第三章　省、市选举委员会

第一百七十一条　省、市选举委员会。省选举委员会、市举委员会为临时性机构，在其对应职权范围内负责某个选举过程。应在省首府或市首府设有办公地。

第一百七十二条（由第74–87号法令第四十五条、第10–04号法令第一百零一条修订）选举委员会组成。上一条提及的选举委员会由最高选举法院任命的三位正式成员和两位候补人员组成，任职分别为主席、秘书和发言人。当某位正式成员缺席时应召集候补成员。

选举委员会和计票委员会的构成应考虑到国家的社会文化多样性和性别。

第一百七十三条　选举委员会的解散。当最高选举法院宣布其组建所为的选举过程结束时，选举委员会解散。

第一百七十四条（由第74–87号法令第一百零二条修订）资质。成为省选举委员会或市选举委员会成员需要：

a. 享有公民权。

b. 居住于相应市区。

c. 识字。

d. 未在政治组织任领导职位。

第一百七十五条（由第74–87号法令第四十六条修订）任职。省、市选举委员会的职务是义务性且无偿的。然而，最高选举法院可为这些委员会成员安排代表补助和差旅费。

上述委员会成员享有与市长相同的豁免权。

雇主须给予其雇员所需许可以便作为委员会成员行使职责，其间发放相应工资。

第一百七十六条　会议。每个选举委员会应根据需要召开任何次数的会议。决议应在多数成员赞同时通过并录入相应纪要，该纪要应由秘书签发。

当主席缺席时，应由发言人代行职责。

无论是常规会议还是特殊会议，相应选举委员会主席都应在恰当的时间提前通知政党、公民选举委员会的检察官。

第一百七十七条　省选举委员会职权。省选举委员会的职权为：

a. 设立市选举委员会并为其成员授权。

b. 向市选举委员会提供应在选举进程中使用的材料和文件。

c. 宣布辖区内市选举的结果及其有效性，或在一定情况下的部分或整体无效性；作出最终裁决后，通过向公民颁布选举最终声明的方式判定相应职位归属；按照本法第二百三十八条、第二百三十九条规定进行校正后，将与总统或议员选举以及民调相关的文件寄送给最高选举法院。

d. 接收市选举委员会提交的选举文件和材料，并汇总省内投票的临时结果，汇总时仅使用从市选举委员会处接收的文件。

e. 保管从市选举委员会接收的文件和材料，并在接收日起三日内将其寄送给最高选举法院。

f. 通过书面形式将投票结果告知政党、公民选举委员会的每位检察官，且立即将其公布。

g. 听取检察官的建议和抗议，将其标注于相应纪要中。

h. 保障本法及其他所有与选举进程相关的规定的实施。

i. 法律法规或最高选举法院赋予的其他职权。

第一百七十八条　市选举委员会职权。市选举委员会的职权为：

a. 在辖区内依法准备、开展、监督选举。

b. 任命、监督其宣誓并授权计票委员会成员。

c. 向政党、公民选举委员会检察官授权。

d. 明确投票地点，这些投票点应满足必要条件，其位置应提前通过恰当的渠道进行公布。

e. 向计票委员会主席提供其在选举过程中行使职责所需的材料和文件。

f. 监督计票委员会在计票日的法定时刻开始工作，并负责保障计票委员会有恰当行使其职责所需的一切材料和文件。

g. 从计票委员会接收所有选举文件。

h. 使用计票委员会主席提交的文件确定其辖区内的投票结果，并应以适当形式公开该结果。

i. 将该市投票结果的相应证明提供给政党、公民选举委员会检察官。

j. 听取检察官的建议和抗议，并将其标注于相应纪要中。

k. 在选举结束的次日，将选举过程的所有文件转移并递交给相应省选举委员会。

l. 保障本法及其他所有与选举进程相关法案的实施。

m. 法律法规或最高选举法院赋予的其他职权。

第一百七十九条　组织省选举委员会、市选举委员会的期限。最高选举法院应于选举日期前至少三个月组织省选举委员会，至少两个月组织市选举委员会。

第四章　计票委员会

第一百八十条　计票委员会。计票委员会为临时性机关。负责选举过程中应接收的相应投票的接收、统计和计票。

第一百八十一条　计票委员会构成。每个计票委员会应由市选举委员会任命的三位正式成员构成，分别任主席、秘书和发言人。委员会最晚要在相应选举日期十五日前构建。

通过相同方式，依据相应市选举委员会规定数量为每个市区计票委员会指定候补成员，这些候补成员在选举日按委员会指定方式代替缺席者。

第一百八十二条　资质。为成为计票委员会成员，要求其拥有与省、市选举委员会成员相同的资质。

第一百八十三条　计票委员会解散。当计票委员会成员完成投票纪要并将其在选举过程中因行使职权而接收的文件和材料递交给市选举委员会时，计票委员会解散。

第一百八十四条（由第 74–87 号法令第四十九条修订）　任职。计票委员会的职务是义务性且无偿的，但其成员可享受最高选举法院为选举日提供的无须进行核实的补助。

委员会成员享有与市长相同的豁免权。

雇主须给予其雇员所需许可以便作为计票委员会成员行使职责，其间发放相应工资和福利。

第一百八十五条（由第74–87号法令第五十条修订） 检察官参与。政党、公民选举委员会为每个投票点指派的检察官可在任何时间出现以便亲历选举，确保其正确进行，并提出其认为有关的观察和抗议。

第一百八十六条（由第10–04号法令第一百零三条修订） 计票委员会职责。计票委员会拥有以下职责：

a. 依据法律及其他适用法规开启、结束投票。

b. 检查选举材料和文件。

c. 尊重投票的秘密性并使其受到尊重。

d. 鉴定每一位投票者的身份并标注在选民花名册中。

e. 监督投票者将相应选票投入对应投票箱。

f. 用不褪色的墨水在已投票者右手食指上（若无，则在其他手指上）做标记，并交还其身份证件。

g. 在现场的政党、公民选举委员会检察官的见证下进行投票的统计和计算。

h. 在对应文书中起草相应纪要。

i. 在相应纪要中标明政党、公民选举委员会检察官的反对意见。

j. 将用过和未使用的选票以及纪要文书装入有必要安全措施的相应口袋中。

k. 采取最佳安全措施，将选举中所用一切纸张放入选举袋，并将其交与计票委员会主席。该情节应记入纪要。

l. 计票委员会工作一结束就立即将选举袋转移并递交市选举委员会。

m. 在现场的政党、公民选举委员会检察官见证下，将没有使用的选举纸张盖上“未使用”的章。

n. 在完成计票后，计票委员会主席应将有效结果复印件交与现场的每位政党、公民选举委员会的检察官。

o. 本法及相应法规赋予的其他职权。

最高选举法院应颁布保证本条所述职责正确执行的必要法规。

第三篇

单一章节　异议方式

第一百八十七条　澄清与扩充。当一份决议中的用语模糊或自相矛盾时，可要求进行澄清。

若事件某方面的决议被遗漏，可申请进行扩充。

相应申请应在决议公布后的四十八小时内提出，申请递交后三日内应给出处理结果。

第一百八十八条　撤销。为反对公民登记处分支机构及办事处作出的最终决议，可在最新通知下达后的三日内书面向作出该决议的公务员提出撤销要求。

第一百八十九条（由第 10–04 号法令第一百零四条修订）撤销要求的办理。一旦撤销介入，其背景资料以及对应公务员的报告应一同交给公民登记处处长以便在八日内给出处理结果。

第一百九十条（由第 74–87 号法令第五十二条修订）上诉。为反对公民登记处处长颁布的最终决议，应在最新通知下达后的三日内向该权力机构提出上诉要求。最终决议是指结束某一事件、处理撤销要求以及其他本法特别规定的决议。其他上诉也应采取相同方式。

第一百九十一条（由第 10–04 号法令第一百零五条修订）上诉程序。在提出上诉且相关人员收到通知后的三日内，文书与相关报告应交与最高选举法院。最高选举法院赋予相关人员三日诉讼期，无论是否收到回复，都会在八日内作出相应裁决。

最高选举法院将收到向其提供的证据并可要求提交其认为相关的报告。

仅在某方提出申请或最高选举法院认为相关时，文书可在五日内接受查证。

第一百九十二条（由第 10–04 号法令第一百零六条修订） 保护对象。最高选举法院作出或执行的决定、协议和决议可在宪法提及的相应情况中成为保护对象。

第四编　选举进程的开展

单一篇　选举程序

第一章　总　则

第一百九十三条（由第 10–04 号法令第一百零七条修订） 选举进程。选举进程自最高选举法院颁布选举通知开始，公布选举结果后结束。

在选举进程中，与此相关的每日每小时都被视作有效时间。

第一百九十四条（由第 10–04 号法令第一百零八条修订） 充分行使宪法赋予的权利。整个选举过程必须在自由和宪法规定的权利得到充分行使的情况下进行。对特殊情况的声明不应中止选举进程。公共秩序法应保障选举进程中必需的宪法规定的权利和自由，以确保选举和政治宣传活动以不影响选举进程和结果的方式完成。

第一百九十五条（由第 10–04 号法令第一百零九条修订） 职能部门的配合。在选举职能部门及其公务员以及政治组织因保障选举进程的有序性、自由性和合法性而提出要求时，所有国家安保力量应提供援助。

此外，公务员应在选举职能部门及其成员申请时提供协助，以确保选举进程的效率。

接受申请者对援助和协助负责。

第二章 召集与选举

第一百九十六条（由第 10–04 号法令第一百一十条修订） 召集。最高选举法院负责召集选举。召集普选、中美洲议会议员选举的法令应于选举当年五月二日颁布。依据通知，选举在同年九月的第一个或第二个星期日举行。全国制宪会议及人民咨商成员选举法令通知应于举行日期至少九十日前颁布。

第一百九十七条 通知的要求。通知应至少包含以下内容：

a. 选举目标。

b. 选举日期，如果是总统选举应注明第二轮选举的日期。

c. 进行选举的区域或范围。

d. 将要选举的职位。

第一百九十八条 选票的概念。选票是指在政治选举和人民咨商中投出的选票。

第一百九十九条（由第 74–87 号法令第五十三条、第 10–04 号法令第五条修订） 选举类型。

a. 普选包括：共和国总统、副总统的选举，共和国议会以及市政议员的选举。

b. 全国制宪会议成员的选举。

c. 中美洲议会议员的选举。

d. 人民咨商。

第二百条 选票的评定。选票评定使用下列制度：

a. 绝对多数制。

b. 相对多数制。

c. 少数群体比例代表制。

第二百零一条（由第 10–04 号法令第一百一十二条修订） 绝对多数制。此制度仅适用于共和国总统与副总统选举，即获胜方应获得至少半数加一的有效投票。如果第一轮选举没有一方获得绝对多数选票，则需在四十五至六十日内在得票数最多的两方之间进行第二轮投票，在相应的通知中只需列明在第一轮投票中得票数最高的两方，其中一方在第二轮投票中只要获得半数加一的有效投票就可赢得选举。

共和国总统及副总统选举应于选举年份九月的第一个或第二个星期日举行。

第二百零二条（由第 10–04 号法令第一百一十三条修订） 相对多数制。相对多数制适用于市长和理事的市级选举，获得最多有效选票的一方赢得选举。

第二百零三条（由第 10–04 号法令第一百一十四条修订） 少数群体比例代表制。经全国名单、地方名单参选议员、中美洲议会议员以及市政会议选举，应按照少数群体比例代表制进行。

在此制度下，选举结果应明示在一张纸上，每个参选方占一行，含有多列。第一列列出每个参选方所得有效票数，第二列是此票数除以二的结果，第三列是票数除以三，以此类推，按照判归结果需要进行。

按照这些数据从大到小的顺序，选出与竞选职位数量相等的数据。

最小的数据为除数；将每个参选方得票数除以除数即得到被选中候选人数量，不考虑余数。

所有判归应严格按照名单的顺序进行，根据被选中候选人数量，从排名第一的开始，之后是严格排序的第二位。

第二百零四条（由第 10–04 号法令第一百一十五条修订） 候补。如果在选民登记结束后，发生普选职位候选人死亡、辞职、公民身份丧失或中止的情况，应按照现行法律对其进行替代。

如果因相应政党参选名单上没有相关候选人而无法填补地方议员空缺，应将空缺职位判归给全国名单上的相应人选。

每一个空缺都应由共和国国会公布，或在相关人员正在任职时由中美洲议会公布。

第二百零五条（由第 35–90 号法令第三条修订） 共和国国会的组成。共和国国会应由根据全国名单制度和由地方选区选出的议员组成，共和国每一个省都组成一个选区，危地马拉省除外，因该省的危地马拉市为中心选区而其他城市组成了危地马拉省选区。

每一个选区都有权选出一名议员，且每多出八万居民就可多选一位议员。

由全国名单制度选出的议员占共和国国会议员的四分之一。

国会议员的总人数应与最新一次人口普查的数据吻合。

第二百零六条（由第74–87号法令第五十五条以及第10–04号法令第一百一十六条修订）市政机构的组成。每个市政机构应由市长以及与居民人数对应数量的正式和候补理事、市政委员组成，如下所示：

在居民人数超过十万的城市：三名正式理事、十名正式市政委员，一名候补理事、四名候补市政委员。

在居民人数超过五万且小于十万的城市：两名正式理事、七名正式市政委员，一名候补理事、三名候补市政委员。

在居民人数超过两万且小于五万的城市：两名正式理事、五名正式市政委员，一名候补理事、两名候补市政委员。

在居民人数两万或以下的城市：两名正式理事、四名正式市政委员，一名候补理事、两名候补市政委员。

正式市政委员可以在市长暂时或永久缺席时代为行使职权。

候补理事和市政委员可以在正式委员暂时或永久缺席时代为行使职权。

当发生职位空缺时，正式市政委员职位应尽快进行判归，以确保候补人员能填补空缺。

如果因任何原因没有候补人员填补职位空缺，应启用在相应政治组织候选名单中排在被替代者之后的人选，以此类推直到市政委员完整。

如通过以上方法无法填补职位空缺，则在相应选举中被列入市政委员或理事候选名单中且获得多数选票的可行人选中选出候补人员。在这两种情况下，应由最高选举法院来解决裁定事宜并决定人选。

第二百零七条（由第10–04号法令第一百一十七条修订）市政任期。所有市政机构的任期为四年。如果没有举行市长以及市政机构选举，或举行了但被判无效，现任市长和市政机构继续在任直到新一届市长和市政机构被选出。被选出的市长和市政机构将完成相应任期。

第二百零八条（由第74–87号法令第五十六条修订）判归的操作。判定不同选举制度下各职位归判的数学运算明示于省级选举委员会或最高选举法院的特别纪要中，政治组织有相应资质的检察官可根据情况选择介入。

第二百零九条（由第74–87号法令第五十七条以及第10–04号法令第一百一十八条修订）最终裁决及其内容。最高选举法院应对总统选举、共和国国会议员或全国制宪会议委员、中美洲议员和人民咨商选举进行单次审理，根据第一轮或第二轮决议规定对总统选举作出唯一裁决，对每次议员选举（地区议员或全国名单上的议员）进行一次决议。人民咨商也为一次决议。

决议首先判定选票接收委员会提交的有争议及被申诉的投票是否无效，若为无效则不计入计票。之后，依照结果纯洁性判定宣布选举或人民咨商的有效性。

在确定选举或人民咨商有效后，最高选举法院将发布公告，公布当选人或人民咨商占多结果。

市政机构的选举将被判定和裁决，每座城市应有一份裁决书，该裁决判定选举有效性并依照结果纯洁性判定当选公民名单。

依照本法第二百四十六条、第二百四十七条，参加选举的任何政党或公民委员会可对决议提出驳斥。

第二百一十条（由第10–04号法令第一百一十九条修订）二次选举。在选举被最高选举法院宣布无效后，为重新选举，自宣布无效之日起十五日内需颁布新的选举通知，新的选举需在之后六十日内举行。

第二百一十一条（由第10–04号法令第一百二十条修订）任职。当选的共和国总统、副总统以及共和国国会议员于选举结束后的一月十四日就任。

当选的市长以及市政委员会成员应于选举结束后的一月十五日就任。

若选举被判定无效或没有适时举行，则不能在上述日期就职，当选的公务员将于职务判归结束后的八日内就任。

第三章　候选人提名和登记

第二百一十二条（由第74–87号法令第五十八条和第10–04号法令第一百二十一条修订） 候选人提名和登记。法律承认的政党可为普选的所有职位提名和登记候选人。公民选举委员会只能为市长职位、市政职位提名和登记候选人。一个公民只能在一个选区被提名和登记为某一普选职位的候选人。

第二百一十三条　候选人登记申请。必须由进行候选人推举的政治组织的法定代表人在公民登记处提交候选人登记申请。

第二百一十四条（由第10–04号法令第一百二十二条修订） 登记要求。申请应通过公民登记处提供的表格以书面形式提出，在表格上应写明信息并提交下列文件：

a. 候选人完整的姓名、身份证号和公民登记处的注册号码。

b. 推举的职位。

c. 登记的组织或者政治组织。

d. 候选人出生证。

e. 无论候选人提名市级委员会的任何职位，都需要提交提名的市的政府开具的居民证或具有同等效力的个人身份证号。

f. 共和国宪法和本法所规定的其他要求。

第二百一十五条　登记时限。民选公职候选人的登记在选举通知颁布次日开始、选举日六十日前结束。

第二百一十六条　登记办理。公民登记处政治组织部或相应的部门代表自收到登记申请之日起认真审查，并在两日之内与其报告一同提交给公民登记处负责人，后者应在三日之内对其进行裁定。

若为除部门首长外的其他市职位的名单登记，由相应的省级办事处或政治机组织颁布结果。

若结果为肯定意见，则在公民登记处完成登记，并向每位候选人颁发相应候选证件。若结果为否定意见，则将依本法开启申诉程序。

第二百一十七条（由第10–04号法令第一百二十三条修订） 预审权。自登记之时起，不能逮捕或起诉总统和副总统候选人，除非最高法院声明有逮捕或起诉的案件发生。同样不能逮捕或起诉议员或市长候选人，除非上诉法院的有关分庭提出了同样的声明。在当场作案情况下可以逮捕候选人，但应立即转交至相应法庭对其影响进行处理。

第二百一十八条（由第74–87号法令第五十九条和第10–04号法令第一百二十四条修订） 选票。每个投票站所用的选票将按照规定进行制备，根据需要的数量进行打印。

最高选举法院、各政党和公民选举委员会的全国检察官以绝对多数选票通过用于投票的选票模本。同样，他们有权监督选票制备过程。

第四章 选举宣传

第二百一十九条（由第10–04号法令第一百二十五条修订） 选举宣传的要求和实施保障。选举宣传活动是自由的，除本法和有关法规规定的侵犯公序良俗或财产权外，不受特殊限制。

自选举通知颁布之时起至投票开始的三十六小时前，任何机构都无权阻止以选举宣传为目的的游行或者公开集会；政治组织应为此通知相应省政府。

在选举过程中，最高选举法院拥有应用所有适用于选举宣传法律法规的排他权。

自选举通知颁布之日起至选举过程完成后的二十四小时内，任何机构不得影响、阻止或改变由最高选举法院判定的合法区域内进行的选举宣传。

在任何情况下，遵照本法涉及的选举宣传材料应归还原物主。

选举程序结束后六十日内，政党和公民委员会必须撤除对其本身或其候选人的选举宣传。在此期限后，被最高选举法院授权的任何机关均可撤除上述宣传，这种情况下的撤除费用将从可使用的政策债务中支出。

第二百二十条（由第10–04号法令第一百二十六条修改） 宣传的最大时限。在选举进程的前两周，为了公平对待每个政治组织和联盟，最高选举法院与各政党检察官应当在每次选举和咨询程序中确定社交平台、广播、电视和平面媒体可进行选举宣传的最大时限和时间表。

媒体不能拒绝任何政治组织在规定的时空限度内的宣传要求。无论是在宣传费用还是在发布信息的时间、空间重要性上，媒体对于上述组织都应一视同仁。

超过本条所述最大宣传时限，最高选举法院会对其进行正式确定，无须与政党检察官进行商议。

上述规定不应影响广播电台和电视台履行传播有关领土防御、内部安全和为预防或解决影响人民的灾害而决定采取的措施等信息的义务。

第二百二十一条（由第10–04号法令第一百二十七条修订） 通过报刊、广播和电视进行的宣传。通过媒体进行的选举宣传应遵循以下规则：

a. 每个平面媒体宣传的限度为不得小于一整页或日常版的同等尺寸。

b. 选举通知颁布后，宣传的传播除本法规定的外无其他限制。

c. 在国家广播和电视台进行的媒体宣传限度为不得少于每周三十分钟，且在任何情况下不得进行累积。

第二百二十二条（由第10–04号法令第一百二十八条修订） 递交价目表的义务。在选举通知颁布的一周内，所有媒体应在选举审计处登记其选举宣传价目表；此价格不得超过商业价格，即通知颁布日期前六个月的平均价格水平。否则，将由最高选举法院确定价格。

严禁在未进行价目表登记的媒体进行选举宣传。

价目表应由相应社交媒体业主或法定代表人通过宣誓声明递交。如提供虚假价目表，经由最高选举法院处理，电信管理局将下令暂停此媒体的宣传直至选举完成，不影响其承担其他责任。

选举宣传的媒体应每日向选举审计处通报政党和公民委员会所用宣传空间的数量及确切说明。在共和国内部，上述数据应根据情况提交至公民登记处的省级代表处和市级副代表处。

监管、授权价目和与本章相关的事宜均应遵守相关规定。

第二百二十三条（由第10–04号法令第一百二十九条修订） 禁止事项。

在任何选举过程中，严禁：

a. 在墙壁、招牌、标志、桥梁和纪念碑上粘贴海报或绘画进行选举宣传，除非上述物品由私人所有且已获得物主的许可。

b. 在早上七点之前或晚上八点之后，为了选举宣传使用任何类型有高音喇叭的车辆。

c. 在选举当日或选举前的三十六小时内开展任何形式的选举宣传或调查。

d. 从选举前日的十二点到选举结束次日的六点，在公共场合销售、发放或饮用烈酒、酒精和发酵饮料。

e. 使用国家资源和国有资产进行选举宣传。

f. 政府公务员和员工在工作时间参加政治选举活动，或利用自己的权威和影响支持或反对特定候选人或政治组织。

g. 军队、国家安全部门或其机构的成员参加政治或选举宣传活动。

h. 政府员工和公务员以及国家承包商通告、披露或公开其履职取得的成果，或以任何形式参加对已完成活动、管理或工作进行的广告或宣传。

i. 匿名宣传，在社交媒体的任何出版都应当指出负责人的名字。

j. 限制免费在柱子上或国家街道、公路上放置宣传品。

k. 法律规定的其他活动。

第五章　选民名册

第二百二十四条（由第 10–04 号法令第五条修订） 选民名册。依据在公民登记处进行登记的每个市的居民情况，制备选民名册。每份市选民名册应标明省份、市和相应人口中心代码。

最高选举法院应当按照居住地、准入、距离、安全、人口和建立选票接收委员会所需条件对各市选民名册进行划分。在城市中心，选民名册应保证公民在其居住区域投票台投票。

在选举日期或人民咨商日期至少九十日前，最高选举法院应通知政治组织每个城市选票接收委员会设立的位置。

公民登记处应根据公民注册登记数据准备选民名册并对其进行更新。

第二百二十五条（由第 10–04 号法令第一百三十一条修订） 选民名册的印刷、广告和免费性。在选举日期至少三十日前，公民登记处应对选民名册进行甄别、印刷。

选民名册是公开的，任何政治组织或公民都可进行查阅。

与选民名册中公民的登记、删除、移出及登记证明延长相关的一切事宜均由公民登记处全权负责，不向相关人员收取任何费用。

第二百二十六条　申请和反对。公民登记处负责人应听取有关公民登记或选民名册的有关申请或申诉并解决问题。

第六章选举文件和材料

第二百二十七条　文件。每次进行投票时，选票接收委员会都应至少有下列文件：

a. 相应选民名册。

b. 纪要文书。

c. 开启、完成纪要的指导。

d. 印刷表格，可供各政治组织依法委任的检察官提交其认为恰当的反对意见。

e. 选民人数调控图表。

f. 选票。

g. 相应法规标注的其他文件。

第二百二十八条　选举材料。进行每次投票时，选票接收委员会都应至少有下列用具：

a. 一张用来摆放票箱的桌子。

b. 为选票接收委员会成员和政治组织委任的检察官准备的椅子。

c. 适宜的家具，以便公民进行秘密投票。

d. 相应印章。

e. 装有不褪色墨水的容器，墨水将涂在已投票公民的右手食指上（若无，则另外一根手指）。

f. 选票袋。

g. 相应法规标注的其他材料。

第七章 投 票

第二百二十九条（由第 10–04 号法令第一百三十二条修订） 投票接收委员会数量。不迟于举行投票设定日期前一个月，最高选举法院应确定每个市投票接收委员会的必要数量，并立即通知各省、市选举委员会，确保投票接收委员会如期设立。

第二百三十条 确定投票接收委员会数量的规则。要确定每个市投票接收委员会的数量，最高选举法院应适用以下规则：

a. 每个投票接收委员会最多分配六百名选民。

b. 选民将按照其在公民登记册的注册数字顺序进行分配。

第二百三十一条（由第 10–04 号法令第一百三十三条修订） 投票接收委员会的设立地点。市选举委员会须在市、镇、村、区或其他居民数量超过五百人的地方设立投票接收委员会；对于居民少于五百名的登记中心，最高选举法院应依据规定数量在镇、村、区或便于人流疏通的地方设立投票台。

第二百三十二条（由第 10–04 号法令第一百三十四条修订） 投票的保密性。最高选举法院和市选举委员会应在制定规则并采取措施以确保投票的保密性、投票者的便利和投票过程不受非法干扰。

第二百三十三条 过程监督。每个选举进程应由选举机构以及参与选举的政组织依照本法和相应法规规定的形式进行监督。

第二百三十四条（由第 74–87 号法令第六十一条修订） 选票的无效性。出现下列情形时，投票接收委员会的选票被认定无效：

a. 盛放选票的密封袋被打开。

b. 在选举过程中出现明显的提交虚假选票，胁迫或暴力威胁委员会成员或选民的情况。

c. 发生其他可能改变投票结果的行为。

第二百三十五条（由第 10–04 号法令第一百三十五条修订） 特殊无效。如果三分之一以上的投票接收委员会宣布无效，最高选举法院可应任何参与选举的政治组织的申请宣布任何市的选举无效。如果选举前后或选举进行中遭遇破坏行动，同样可以宣布无效。

如果选票持平，选举将在最高选举法院指定的日期重新进行。

第二百三十六条（由第 10–04 号法令第二百三十六条修订） 投票的开始和结束。应于指定日期七点在所有投票接收委员会开始投票。下午六点投票中心关闭，但此时仍在各投票台排队的选民有权投票。

第二百三十七条（由第 10–04 号法令第一百三十七条修订） 计票。投票结束后，投票接收委员会的成员打开票箱并计票，应确保票数与选民人数对应，如有异常情况，应当标明；随后，统计每个候选人得票数、空票数及无效票数。

以下选票均被视为无效：未用 ×、圆圈或其他适当符号进行清楚标示；投票符号圈出了不止一个候选人，除非投票意向明确；选票上有与选举无关的涂改、表达、符号或图像。

未进行合法登记、属于其他选区、不属于相应投票接收委员会或以任何方式泄露选民身份的投票也视为无效。

第二百三十八条（由第 10–04 号法令第一百三十八条修订） 计票复查。相应省选举委员会一旦收到纪要及其他文件，即会指定最迟在投票结束后的五个工作日内召开查证听证会，召集政治组织的检察官、公民登记处代表和监察处代表对该省份内投票接收委员会的计票进行复查。

各政党将派出其省级检察官或省或全国秘书长指定的人员作为代表；应以书面形式将听证会召开日期告知政党并有收到通知的证明。

省级选举活动至少三日前，省选举委员会应已组织好复查队伍，队伍人数依照投票点数量和预期工作量确定。相应规章规制复查。

第二百三十九条（由第 10–04 号法令第一百三十九条修订） 复查程序。计票复查的相关事务应依照本法和相应规章确定的程序规则进行。

第二百四十条　结果通告。各投票接收委员会主席一旦向市选举委员会递交了选票袋，即有义务将其告知最高选举法院。报告中应用文字和数字标明投票接收委员会收到投票的结果；应以最快方式进行通知。

第八章　选举文件的检验与评定

第二百四十一条　文件照看。公安部门应向市选举委员会提供必要的看守人员，旨在保护装有选举文件的文件袋。市选举委员会应委派官方陪同监察人员，同时政治组织可以委任检察官监察文件的运送。

第二百四十二条　文件袋。省选举委员会一旦接收装有选举文件的文件袋，应将其按照市进行划分，并应确认文件袋状态，此时政治组织委任的检察员可以在场。凡受损坏的文件袋将不予打开，需拟写文书并将两者发往最高选举法院以解决相关事宜。

第二百四十三条（由第74–87号法令第六十二条修订）选举文件的检验和评定。根据本法所授予的权力，仅有最高选举法院与省选举委员会具有检验与评定选举文件的资格。由参与相应选举过程的政治组织依法委任的检察人员有权出席上述活动。

第二百四十四条（由第74–87号法令第六十三条修订）确认。当选举或人民咨商评定工作完成后，最高选举法院秘书或者相应省选举委员会秘书应立即给被委派的检察人员出具证明。

第二百四十五条　选举结果公示。最高选举法院有义务在选举结束后的八日之内，通过各种媒体公布选举结果，包括部分选举结果与最终结果。

第九章　选举过程中的上诉

第二百四十六条（由第74–87号法令第六十五条与第10–04号法令第一百四十条修订）关于无效的上诉。针对选举过程中的所有行为与决定无效的上诉应当在最后通知后的三日有效期内，向引发该上诉的职能部门提出。最高选举法院将在接受要求后的三日内受理该要求。

第二百四十七条（由第 74–87 号法令第六十六条与第 10–04 号法令第一百四十一条修订） 关于重判的上诉。关于最高选举法院决定的重判上诉应当在被通知方获得通知后的三日有效期内提出；重判上诉将于提出后的三日内受理，在必要的情况下受理期限可延长至少两日，用于相关证据的获取。

第二百四十八条（由第 74–87 号法令第六十七条与第 10–04 号法令第一百四十二条修订） 关于保障的上诉。保障上诉适用于最高选举法院的最终决定，根据事务法规定，在上一条规定的要求无法实行的情况下，即可提出保障上诉。

第二百四十九条（由第 10–04 号法令第一百四十三条修订） 权限。最高选举法院是了解并解决无效上诉与重判上诉的职能机构。最高法院是了解并解决保障上诉的职能机构。

第二百五十条（由第 74–87 号法令第六十八条与第 10–04 号法令第一百四十四条修订） 合法性。在选举进程中，仅有在每种情况下依法委派的人员或其合法代表可以要求实施本章提出的上诉。

全国检察员以及各政党、公民选举委员会的省级秘书和检察官可以在其职权范围内提出重判或无效上诉。

第十章 选举犯罪与过错

第二百五十一条（由第 74–87 号法令第七十条与第 10–04 号法令第一百四十五条修订） 选举犯罪与过错。任何旨在阻碍、中断、歪曲选举或者篡改其结果的行为或是失职都将受到惩罚。

同时，凡是违反本法有关选举资金运作相关规定的行为也将受到惩罚。

第二百五十二条（由第 74–87 号法令第七十一条修订，并被第 10–04 号法令第一百四十六条删除）

第二百五十三条（由第 10–04 号法令第一百四十七条修订） 通知与进程。根据共和国宪法规定，人民咨商均由最高选举法院颁布通知。

咨商过程应符合本法及其规章中有关选举的各种适用规定，同时应符合最高选举法院发布的有关选举的规定。

相对多数制为人民咨商的适用制度。

第二百五十四条（由第74–87号法令第七十二条修订） 选举过失。违反本法的行为即使不被界定为犯罪，仍构成选举过失。

第二百五十五条（由第74–87号法令第七十三条修订） 选举过失的惩罚措施。选举过失方将被拘留十至六十日。

临时法令与最终法令

第二百五十六条 本法的修订。在选举通知已颁布且其结果尚未公布或当选人尚未就职时，任何针对本法的修订都不能适用于该选举进程。

第二百五十七条 全国检察员。政治组织于最高选举法院委任的监察员履行职责时，获取的津贴费应由最高选举法院设定，符合本法赋予法院的预算范畴。

第二百五十八条（由第74–87号法令第七十四条修订与第10–04号法令第一百四十八条修订） 规章条例。最高选举法院应当修订本法的规章条例，旨在使其适用于现行修订法作出的相关修改。

第二百五十九条（由第10–04号法令第一百四十九条修订） 豁免权。最高选举法院及其附属机构，以及本法规定的其他选举机关享有豁免权。适用于各国家媒体。

自选举通知颁布法公布之后，最高选举法院享有使用社会私人媒体时间方面的优先权。

第二百六十条 提要。位于本法条款前的提要并不具备解释效力。

第二百六十一条 最高选举法院任期。在根据法律重新选举各成员之前，最高选举法院保持其构成人员不变，且任期不得小于三十个月。

第二百六十二条 政党的制度化。参加1985年11月3日大选并获得超过百分之四有效票的政党，或是拥有共和国议会代表的政党，且在适用于本法中关于组织与成员数量规定的情况下，可以注册。除此之外，根据危地马拉共和国宪法临时与最终法令的第十七条款，本法第二十条款的 f 项规定的权利对以上政党适用。

第二百六十三条　罢免。除了各个政党在参与选举时召开全国大会的行为，凡是干预 1985 年 11 月 3 日大选以及之后的委员会注册、政党组织过程中文件的公证手续与合法化的人员，将被免除全部职责。因此，根据具体情况，以上相关人员已经处理的手续或案件应当存档或者中止办理。

第二百六十四条　废除条款。废除第 30–83、31–83、32–83 号法令以及其他违背本法的法律条令。

第二百六十五条　有效性。本法将于 1986 年生效，并将在 1985 年 11 月 3 日于危地马拉城的立法机关大楼，由政府公报宣布。

第二百六十六条　临时法令。在本法令生效后，各政党可在二十四个月之内按照本法第八条款委任新成员，按照选举与政党法第六十三条款进行免职。

第二百六十七条　临时法令。身份证。所有与身份证相关事宜都由事务普通法决定，该法规定创立的机构将由最高选举法院构成，负责发行与管理身份证，并将在本法生效后的九十日内附属于共和国议会，旨在发行身份证。

第二百六十八条　临时法令。在诸修订条例生效之前，本法第十九条包含的法令不适用于已向相关当局提交政党组织手续的委员会，委员会应当继续按照现行法律进行政党注册申请。

（曹廷　译，靳呈伟　校）

委内瑞拉政党、公开集会和游行法[①]

第一编　基本规定

第一章　政　党

第一条　本法旨在规范政党的创建和活动，及公开集会和游行权利的行使。

第二条　政党是常设性组织，其成员约定联合起来，通过合法方式，依据其自由达成的纲领和章程，参与国家政治生活。

第三条　年满十八周岁、未被剥夺政治权利的委内瑞拉公民可以加入某一政党。

第四条　政党应当在其原则声明或纲领中规定，承诺永远采用民主方式实现自身目标，尊重人民主权的表达，尊重国家武装部队的制度性和不干政的特点。

第五条　政党应当在章程中保证其政治方针和行动采用民主方式，在吸纳成员方面不存在种族、性别、信仰或社会地位方面的歧视，保证成员能够直接或通过代表参与政党的治理和监督。

第六条　政党应当在建党文书中表明，绝不签署迫使其行动受外国组织或实体领导的协定。

---

① 根据委内瑞拉 1965 年第 27.725 号法令译出。

只要不危害国家主权或独立，不协助以暴力颠覆合法建立的国家制度，该规定并不阻止政党参与国际政治会议、签署声明或协议。

第七条　政党应当采用与已经注册的政党不同的名称。

政党名称不得包含人名和教会名称，不得违背社会和司法公正，不得含有反对外国的含义，不得与祖国的象征或宗教标志类似或在图像、语音上有联系。

政党可以根据本法条规定更改名称，并得到其章程中规定的最高决策机构的会议或大会的同意。

应在决定后的十日内报国家选举委员会。

第二章　政党的创建

第八条　想要成立政党的公民团体应当向地区或区域民政机关指明其将设立的办公地，并在办公地正面以公众可见的方式，张贴表明临时名称的告示或标牌。

如果政治组织或团体未能达到本法条第一部分规定的要求，其办公地将被关闭。根据选举法规定在选举中推举候选人的公民组织，在满足本法条规定的要求后，可以像政党一样，在选举过程中拥有和安排办公地。

第九条　政党可以是全国性或地区性的。

第十条　成立区域性政党须在国家选举委员会注册登记。

注册申请应当包含下列材料：

其一，数量不低于在各联邦单位选举注册中登记选民百分之零点五的政党成员的名单。

在名单中应当具体说明成员的姓名、年龄、住址和身份证信息。

其二，政党成员的入党志愿声明。

其三，原则声明、建党文书、政治行动纲领和章程各三份。

一份存于国家选举委员会的档案中，一份寄给内政部，另一份寄给相应的政府部门。

其四，政党的标志和党徽的描述和图案。

其五，指明党的最高领导机构、组成人员和担任的职务。

第一款 本法条其一中所指的政党成员，应当在相应联邦单位内居住。

第二款 前述行为须根据党章的规定经政党领导人签字授权。

第三款 登记申请可以由相关人员直接报送国家选举委员会，或者通过相应联邦单位政府提交。

第十一条 根据上一法条，如果正在组建的是全国性政党，应当提交建立全国性政党所需的材料，并在履行这些程序时增加关于其地区行动的过渡性规定。

第十二条 国家选举委员会收到注册登记申请后，向有关人员提供回执，并在随后的五日内将该申请刊登在《共和国官方公报》和相应联邦单位的公报上。

在上述公告中，应表明任何公民都有权在相应联邦单位的政府秘书处，核查政党成员名单，要求取消被非法使用的某一姓名。为此，国家选举委员会应当向联邦单位政府寄送党员名单。国家选举委员会通过其代表或政府秘书，核对党员身份证信息，从而听取、检验与核实反对意见。

国家身份和侨民局应为任何旨在满足本条规定的需求提供服务。

如果政党的登记申请是通过地方政府提出的，政府秘书处应履行规定的手续，于指定期限内在官方公报上发布公告，向国家选举委员会报送除政党员名单以外的材料。国家选举委员会收到区域性政党的登记申请后，可以指定代表，负责监督和处理这些材料。

公示后三十日，政府向国家选举委员会报送包含反对意见在内的党员名单。国家选举委员会在收到名单的十五日内，对符合法律要求的政党，允许其注册。否则，在申请未被拒绝的情况下，返还申请，以书面形式告知反对意见。相关人员在随后的十日内，提交必要的新材料，以规范申请；国家选举委员会在收到对反对意见的答复后，于十日内加以解决。

第十三条 政党的注册登记申请无论通过与否，国家选举委员会都应在上一法条规定的期限内，将其决定通知相关人员，并发布在《共和国官方公报》和相应联邦单位的公报上。如果登记申请被拒绝，国家选举委员会应说明作出这一决定的理由。

第十四条 内政部可以向国家选举委员会反对任何政党的登记申请，并根据本法的规定指出理由。如果理由被拒绝，国家行政机关可以通过共和国总检察署，向最高法院政治行政法庭提起诉讼，该法庭将按照拒绝申请规定的方式和期限作出裁决。

第十五条 如果政党的登记申请被拒绝，可以在官方公报发布公示的十五日内，向最高法院政治行政法庭提出上诉。

该法庭应在接到上诉后的第十五个听证会作出决定；国家选举委员会和相关人员，都可以在前十次听证会中提出和援引其认为恰当的理由和证据。

在最高法院作出撤销国家选举委员会决定裁决的情况下，国家选举委员会应在法院作出裁决后的三日内办理政党的注册登记。

第十六条 成立全国性政党须在国家选举委员会注册登记。登记申请应当包含下列材料：

其一，建党文书、原则声明、政治行动纲领和章程各两份。一份存于国家选举委员会的档案中，另一份寄送内政部。

其二，证明至少在十二个联邦单位业已根据本法规定成立组织的真实证据。

其三，政党的标志和党徽的描述、图案。

其四，指明党的全国领导机构，组成人员及其担任的职务。

单独条款 前述行为须根据党章的规定经政党领导人签字授权。

第十七条 当地区政党决定合并以成立一个全国性组织时，除上一法条规定的材料外，应同时提交可靠证据，证明每个地区政党根据各自的章程，自愿变为全国性政党。

第十八条 国家选举委员会收到注册登记申请后，应向有关人员提供回执，并在随后的五日内将该申请刊登在《共和国官方公报》上。公告应表明，任何公民都有权对登记申请提出异议。

自公告之日起三十日内未收到合理的反对意见，并且国家选举委员会认为政党满足法律要求，应在此期限后五日内，办理政党的登记申请。

如果有人提出反对，相关人员须在二十日内提交其认为恰当的理由和证据，国家选举委员会在之后的十日内作出决定。

如果对国家选举委员会的决定有异议，提出反对的人或发起人可以在决定作出后的十日内，向最高法院政治行政法庭提出上诉。该法庭应在接到上诉后的第十五个听证会作出决定；国家选举委员会和相关人员，都可以在前十次听证会中提出和援引其认为恰当的理由和证据。

第十九条　政党的登记申请无论通过与否，国家选举委员会都应在上一法条规定的期限内，将其决定通知相关人员，并发布在《共和国官方公报》上。如果登记申请被拒绝，国家选举委员会应说明作出这一决定的理由。

第二十条　内政部可以通过国家选举委员会反对任何政党的登记申请，并根据本法的规定指出理由。如果理由被拒绝，国家行政机关可以通过共和国总检察署，依据第十八条最后一部分规定的方式和期限，向最高法院政治行政法庭提起诉讼。

第二十一条　自登记公示后，政党获得法人资格，可以根据自身政治目标，在全国或所在的联邦单位内开展活动。

第二十二条　如果全国性政党要在某联邦单位（在国家选举委员会注册登记前未在该联邦单位设立地方机构）建立地方机构，应当遵守本法第十条其三、其四、其五的规定。同时由政党的全国领导人担任代表。

第二十三条　在最近一次地区或全国性选举中提名候选人的公民团体，并获得发出的选票的百分之三，可以组建政党，获得注册，且无须满足本法第十条其一、其二的要求，但是应当达到满足政党的其他条件。

第二十四条　采用某种方式强迫具有从属关系的劳动者、雇员或公务员加入某一政治组织的，将处五百至两千玻利瓦尔的罚款或一定期限的拘留。

如果违法者是公职人员，还将受到撤职处分，自处罚之日起六个月内不得再次担任其他任何公职。

第三章　政党义务

第二十五条　政党的义务有：

其一，使政党行为符合经过注册的原则声明、建党文书、政治行动纲领和党章。

其二，根据本法规定，向相应选举机构寄送上一项涉及的文件修改后的副本。

其三，不得与军事或准军事组织存在直接或间接联系，不得作为其补充或附属单位，不得成为其编队或民兵组织，即使这些组织不使用武器，不允许使用表示或引起暴力的制服、符号或口号。

其四，不得接受以下来源的捐赠或补贴：公共组织，无论其是否为自治组织；外国公司或总部在国外的公司；特许经营公共工程的公司或使用国有资产提供服务的公司；外国政府和国外政治组织。

其五，整理会计文件，用以记录政党的收入和使用政党财富所做的投资。

据此规定，政治组织的全国领导机构和地方领导机构应当分别向国家选举委员会和州政府提交日记账、分类账、总账。这些账目应当进行装订并编好页码，选举职能机构或地方政府秘书应根据情况，在每份账目的第一页上标明日期并签名，在其后的页上加盖办公室的印章，并在十日内将账本返还相关人员。

这些会计账本以及各自的凭证应当从最后一次记录开始至少保存五年。

其六，每次通过书面形式告知国家选举委员会，政党最高领导机构的人员姓名和其担任的职务。在各州、联邦区和各联邦辖区，则应告知各地方政府，由地方政府将通知的副本寄送至国家选举委员会。

第二十六条　全国性政党应当在每个宪法规定的大选期开始的当年，按本法规定的建党方式更换其登记的成员名单中百分之零点五的人员。

单独条款　在相应的全国性选举中获得百分之一选票的政党，仅提交经相应选举机构核实的政党所获选票情况的证明。

该规定同样适用于地区性政党。

第四章　政党登记的撤销和政党的解散

第二十七条　政党的登记可因如下事由撤销：

其一，应政党根据自身党章提出申请。

其二，加入另一政党或与之合并。

其三，连续两次在宪法规定的大选期内放弃参选。

其四，经证实其注册登记是通过欺骗法律实现的，未能满足法律规定的要求，或其行动不符合法律准则。

在上述情况下，国家选举委员会将依自身职权或应内政部或其他政党的要求，取消本法第十四条和第二十条规定的程序。

在传讯有关政党之前，不得作出任何撤销其登记的决定。根据党章选出的政党代表人可以反对撤销政党登记的决定，提出和援引相关证据，通过书面方式阐述其认为恰当的辩护理由。该程序应在传讯后三十日内完成。如果达到截止日期没有提出异议，政党登记将被最终取消，并将该决定发布在官方公报上。

如果对该决定有异议，可以向最高法院政治行政法庭按照拒绝登记的方式提出上诉，同时，未作出最终判决之前，政党可以继续开展日常活动。

第二十八条　国家选举委员在官方公报以及其他该选举委员会认为必要的宣传机构中发布撤销政党登记的决定，但是，如果该决定由最高法院作出，则国家选举委员会不负责发布。

第二十九条　最高法院应国家行政机关的要求，审理并决定解散那些支持和发展系统性违宪活动的政党。

第五章　政治宣传

第三十条　政治组织有权通过任何思想传播媒介，在符合宪法和法律的约束条件下，采用书面或口头方式进行宣传。

第三十一条　通过安装在车辆或由其他任何交通工具搭载的扬声器进行政治宣传，应当提前告知相应的民事负责人，以便邀请公民参与公开集会或游行。

在选举期间应当遵守选举法的规定。

第三十二条　在私人建筑和住宅外部张贴海报、图片或其他政治宣传材料，应预先取得所有者的同意。不得张贴在公共建筑、纪念碑和寺庙上。

禁止将象征国家的标志或我国独立过程中的杰出人物的形象用于政党的政治宣传。

第三十三条　违反上述两则法条规定的人员将处一至十五日拘留，不妨碍其行为可能引起的诉讼。

第三十四条　政治宣传不得采用匿名方式，不得攻击人类尊严、公共道德，也不得旨在违反法律，但这并不限制对法律规定的分析或批评。

所有政治性出版物都应含有版本说明。

警察局有权没收违反本法条规定的所有宣传物或出版物，不妨碍肇事者可能承担的责任。

第三十五条　任何政党都不得使用报刊、广播电台、电视台和其他官方文化与传播媒体进行宣传。

第二编

第一章　公开集会和游行

第三十六条　共和国的所有居民有权在公共场所集会或游行，不受法律规定之外的其他限制。

第三十七条　私下集会不受本法规定的约束。

第三十八条　公开集会或游行的组织者应当至少提前二十四小时，准备两份文件，在工作时间，将集会或游行的地点、路线、日期、时间和总体目标告知辖区内第一民事职能机构。

民事职能机构收到文件后，应当在交给组织者的文件上加盖公章，批准集会或游行的地点、路线和时间。

第三十九条　如果有充分的理由担心在同一场所同时举行公开集会或游行将扰乱公共秩序，民事机构将通过上一法条中的通知发出者，要求组织者在距离足够远的地方或不同时间举行公开集会或游行。为此，最先报送文件的，可以优先选择地点和时间。

第四十条　为了履行上述两则法条的要求，民事职能机构应当严格按照时间顺序记录收到的公开集会和游行的文件。

第四十一条　州、联邦区和联邦辖区长官将定期在各自的官方公报上发布决议，公布不能举行公开集会或游行的地点，并提前听取政党的意见。

应政治组织的申请，在不影响公共秩序、自由通行和公民的其他权利的情况下，民事机构可授权在禁止的地方举行公开集会或游行。

单独条款　在选举过程中，优先执行选举法的规定。

第四十二条　主管职能机构负责公开集会和游行的正常进行，使其满足法律的要求。中断、扰乱、试图阻止集会或游行进行或为其设置障碍的，将处一至三十日拘留。

第四十三条　禁止政治性公开集会或游行使用制服。违者将处十五至三十日拘留，不妨碍这些活动可能引起的诉讼。

第四十四条　主管职能机构应当采取一切预防措施，避免公开集会或游行没有发布必要的通知，或者企图违反本法规定。

违者将被处以十五至三十日拘留，不妨碍可能引起的诉讼。承诺者也将受到相同处罚。

印刷厂、报纸、广播电台、电影院及其他任何宣传公司或机构的负责人不为政党主导的政治宣传负责，但是，民事职能机构宣布公开集会或游行的宣传违反本法要求的情况除外。在此情形下，将处五百至五千玻利瓦尔的罚款或相应比例的拘留。

第四十五条　对辖区内第一民事职能机构作出的任何决定，如果公开集会或游行的组织者认为是没有根据的，可向州、联邦区或联邦辖区长官申诉，他们必须在随后的四十八小时内作出决定。对此决定不满的，还可上诉至国家选举委员会，该委员会拥有优先决定权。

第四十六条　主管职能机构应解散试图阻止审议、政治、司法或行政机构正常运行的组织，以及企图制造混乱或阻碍自由通行的组织。被当场擒获的将处十五至三十日拘留，不妨碍可能引起的诉讼。

第三编

第一章　程　序

第四十七条　所有参与本法规定的某一程序的当局代理人，必须在政党机构或程序涉及的人员面前进行必要的身份确认。

第四十八条　第一编第五章和第二编第一章中涉及的处罚规定，由在案件发生地行使司法权的市级、区级或省级法官执行，在此之前，他们将根据刑事诉讼法第四百四十四条及其后法条规定的方式进行审判并作出裁决；对已宣布的判决的上诉，将在随后三日内由初审刑事法庭受理，对于审判权，不妨碍因为违反刑法的规定而作出的处罚。

第四编　过渡性规定和最终规定

第四十九条　得到法律认可的政党，如果以联盟形式或单独参加 1963 年 12 月 1 日的选举，并且在选举中获得议会议席的，在本法颁布后的六十日内在国家选举委员员登记后，可继续运行。为此，其地区或全国性领导机构须提出登记申请，须满足第十条其三、其四、其五针对地区性政党的要求、第十六条其一、其三、其四针对全国性政党的要求，以及本法第二十二条的要求。

本规定适用于上述政党和后来采用不同名称的政党，后者应当向国家选举法院作出说明。

第五十条　符合本法第二十三条规定情形的公民组织，参与 1963 年 12 月 1 日的选举的，可以根据规定注册政党。

第五十一条　在官方公报不能定期发行或不能根据本法规定的期限发行的联邦单位，可以在联邦单位发行的报纸上发布；如果没有流通的报纸，可以打印在纸张上，放在类似宣传物常见的地方。

第五十二条　在本法颁布后的三个月内，地方长官应当履行本法第四十一条的规定。

第五十三条　废除 1951 年 3 月 15 日第 120 号法令，这是委内瑞拉合众国政府发布的关于保障结社和集会权利的法令，于同一日刊登在官方公报第 23507 期上。

（于蔷　译，靳呈伟　校）

乌拉圭政党法[①]

第一章 政党

第一节 总 则

第一条 出于国家利益，宣布政党的存在及其自由运行，以巩固共和国的民主制度。

第二条 为此，国家将帮助政党支付如下开支：政党的运行，参与全国和省级选举（共和国宪法第七十七条第九项），参与党内选举（共和国宪法第七十七条第十二项）；在相应时刻，国家还将支付政党候选人参与第二轮选举的费用（共和国宪法第一百五十一条第一款）。

第三条 根据本法规定，政党是非营利性的公民组织，政党的组建是为了在其所有公开活动中集体采取政治行动（共和国宪法第三十九条）。

任何政党都不得成为个人、家庭或经济集团的财产。

在不违背共和国宪法和法律的一般性规定的前提下，每个政党都可以使用自主决定的内部结构和运行方式。

第四条 政党应当按照选举法院的有关条例，在该部门进行登记。

党内部门和党的选举名单，依据各自的组织章程，也应进行注册。

第五条 政党和党内部门的财产，应适时与党的组织章程认可、法律未

---

① 根据乌拉圭2009年第18.485号法律译出。

禁止的财物合并。

对通过政党基金获得的财产、党内部门财产或无偿取得的财产，都应进行清点，并以政党或部门的名义立公证书；只要是专门用于政党或党内部门特别活动的财产一律免征国家各类税收。

政党或党内部门全部不动产所有权的获得、负债、转让、行使，一律免征国家各类税收。

第六条　党内部门、政治团体、全国或省级竞选名单可以在国家金融系统内的任何机构开立银行账户，以完成自身目标，为此免征各类税收。

第二节　政党的创建

第七条　要求创建的政党创始人应亲自前往选举法院并提交以下材料：

其一，成立文书的原件或经过公证的副本，必须包含政党的名称、党的章程、党内临时职能机构领导人名单。

其二，至少得到在最近一次全国选举中登记的选民的千分之五的签名。他们明确表示支持计划成立的政党及其原则纲领。

其三，合法场所。

其四，原则宪章。

其五，任命两名或以上驻选举法院的代表，以办理后续手续。

第八条　登记申请提交之后，将在官方公报、另一全国流发行的报纸和官方网站上公示五个工作日，公示内容包括政党的名称或口号、政党临时领导人、合法办工场所，相关人员可以在其办工场所中获得政党原则纲领和党章。

任何在国家公民登记处注册的公民或个人，如有异议，应当在最后一次公示的十个日历日内向选举法院提出其反对意见。

收到反对意见后，抄件将被送至有关政党。该政党应当在上一法条中提及的代表接到通知后的十个日历日内处理相关意见。

抄件得到处理或达到截止日期后，选举法院应根据宪法第三百二十六条中规定的程序，在接下来的十五个工作日内解决争议。如果到期仍未解决，则视为拒绝接受反对意见。

反对意见被接受的情况下，如果可能，将责令有关政党作出相应整改；如果不能，则登记申请将被拒绝，所有情况都将通知有关政党。

对选举法院的裁决不满的，可以在收到通知后的五个工作日内提出上诉，在随后的十个日历日内得到解决。

上诉得到解决或上诉日期截止后，选举法院将在十五个工作日内决定是否接受政党的登记申请，并将结果告知有关政党。

如果政党登记申请获得通过，政党将具有法人资格，以实现本法规定的各项目标。

第九条　政党可以在任何时间申请登记。为了能够参加下一次全国选举，应按照选举法院的规定，提前提交申请。

第三节　政党的名称

第十条　每个政党都可以自主决定党的名称。但是，原始名称或衍生名称代表的标志或称谓可能与既有政党产生混淆的，不得使用。

第十一条　只有政党才能把自身的名称用于全国、省级和党内选举的竞选口号中。同时，政党有权使用不同于自身名称的口号，但这既不意味着政党放弃自身的名称，也不表示第三方可以使用该政党的名称。然而，每个政党只能注册一个名称，并且只有这个名称能够得到法律保护。该名称应在全国范围内使用，不能仅限于省级范围。

上述“口号”，是指 1925 年 1 月 16 日第 7812 号法律第九条规定的内容。

政党名称的使用应当始终遵从政党领导人的决定。

第四节　基金会的建立

第十二条　政党、党内部门或选举小组可以建立或参与基金会，唯一目的是推动学术、文化、教育和思想传播活动，以及资助关于全国、地区和国际现实问题的研究报告和项目。

对于本节未涉及的情况，根据前文成立的基金会应当遵守 1999 年 9 月 1 日第 17163 号法律中规定的制度。

第十三条　旨在完成上一法条规定目标的基金会，可以从下列渠道获取资金：

其一，国家，如果有相关法律规定。

其二，作为赞助者的政党。

其三，国家或国际基金会。

其四，国际合作组织。

其五，符合本法限制的自然人或法人。

第十四条　本节规定的基金会不得向政党捐赠或转让资金，并且禁止为竞选宣传谋取资金。

在不违反本法第十二条规定的前提下，如果对基金会进行清算，剩余财产不得委托给政党。

第二章　选举活动

第一节　竞选负责人

第十五条　通过党内选举或相应的大会选出的总统候选人，应当至少在全国选举日期三十日前向选举法院提交面向民众的执政方案或竞选纲领。

在收到相应方案的十日内，选举法院应在官方公报和官方网站上进行公示。

第十六条　上一法条中提到的候选人应在宣布参选的十五日内组建至少由三名党内负责人组成的竞选委员会。

竞选委员会成员在遵守本法方面是共同负有连带责任的负责人，在本法赋予的权限内活动；根据本法第三十四条的规定，在提交对账表之后的一百二十日内停止活动。

第十七条　竞选委员会应当对竞选活动进行专门的会计登记，记录收到的所有捐助（无论来源、性质、公共或私人捐助）和开支，并提供相关文件证明登记信息的真实性。

对国家资助权利的转让，都应进行竞选会计登记。

在每一次选举日的三十日前，竞选委员会需向选举法院寄送所收到的捐赠和资助情况，并指明来源。

第十八条　参议员、众议员和地方议会议员候选人名单的竞选负责人是位于名单前两位的人员，他们应当履行本法第十七条中竞选委员会的义务。

第十九条　地方长官候选人应当履行本节中共和国总统候选人的全部义务。

第二节　公共资助

第二十条　国家对全国性选举开支的资助，总统候选人获得的每一张有效票都能得到价值相当于八十七个指数单位的乌拉圭比索，对第二轮选举的资助为每张有效票十个指数单位的乌拉圭比索。

在省级选举中，每位市政长官候选人得到的每张有效票所获的资助为十三个指数单位的乌拉圭比索。

党内选举中，候选人得到的每张有效票获得的国家资助将增长到十三个指数单位的乌拉圭比索。

第二十一条　共和国总统候选人获得的资助总额应按如下方式和比例分配：

其一，百分之二十分配给共和国总统候选人。

其二，百分之四十在政党参议员候选人名单之间分配，将相应份额交给每份名单上的第一顺序人。根据每份参议员候选人名单获得的选票数量按比例分配。

其三，百分之四十在政党众议员候选人名单之间分配，将相应份额交给每份名单上的第一顺序人。根据每份众议员候选人名单获得的选票数量按比例分配。

第二十二条　在第二轮选举中，每位候选人应得的资助，将全部交给本人。

第二十三条　每个政党的市政长官候选人应得的资助总额按如下方式和比例分配：

其一，百分之六十分给每个政党的市政长官候选人，根据所获的选票数按比例分配。

其二，百分之四十在政党的省议会议员候选人名单中进行分配，相应份额交给每份名单的第一顺序人。根据每份名单所获的选票数按比例分配。

第二十四条　候选人在党内选举中获得的资助总额按如下方式和比例分配：

其一，百分之四十分给政党名单中的主席候选人。

其二，百分之四十在针对全国机构预选的候选人名单中分配，相应份额交给每份名单的第一顺序人。根据每份名单的选票数按比例分配。

其三，百分之二十在针对省级机构预选的候选人名单中分配，相应份额交给每份名单的第一顺序人。根据每份名单的选票数按比例分配。

第二十五条　本法第二十条涉及的国家资助金将存放于乌拉圭东岸共和国银行的特殊账户内。

乌拉圭东岸共和国银行，应根据选举法院公布的选举结果，将相应金额交给本法第二十一条至第二十四条中的指定人员。

上述人员可以通过授权书，其上含有经过公证认证的本人签名，授权他人代理领取乌拉圭东岸共和国银行发放的上述资助。

第二十六条　本法第二十一条至第二十四条中规定金额的百分之八十，将在选举结束后的十五日内发放。

剩余百分之二十将在选举法院宣布选举结果后的三十日内发放，并且直至本法第四节中的要求得到满足后才能正式发放。

第二十七条　本法第二十一条至第二十四条涉及的人员可以全部或部分转让领取相应资助的权利，交给乌拉圭东岸共和国银行、机构、私人企业或自然人。

权利转让应当通过乌拉圭东岸共和国银行确定的方式，由受让人告知银行。

第二十八条　在选举之前的六十日内，乌拉圭东岸共和国银行可以根据本法第二十一条至第二十四条的规定，向本法第二十条涉及的候选人预付其预计会获得的资助金额的至多百分之五十。

为确定上述比例资金的额度，乌拉圭东岸共和国银行首先应当考虑政党、党内部门或候选人名单在上一次全国或省级选举中获得的选票数。

其次，如果有相关规定，或者对受益人更有利，则按照在党内选举中获得的选票来计算比例。

本条第一段涉及的预付金额将不计算利息。

为此，乌拉圭东岸共和国银行应向选举法院通报预付款项的细节和金额。

该银行在掌握的材料不足以支撑本条第一段所指的估算时，可以拒绝预付资助金。相应决定要有根据。

第二十九条　乌拉圭东岸共和国银行提前预付的上一法条中规定的金额，将从受益人领取的总金额中扣除。

第三十条　如果政党最终获得的本法规定的资助金额不足以涵盖预支的金额，乌拉圭东岸共和国银行可以依法采取有关行动，收取差额。

第三节　私人资助

第三十一条　每个捐赠人给予每个政党、党内部门、候选人名单以竞选为目的的捐赠不得超过三十万个指数单位，并且始终采用记名方式。因此，捐赠者的姓名和其他身份信息都应当详细登记。

登记服务或物质捐赠时，除了捐赠者的姓名，还应记录捐赠物的估值。

任何情况下都不得对捐赠做纳税扣除。

如果捐赠来自参与选举的候选人，其金额可以是本法条第一段规定金额的三倍。候选人名单上的第一顺序人不受这一条件的限制。

第三十二条　本法规定的竞选活动所获的捐赠或资助，都应存放在为竞选活动筹资而特别开立的银行账户中。

第四节　对选举活动的监管

第三十三条　竞选委员会必须在全国性选举开始的三十日前，向选举法院提交竞选初步预算，包括一般性支出和收入，以及到目前为止所获捐赠的详细情况。

第三十四条　在选举结束后的九十日内，竞选委员会应当向选举法院提交对账表，详细说明竞选活动的收入和支出，以及所用资金的来源。

参加第二轮选举的候选人，除了规定的期限，额外有三十日，用以补充对账表。

第三十五条　参议院、众议院和省议会候选人名单的竞选负责人也应当履行相同义务。

第三十六条　向选举法院提交的对账表是公开的，任何人都可以查阅，没有任何限制。同时，对账表的简介将刊布在官方公报和官方网站上。

第三十七条　只有已经提交对账表的政党才能获得本法第二十六条第二段规定的国家资助金。

第三十八条　如果竞选负责人在本法规定的期限内未提交对账表，每延迟一日，将罚款五千个指数单位，直至确认其提交对账表。罚款由选举法院执行，法院有权在受罚的负责人未上缴罚款时，扣留违法的候选人名单应得的国家对其参选所给予的资助金，或者扣留其日常所获捐赠。

第三章　运行成本

第一节　国家日常资助

第三十九条　国家每年将向在议会中拥有议席的政党提供一笔资助金，政党在最近一次全国性选举中所获的每张选票都将得到相当于四个指数单位的资助。这笔资金由立法机关按照指数单位计算，分成十二个月，连续等额发放。

政党领导机构每月向党内部门和候选人名单（两者都在议会中拥有议席）分发收到的资助金，预留不低于百分之二十的金额用于政党的运行。

第四十条　本法第二十条和第三十九条规定的开支由国家直接税收收入负担。

第二节　私人资助

第四十一条　自然人或法人给予政党、党内部门或候选人名单的捐赠，用于维护其日常运行的，应当遵守本法规定的条件和例外情况。捐赠必须在政党、党内部门或候选人名单的会计账目中进行登记，任何情况下都不得对捐赠做税收扣除。

登记服务或物质捐赠时，除了捐赠者的姓名，还应记录捐赠物的估值。

第四十二条　自然人向政党的财务部门或党内部门进行捐赠，用于其日常运行的，经过明确授权后，该捐赠将具有自然人合法减少个人财产的性质。

第四十三条　每个捐赠人给予政党、党内部门或候选人名单的捐赠不得超过每年三十万个指数单位，并且始终采用记名方式，上一法条规定的特殊情况除外。为此，捐赠者的姓名和其他身份信息都应准确登记。

当捐赠者是政党的全国或省级机构、党内部门或候选人名单的成员，或者为参议员、众议员、地方长官、地方议会议员或部长，其捐赠金额可以是上一段落规定数额的三倍。

政党的资金应当存放在以政党、党内部门或候选人名单名义开立的银行账户中，由组织章程或基层组织决定的领导机构管理。

第四十四条　特许经营公共服务的公司，通过直接签订合同或中标的方式与国家保持合同关系的，可以向政党、党内部门或候选人名单提供捐赠或资助，总额不得超过每年一万个指数单位。

在不违反前述规定的情况下，这些公司可以免费提供特别服务和物品。

本法第二章第三节涉及的资助或捐赠应当遵守此处规定的限制。

第四章　禁止和惩罚

第一节　禁　止

第四十五条　政党、党内部门或候选人名单不得直接或间接接受：

其一，无记名的资助或捐赠，金额不超过四千个指数单位的除外。任何情况下无记名捐赠的总额都不得超过年度对账表中总收入的百分之十五。

其二，犯罪组织或非法协会的资助或捐赠。

其三，特许经营或中标的公共工程企业的资助或捐赠。

其四，职业协会、行业协会、工会或劳动协会等的资助或捐赠。

其五，外国政府、组织或基金会的资助或捐赠。

其六，处于行政隶属或依赖关系的捐赠人，受其上级领导的指使或强迫，作出的资助或捐赠。

其七，非国家公众人物的捐款或捐赠。

第二节　处　罚

第四十六条　政党、党内部门或候选人名单违反上一节有关规定的，将处以非法所得捐赠、资助或未登记开支金额的两倍的罚款。该金额可以从其参与全国、省级或党内选举获得的资助，以及根据本法第三十九条规定获得的资金中扣除。

如果违反本法第四十四条和第四十五条其一、其二、其三、其四、其七的有关规定，捐赠人将被处以非法所获捐赠金额二至十倍的罚款。

第四十七条　任何政党、党内部门或候选人名单如果多次违反本法有关规定，选举法院有权停止发放本法第三十九条规定的资金，为期至多一年。

第四十八条　如果违反本法第四十四条、第四十五条其三的规定，选举法院应向准许服务特许经营或判定工程中标的国家机构通报相关情况，该机构为了维护国家利益，应当：

其一，如果是工程项目，该公司及其负责人将不再被列入今后的中标范畴加以考虑。

其二，如果是服务特许经营，在收到选举法院通知的 180 日内宣布特许经营不可靠或失效，且不妨碍上一项的处罚规定。

第四十九条　本节中的有关处罚，由选举法院依其职权或根据有充分依据的检举执行。

最终裁决如果包含罚金处罚，将强制执行。

第五十条　收到检举或依法决定启动程序后，选举法院将采取其认为合适的行动，进行调查和搜集证据。为此，选举法院将向民事法官申请对被检举人解除 1982 年 9 月 15 日第 15322 号法令第二十五条规定的银行保密制度。一旦银行保密制度被解除，金融机构应当向选举法院提供其所需的全部信息，包括政党、党内部门、候选人名单、领导人、私人和企业捐赠者的银行账户。

上述调查结束后，相关的检举人和被检举人可以在十日内查看调查结果，要求扩大调查，其意见在裁决作出前将被听取。

结束调查之后，如有必要，上述结果将被依法移交刑事司法机关。

第五章　会计账目和对账表

第五十一条　在不影响记录和保存组织章程规定的文书和文件的前提下，每个政党应定期记录和保存下列经选举法院公证的文书：

其一，财产目录。

其二，现金出纳账，由专业人士审计并签名。

其三，资助和捐赠。

第五十二条　在日历年结束的一百二十日内，政党应向选举法院提交详细的年度收入和支出对账表。

第五十三条　选举法院收到对账表后，应在官方公报和官网上进行为期一日的公示。

第五十四条　如果政党未能在本法第五十二条规定的期限内报送对账表，选举法院将停止支付本法第三十九条规定的资金，直至政党满足要求。

（于蕾　译，靳呈伟　校）

智利政党组织法[①]

第一篇 政党、政党特有活动和政党行动范围

第一条 政党是由怀有共同执政理念的公民自愿组成的团体，具备法人资格，其目的是推动宪政民主体制的运转，在治国理政方面发挥合法影响力，以实现共同福祉和服务国家利益。

第二条 政党特有活动仅指帮助其候选人以合宪方式获得民选公职的活动。政党可因此并以实施其纲领原则和准则为目标，依相应组织法规定的方式参与选举和投票过程。同时，政党还可借助一名根据选举委员会规定的形式合法委任的派驻代表，参与 18.556 号法律规定的注册登记活动，该代表仅有发言权。

此外，政党还可：

第一项 向本国居民展示其原则宣言、政策及治国纲领；向本国居民和宪法和法律规定的职能机构展示其在公共事务方面的倡议和行动标准。

第二项 应参议员和众议员的要求对他们开展的工作予以配合。

第三项 推动培养公民承担公共责任的能力。

第四项 开展对上述活动具有补充作用且不受宪法或法律禁止的其他活动。

上几项的规定并不妨碍自然人成为独立的民选公职候选人，也不妨碍这

① 根据智利 1987 年第 18.603 号法律译出。

些自然人或其他法人向本国居民或宪法和法律规定的职能机构展示其在治国和其他公共事务方面的标准，或开展第二条第二项和第三项涉及的活动，前提是在其可及范围内和正常情况下不会影响一个具有政党特点的组织的实际运转。

政党应始终捍卫国家的主权、独立和团结统一，帮助维护国家安全、智利传统核心价值观和社会和平。不得在行动上屈从外来或国际政治组织以及外国政府或外国利益。

政党不得对宪法和法律规定的职能机构行使其专有职权、行业组织或其他中介团体的运转以及其领导人的更替进行干涉。

政党也不得参与共和国政治宪法第一百零七条涉及的社区公民投票。

第三条　只有在本国行政划分中的至少八个大区或至少三个地理位置相邻的行政大区合法成立的政党才能作为政党存在。

第二条第一项所涉政党活动的行动范围应以其依法成立的所在大区为限。

第二篇　政党的创建

第四条　政党一旦在政党登记处完成注册登记即合法成立，并从登记注册之日起享有法人资格。

第五条　欲成立政党的组织应至少包含一百名已在选举登记处完成注册登记且不属于其他既有或在建政党的公民，并发布一份含有以下内容的公告：

第一项　参与者的个人情况。

第二项　成立政党的意愿声明。

第三项　政党名称，以及名称缩写、口号和党徽的文字描述（如有）。

第四项　原则宣言。

第五项　章程。

第六项　分别依照第二十四条和第二十八条组成的临时中央领导机构和最高法院的人员名字和姓氏；一个为这些人员所共用的地址，以及在政党注册登记之前因去世、弃权、永久性或临时性障碍等原因而替换、取代这些人员的规范。组成临时中央领导机构和最高法院的人员应集体签署本条所涉的公告。

在签署公告的同时，还应将政党的党徽、名称缩写和口号（如有）的范本列入草案。

政党的临时中央领导机构应在公告签署后的三个工作日内把一份经认证的公告和上一段所涉草案（如有）的副本以及一份包含本段所涉内容的摘要方案上交给选举委员会长官。若公告包含本条第一段指出的全部内容，选举委员会长官应在接受上述材料后的五个工作日内将包含第三项和第六项内容的一份公告摘要、一份原则宣言概述以及公告签署地点、日期和公证内容发布在官方公报。若公告未包含本条第一段指出的全部内容，则选举委员会长官应责令其补交。发布费用应由政党临时中央领导机构承担。

自发布之日起该政党即处于在建状态，可通过社会媒体传播其党派理念和纲领、号召公民入党、说明入党方式和期限。

在建政党的管理和临时资产清算应由其规章规范。

第六条　在建政党拥有二百日的期限处理其成员入党事宜。加入该政党的已在选举登记处注册登记的公民人数，应不少于在该政党成立组织的每个大区参与上一届众议员选举的选民总人数的百分之零点五，选民总人数由选举法院计票得出。

加入在建政党的操作方式为由已在选举登记处注册登记的公民在相应大区的公证员面前签署声明，若该公民住址所在社区没有公证员则可在民事登记处官员面前签署声明。

该声明可为个人或集体形式，应包含每个入党人的全名、姓氏、住址、出生日期和身份证号。每个入党人应在见证人面前亲自证明其在相应大区选举登记处登记注册的公民身份，并宣誓未曾加入其他已注册或在建政党，以及没有正在参与或曾在过去的二百四十日内参与组建一个政党。

临时中央领导机构可无须表明理由地拒绝接纳任何已签署本条所涉声明的申请入党人。入党被拒的公民在任何情况下都不被视为该政党成员。

第七条　当符合第五条和第六条的要求，且在本国行政区划中的至少八个大区或至少三个地理位置相邻的大区集齐了上一条所提及的入党人数以后，在建政党可向选举委员会长官申请在政党登记处启动政党注册登记。申请应经在建政党的主席和秘书签字。

若在建政党在超过第六条第一段所涉期限后的三日内未能符合上一段规定，则其注册登记权利被解除。公证员应遵照选举委员会长官的要求，在相关公告的边白处注明该情况。

注册登记申请应按照选举委员会长官发布的指示所规定的方式，附有第六条所涉声明的原件或一份经公证员公证的复印件。党员名册的制作应依据这些声明。

第八条　一个政党的全名、名称缩写、党徽和口号不可与已注册或在建政党存在雷同或书写、发音方面的相似，亦不可采用或参考健在或已故人士的名字。

以下内容被禁止作为政党的名称、缩写、党徽或口号：

第一项　共和国的国徽、口号或国旗。

第二项　人物或可识别的健在或已故人士的照片或形象复制品。

第三项　违反道德、良好习俗或公共秩序的形象。

第四项　被公认为代表违背宪法或法律的党派、集团、运动、宗旨、行动或行为的、起源于本国或外国的旗帜、制服、形象、词汇或短语。

第九条　选举委员会长官应在收到注册登记申请以及第七条所涉附件后的五个工作日内在官方公报上予以公布，由在建政党承担费用，公布内容应包括政党的名称、名称缩写、党徽和口号（如有）、建党公告的公证内容和签署日期。

一个政党的任何党员均可自费要求选举委员会长官在三个工作日内向其寄送经授权的其所属政党党员名册的复印件。

第十条　任何已注册或在建政党可对其他政党的组建提出反对意见，但该政党的组建过程不会因此被暂停。所提反对意见应符合《民事诉讼法典》第二百五十四条和第二百五十五条的规定，为书面形式，经提出反对意见的政党的主席签名，于第五条第三段所提及的发表日期起计的一个月期限内提交给选举委员会长官。提出反对意见的政党应被视为涉事方之一。

选举委员会长官应通过挂号信向在建政党的主席告知收到反对意见的事宜，附上上一段所涉反对意见书的副本，并在涉及该事的档案文件中存证。被反对的政党拥有十个工作日的时间在不违反《民事诉讼法典》第二百五十八条第二段和第二百五十九条规定的情况下对该通知进行回复。回复内容应遵照《民事诉讼法典》第三百零九条。

若选举委员会长官认为有必要根据《民事诉讼法典》第三百一十八条的规定开启一段测试期，则应在不超过十五个工作日的期限内发布该决定。

在第二段所涉及期限或测试期（如有）到期后的十五个工作日内，选举委员会长官应通过有理有据的决议表明接受或驳回反对意见书，该决议应在三个工作日内发表于官方公报。该判决结果应遵从《民事诉讼法典》第一百七十条的规定。

第十一条　同理，任何已注册或在建政党可以以不符合第三条第一段规定或建党所需人数要求为由对第七条所涉申请提出反对意见。反对意见应遵循上一条规定的相同规范，于自第九条第一段所示公布日期起计的一个月期限内提交给选举委员会长官。

第十二条　不论是否存在反对意见，在上文规定期限到期后的十五个工作日内，选举委员会长官应通过有理有据的决议表明接受或驳回第七条所涉申请，该决议应在三个工作日内公布在官方公报上。

若存在反对意见，则应在上一段所涉决议里进行判决。

第十三条　对反对意见的接受或驳回只能根据相应情况，以不符合第三条、第五条、第六条、第七条、第八条、第十八条和第四篇中的任意一条规定为依据。

申请者或提出有效反对意见的已注册或在建政党中的任何人可向选举法院就关于接受或驳回申请或反对意见的决议提起诉讼。该诉讼应在相关决议发表后的五个工作日内以书面形式向选举委员会长官提出，判决结果应在三日内寄送给选举法院。

第十四条　若建党申请被接受，且没有发生诉讼或诉讼遭选举法院驳回的情况，选举委员会长官应即刻毫无延迟地启动该政党在政党登记处的注册登记，注明该政党合法成立所在的大区。

若选举委员会长官未在三个工作日期限内执行上一段所涉注册登记，政党主席可向选举法院申请在不损害选举委员会长官责任的情况下勒令其执行注册登记。

若选举委员会长官未批准建党申请，且没有发生诉讼或诉讼遭选举法院驳回的情况，选举委员会长官应毫无延迟地下令归档该申请。

第十五条　在建政党，若其建党申请遭最终决议驳回或针对它的反对意见被接受，可对决议所依据的不足进行弥补，并以之前提交的材料和能证明其不足已得到弥补的材料为基础重新提出申请。该申请应在收到上述最终决议通知后的两个月时间内提交，并遵照第九条至第十四条的规定。

若新申请最终被驳回，则该政党不得再次申请。

为弥补不足，在建政党的临时中央领导机构有权修改政党的名称、名称缩写、党徽、口号或章程，对法律要求的大区入党人数进行补充，只要所缺人数不大于第六条第一段所要求的最低人数的百分之十。

第十六条　只有在候选人提交期限届满前或在投票公告日之前（视情况而定），在政党登记处完成注册登记的政党才有权行使政党在选举和投票方面的权利。

政党可在不同于之前合法建党所在大区的其他大区内开展本法第二条第一段所涉及活动，前提是它已向选举委员会长官证明已在其中的每个大区集齐本法第六条第一段所规定的入党人数，证明方法为把本法第六条和第七条规定的入党声明附在申请书后。选举委员会长官应在随后五个工作日内在官方公报发布一份该申请书的摘要，费用由该政党承担。

可遵照本法第十一条规定对该申请提出反对意见。

若该申请被最终接受，选举委员会长官应发布一份有理有据的决议表明该政党合法成立所在的新大区。该决议应在三个工作日内发布在官方公报上，并被加注在政党登记处的该政党注册登记文件的边白处。

第三篇　入　党

已在选举登记处注册登记的公民才可加入政党。但是，武装部队，公共秩序和安全部队的成员，各级司法机关、公共事务部门、选举法院和选举委员会的公务员和员工，不得加入政党。

已加入一个政党的人员若加入上一段所提及机构，其党员权利将被终止。

上述情况中的人员应在就职前宣誓声明自己是或不是一个政党的党员。宣誓后相关机构或组织应将情况告知选举委员会长官，由选举委员会长官告知相关政党，该政党应取消其党员资格。

作出虚假声明的人员应被判以《刑法》第二百一十条规定的刑罚。

正在履行兵役义务的公民不得加入任何政党。若服公民兵役之前已入党，则其作为党员的权利和义务将在服兵役期间被暂停。

任何公民不得加入超过一个以上的政党。在加入其他政党前应明确放弃之前的党员资格，否则新发生的入党无效。

一个政党的所有党员可在任何时候退党，无须表明原因，只需要向政党主席或选举委员会长官提出退党即可脱党。后一种情况，选举委员会长官应用挂号信告知政党主席。

政党一旦在政党登记处完成注册登记，在不违反本法第六条、第十五条第二段和第十七条规定的情况下，入党应根据其党章规定的手续操作。

第二十条　政党有义务应大区要求对其全体党员的登记进行一次全面更新，向选举委员会长官提供一份登记副本，并告知各种原因导致的入党、退党新情况。

第二十一条　政党不得下令或要求共和国总统、国家部长、秘书部部长、大使、区长、省长、市长、区域发展委员会和社区发展委员会成员以及受共和国总统特殊信赖的公共事业部门的公务员履行其党员职责。该限制依法执行和终止，在上述人员任职期间内有效。

第四篇 政党的内部组织

第二十二条 每个政党的组织和运行应由其规章规范，其规章在所有情况下必须符合本篇的规定。

第二十三条 政党内所成立的组织机构应至少包括一个中央领导机构、一个总委员会、一个区委员会和一个最高法院。

除最高法院以外的上述机构的当选成员应至少每三年更新一次。

全国或地区领导机构、行会或工会高级管理部门的职位与一个政党的中央领导机构、区委员会或最高法院的职位不兼容。受该不兼容性影响的人员应在受命担任产生该不兼容性的职位后的三日期限内在两个职位中作出选择。在未做选择的情况下，应终止其所任的前一个职位。

第二十四条 中央领导机构应至少包含主席、秘书和司库的职位，他们同时也是党的主席、秘书和司库。主席负责根据党章领导党的政治管理，是政党的法律和法外代表。

中央领导机构应由党员或总委员会成员根据党章规定选出。若中央领导机构成员放弃职位或因法律或党章规定而无法任职，应根据党章所规定的形式更替。

第二十五条 中央领导机构应至少负有以下职能和义务：

第一项 遵照其章程、纲领和总委员会的指导方针领导全党。

第二项 管理政党财产，向总委员会提交年度收支账目。

第三项 向总委员会报批党内纲领和规章。

第二十六条 政党应设立一个由其参议员、众议员和各个区委员会在其成员中选举出的一定数量的委员组成的总委员会。总委员会每年应至少集合开会一次。

总委员会具备以下职能：

第一项 指定最高法院成员。

第二项　向党主席发布指导方针，就政党发展中的所有方面达成协议。

第三项　批准或驳回结算账目。

第四项　向党员建议修改原则宣言、改进党章、解散政党、与其他政党合并、批准或撤销在国会选举中的竞选联盟、提名共和国总统候选人、适时宣布共和国总统候选人。

第五项　批准或驳回依本法第三十一条所提的建议。

第六项　要求党主席召集党员依照第二十九条宣布议事。

第二十七条　政党应在其依本法建党所在的各个大区创立区委员会。各区委员会应至少由一名主席、一名秘书和一名司库组成。区委员会成员应由相应大区的党员选出。

被选举为区委员会委员的人必须已在该区的选举登记处注册登记。

第二十八条　政党应设立一个最高法院，其成员由总委员会选出。

最高法院应在其成员中指定一名主席和一名副主席。同时还应任命一名具有法官性质的秘书。

除了本法或党章赋予的职能以外，最高法院还应具备以下职能：

第一项　解释章程和条例。

第二项　处理政党内设职能部门或机构之间发生的权限问题。

第三项　审理认为政党内设职能部门或机构的行为违反原则宣言或党章的投诉，并对该行为产生的后果采取必要的纠正和弥补措施。

第四项　审理对党员（不论该党员是否在党内职能部门任职）违反纪律、原则宣言或党章的行为，或影响政党利益或声望的不当举动的举报，并实行党章规定的纪律处分和恰当的审理措施。

第五项　监督党内选举和投票的良好运转，并为此发布相关的总体或具体指导。

第二十九条　总委员会提出的关于原则宣言修改、党章改进、政党解散、与其他政党合并、竞选联盟的批准或撤销、共和国总统候选人提名的建议，应由全体党员批准。

对政党名称、原则宣言的修改和对党章的其他改进，同样受本法第六条之外的关于建党手续要求的规范。相关公告应经政党主席和秘书签署。

第三十条　总委员会关于本法第二十六条第一项和第四项的协议以及本法所涉的、由党员参与的所有投票和选举活动，应采取或执行个人、平等、保密的投票选举制度，并由选举委员会长官所指定的见证人见证。被指定的见证人应由公证员或在无公证员的情况下由社区民事登记处的官员担任。

关于召集、举行选举和选票统计实施的规范应构成党章的组成部分。

第三十一条　政党的党章中应包括关于由总委员会在区委员会的建议下指定或支持参议员和众议员候选人的规范。由相应各区委员会负责组织参议员和众议员候选人的选举。

已就竞选联盟达成协议的各政党可在经其总委员会根据上一段规定批准的人选中推选出候选人，不论候选人是党员还是独立人士。

第三十二条　在任何情况下，政党不得命令其参议员和众议员投票，也不得对其参议员是陪审员的案件提建议。

第五篇　政党资金

第三十三条　政党收入应由党员上交的常规或非常规党费、捐赠、指定政党受益的遗嘱分配及其资产的收益和利润组成。

已注册政党或在建政党的收入只能源于本国。

第三十四条　本法规定政党应持有一份收支总账簿、一份财产清单和一份结算账目，并保留可证实这些记录的所有文件资料。

选举委员会长官经咨询选举法院，应就账簿清单的管理和账目的结算方式发出全面、统一的指示。

选举委员会长官应每年（按日历）至少索要一次账簿清单和所附文件资料以进行查验、审查，并遵照选举委员会的规范保留其副本以方便公众查阅。

第三十五条　政党应每年（按日历）结算一次账目，并将该结算账目提交给选举委员会长官。若选举委员会长官认为账目里有需要澄清的地方，会要求该政党提交相关信息和背景资料，该政党应在其规定的合理时限内提供这些信息和背景资料。

若结算账目同账簿记录不一致或含有明显错误或遗漏，选举委员会长官可驳回结算账目。若对结算账目无异议或异议已解决，选举委员会长官应下令把结算账目刊发在官方公报上，相关费用由政党承担。

结算账目遭驳回的政党可在被通知后的十五个工作日内就选举委员会长官驳回结算账目的决议向选举法院提起诉讼。

第三十六条　由本法规定的关于政党成立或合并的程序所引发的文件（包括本法第五条、第六条和第七条所涉的文件以及与修改政党名称、原则宣言和党章相关的文件）和行动全部免税。

根据本法执行的、金额不多于三十个月度税收单位的捐赠无须办理法律认证手续。

金额不超过上一段所示的党费、捐赠和指定政党受益的遗嘱分配全部免税。

第六篇　政党的合并

第三十七条　所有政党均可遵照以下条款的规定同另外一个或几个政党合并，无须重新履行第六条第一段规定的要求。

第三十八条　关于合并的建议或倡议必须事先得到每个政党总委员会的批准。若总委员会予以批准，政党主席应根据本法第二十九条和第三十条所规定的程序召集党员宣布合并事宜。

若党员对政党合并和原则宣言提议表态支持，则相关政党的中央领导机构有权同其他党派协商包括新政党的章程在内的合并条件。该协商结果在未经各政党的总委员会批准前无法生效。

若该合并提议涉及两个以上的政党，但不是每个政党都最终通过合并提议，则合并可缩减为在已通过合并提议的政党之间发生，只要其各自总委员会对该情况明确表示接受。

第三十九条　就政党合并达成一致后，被合并政党的主席们应以书面形式向选举委员会长官联合申请注册登记合并形成的新政党，并取消被合并政党的旧注册登记。

在此之前，各政党主席应签署一份包含本法第五条第二项和第六项内容的公告，公告中须刊登可证明符合本法第三十八条所规定要求的文件，同时将标识新党的党徽、名称缩写和口号的范本列入草案（如有）。

公告签署后的三个工作日内，应将公告、草案和包含本法第五条第三项和第六项内容的摘要方案的经认证副本提交给选举委员会长官。若该公告包含了上述所有内容，则选举委员会长官应在收到材料的五个工作日内将合并公告摘要和原则宣言概述发表在官方公报上，本法第十条、第十二条、第十三条和第十四条的规定对该情况适用。

第四十条　选举委员会长官只可以不符合本法第三十八条和第三十九条规定为依据驳回政党合并申请。

第四十一条　合并形成的新党自在政党登记处完成注册登记后起享有法人资格，并在所有法律情况下继承被合并政党的财产权利和义务。在新政党注册登记之前加入被合并政党的所有公民应被视为新政党的党员。

第七篇　政党的解散

第四十二条　政党在以下情况解散：

第一项　遵照本法第二十九条规定，由总委员会提议解散政党，党员对此达成一致。

第二项　没有在至少八个大区或至少三个相邻大区（视具体情况而定）内的各大区众议员选举中获得有效选票的百分之五。

第三项　同其他党派合并。

第四项　在至少八个大区或至少三个相邻大区（视具体情况而定）中的

各大区，其党员总数减少至不满本法建党人数要求的百分之五十。应在每次众议员选举过后更新最低党员人数。

第五项　在政党注册登记后的六个月期限内没有成立本法第二十四条、第二十六条、第二十七条和第二十八条所规定的内部机构。

第六项　本法第四十七条和第五十条第二段规定的情况。

第七项　宪法法院根据宪法第十九条第十五项第六段和第八十二条第七项的规定，宣判政党违宪。

上文第二项规定的比例，竞选联盟中候选人所获选票仅归其所属政党。

若一个政党在一个或多个大区内遇到本条第二项规定的情况，但推选出至少四名议员（不论是参议员或众议员），则可保留其政党资格和在其之前合法建党所在的大区开展第二条第一段所示的活动。若政党在一个或多个大区内遭遇本条第四项规定的情况，但仍维持本法要求的最低人数，则可保留其政党资格，但不可在党员人数下降超过百分之五十的大区开展第二条第一段所示的活动。选举委员会长官应把该情况加注在政党登记处该政党注册登记文件的边白处。

第四十三条　政党合法解散的正式手续为在政党登记处取消其注册登记，应由选举委员会长官依职权或应任何公民的要求执行该手续。在上一条第二项的情况下，取消手续应在选举法院的宣判和全体计票结果被告知选举委员会长官后的九十日内执行。政党在该期限内可进行合并，应将该情况告知选举委员会长官。

同时，在上一条第四项的情况下，在选举委员会向政党主席援引数字说明其党员减少情况后的八十日内，只要在此期间没有产生足以把党员人数补充至建党所需最低要求的新入党注册登记，选举委员会长官将履行职权取消该政党的注册登记。

可向选举法院就选举委员会长官取消政党注册登记的决议提起诉讼，上一条第六项和第七项的情况除外。

第四十四条　当宪法法院判定一个政党违宪，相关审判结果的摘要刊发后，选举委员会长官应即刻取消该政党的注册登记。

第四十五条　一个政党解散后，应按其章程规定的方式处理其财产，若其章程未有相关规定，则其财产转为充公。在本法第四十二条第七项的情况下，其财产必须充公。

第八篇　惩　处

第四十六条　可依照本法对政党实行以下惩罚：

第一项　书面批评。

第二项　处以纳入财政的罚款。

第三项　没收。

第四项　撤销政党中的领导职位。

第五项　暂停其在选举和投票中享有的全部权利（包括有关宣传的权利及第三十六条赋予的所有优惠和权利）六个月至两年。

第六项　解散政党。

此外，可在本法规定的情况下，强行暂停党员权利和政党权利。

在不违反本法第五十条的规定的情况下，罚款可分为以下等级：

（1）低级，从十个月度税收单位到一百个月度税收单位；

（2）中级，从大于一百个月度税收单位到两百个月度税收单位；

（3）高级，从大于两百个月度税收单位到三百个月度税收单位。

若是再犯，则罚单金额升至原来的两倍。被撤销的党内领导职位指本法第二十四条、第二十六条、第二十七条、第二十八条所示的职位以及党章规定的其他职位。

第四十七条　其行为超过合理职责或触犯本法第二条第四段第二部分和第五段规定的政党应被书面批评，批评中应注明一个简短的改正期限。若该政党在期限到期后仍继续或重新开展上述活动，则将被处以中级至高级罚款。若罚款执行过后该政党仍坚持上述行为，则将被暂停权利或解散。

若一个政党的一个或多个党员或领导人开展本法第二条第四段所涉活动，

或干涉职能部门履行宪法和法律赋予的专有职能，或一个政党的一个或多个领导人在未经其党章规定的职能机构的许可、参与或宽赦的情况下干涉行业组织或其他中介团体的运转或其领导人的产生，则上述领导人或党员将被特别处以低级罚款，若违反者为多人，他们必须共同支付罚款。

第四十八条　违反本法第二十条规定的义务，应在初次被处以高级罚款，在第二次被处以中级至高级罚款，在第三次被处以低级至中级罚款。罚款应由违规的政党承担。

在不影响对政党实施相应罚款的情况下，若选举法院宣布该政党的主席和秘书蓄意操纵这些违规行为，则其在三至五年的期限内不得担任党内领导职务。同样的处罚适用于有同样行为的区委员会主席和秘书。

第四十九条　犯有政治宪法第二十三条第二段规定的违规行为的政党领导人应被处以低级至中级罚款，并在五年的期限内不得担任党内领导职务。

违规进行本法第二十一条和第三十一条禁止的命令或建议的政党领导干部在一至三年的期限内不得担任党内领导职务。若受惩罚的行动是政党的某个组成机构所为，则不应对能证明自己对该违规行为毫不知情或曾反对该违规行为的该机构成员实施惩罚。

第五十条　违反本法第三十三条规定的将被没收非法收入，并被处以金额为涉案的有形或无形财产价值的百分二十的罚款，罚款应由违规政党承担。

若是再犯，则该政党将被暂停权利或解散。

此外，其中央领导机构成员应在八年的期限内不得担任党内领导职务，能证明自己对该违规事件毫不知情或曾反对该违规事件或未参与首次违规行为的成员除外。

第五十一条　违反本法第三十四条规定的，未持有收支账簿、财产清单、结算账目或未对账目进行结算的，将被处以高级罚款。若违规行为是未保留可证实这些账目记录的文件资料、以不当的方式管理或操作这些记录或未将结算账目上交给选举委员会长官的，将被处以中级至高级罚款。在任何情况下，罚款由违规的政党承担。

未遵守选举委员会长官发布的关于账簿清单管理方式的全面、统一指示的政党将被处以低级至中级罚款。

在不影响对违规政党处以相应罚款的情况下，若法院声明这些违规行为源于政党主席或司库所犯的不可原谅的疏忽或蓄意操纵，则犯有不可原谅的疏忽的人员在三年的期限内不得担任党内领导职务，蓄意操纵的人员在五年的期限内不得担任党内领导职务。犯有相同违规行为的区委员会主席和司库应被处以相同惩罚。上述惩罚不影响该违规行为可能造成的刑事责任。

若再犯本条第一段中的受罚行为，在不影响相应罚款的情况下，应对其处以上一段所述的职位撤销措施。

第五十二条　从事或开展本法规定之外的政党性质活动的协会、运动、组织或团体将被处以任何级别的罚款，罚款对象为该协会、运动、组织或团体的所有组织者和领导人以及从经济上资助其运作的人。一个政党的组织者在本法第五条第四段所涉的公告之前开展该段所涉的传播或宣传活动，被视为同等违规行为。

若该实体具备法人资格，法院还可下令曾对其进行审批或登记的行政机关取消其法人资格。

第五十三条　若一个政党将某领导职位指定给上述不得担任党内职务的人士，选举委员会长官将令该政党于指定期限内让其他具备资格的人士任该职。若到期后该职位仍未被依法填充且该情况仍在持续，该政党将被暂停权利。

第五十四条　对本法规定的过失或违规行为，包括相关罪行的判定期限，为自选举日期起一年。

第五十五条　法院可专门依据违规者的财产、资产情况在法律允许的所有罚款范围内实施罚款。

违规者在未缴清罚款时，其作为党员的所有相应权利被暂停。

若违规者是一个政党，该政党在未缴清罚款时应被暂停权利。

第九篇　法院和程序规范

第五十六条　上一篇所涉违规行为的案件，首先由选举法院的一名成员审理。每一次通过抽签决定委派谁。

诉讼程序由《民事诉讼法典》第八十九条、第九十条和第九十一条规定。可根据该法第二百五十八条和第二百五十九条延长相关期限。由选举法院审理反对其决议的诉讼，参与初审的成员不得参与。

上一篇所涉的违规行为可由选举委员会长官、内政部长、相关区长和任何参议员、众议员以及已注册或在建政党执行责任追究。

第五十七条　与政党的最高法院推选舞弊相关的投诉应由选举法院遵照上一条所示手续，在选举后或最高法院经历人事变动后的九十日内一审解决，不得对结果上诉。

上述投诉可由不少于四分之一的该政党总委员会成员或该政党在议会的代表立案。

第五十八条　依据本法所做的通知应采取挂号信形式，除非决定采取其他通知形式。已注册或在建政党的通知接收人为其主席。在选举委员会签发信件后的第三个工作日通知被视为执行完毕。

第五十九条　本法实施所引发的、由选举法院处理的诉讼应在五个工作日内立案，并依据《民事诉讼法典》第一编第十八篇第二百条至第二百三十条的相关内容审理，但选举法院不处理抱怨信。诉讼信应理据简明。

第六十条　对选举委员会长官在实施本法过程中的疏忽或滥用职权，可向选举法院进行投诉。该投诉应在五个工作日内立案。

选举法院可对选举委员会长官处以《法院组织法典》第五百三十七条所规定的惩罚。

第六十一条　选举法院可颁布获批法令以对本法关于选举委员会长官和选举法庭审理手续所确立的规范进行补充。

第六十二条　根据上一篇作出的罚款或没收惩罚应根据《民事诉讼法典》

第一编第十九篇第一章节所规定的程序执行。

选举委员会长官应在根据一般规定具有民事管辖权的低级法官面前执行惩罚。

第六十三条　选举委员会长官应在需采取强制程序或其他强制性措施，或审判结果必然会影响与案件无关的第三方的情况下，请普通法院执行判决结果。

最终条　本法自发表在官方公报上十日后生效。

临时条款

第一条　针对本法第六条第一段的规定，截至参议员预选完成计票前，各大区应有的已在选举登记处注册登记的最低入党公民人数如下：

大区一：800 名公民。

大区二：1000 名公民。

大区三：550 名公民。

大区四：1200 名公民。

大区五：3700 名公民。

大区六：1700 名公民。

大区七：2100 名公民。

大区八：4400 名公民。

大区九：2000 名公民。

大区十：2500 名公民。

大区十一：200 名公民。

大区十二：400 名公民。

圣地亚哥首都大区：13000 名公民。

第二条　截至 1987 年 12 月 31 日，即使没有在选举登记处注册登记的公民也可参与成立政党。

然而，在建政党在政党登记处申请注册登记时，应证明符合相关现行法律的要求。

第三条　在任何情况下政党均不得继承在本法生效前已存在的政治性质的政党、实体、团体、派别或运动，也不得同它们有法律财产方面或任何其他性质的关联。

在不影响上述规定的情况下，即便存在本法第十条的规定，若两个或两个以上在建政党希望使用某个在 1973 年 5 月 21 日起已有议席的政党的名称，其中一个在建政党在本法第五条所涉公告摘要发表后的六十日内可证明有大量来自曾使用该争议名称的团体的议员加入了本党，则该在建党派可优先使用该名称。两个或两个以上在建政党之间发生争议的名称和在 1973 年 5 月 21 日前曾发挥作用的某种思潮有关，则在第五条所涉公告摘要发表后的六十日内可对选举委员会长官证明本党对该名称享有更多权利的在建政党可优先使用该名称。各方提交的证据将被自主评估。在建政党可就决议结果向选举法院提起诉讼。

（赵悦　译，靳呈伟　校）

后　记

中央党史和文献研究院赵悦、于蔷和现代院孙岩峰、复旦大学曹廷，天津外国语大学王磊、李想等青年才俊分别翻译了拉美不同国家的政党法，集合成这本小册子，希望能为相关研究的开展提供基本材料。本书为国家社科基金项目“国外共产党党内法规建设与政党治理法治化研究”（18BKS106）成果，并很荣幸被纳入山东大学政党政治比较创新团队研究文库。

本人统稿、校对译稿的过程中，有时未能与其他译者充分沟通，对因此可能造成的错漏，愿承担文责。书中的不足之处，请读者批评指正。

靳呈伟

2023 年 12 月 5 日